U0534963

博士论文
出版项目

现代货币理论研究
理论脉络、前沿争论与中国经验

A Study on Modern Monetary Theory
Thought History, Current Debates and China's Experience

何增平　著

中国社会科学出版社

图书在版编目(CIP)数据

现代货币理论研究：理论脉络、前沿争论与中国经验／何增平著.
—北京：中国社会科学出版社，2024.3
ISBN 978-7-5227-3072-1

Ⅰ.①现… Ⅱ.①何… Ⅲ.①货币理论—研究 Ⅳ.①F820

中国国家版本馆 CIP 数据核字（2024）第 037510 号

出 版 人	赵剑英
责任编辑	王　衡
责任校对	朱妍洁
责任印制	王　超

出　　版	中国社会科学出版社
社　　址	北京鼓楼西大街甲 158 号
邮　　编	100720
网　　址	http://www.csspw.cn
发 行 部	010-84083685
门 市 部	010-84029450
经　　销	新华书店及其他书店
印　　刷	北京君升印刷有限公司
装　　订	廊坊市广阳区广增装订厂
版　　次	2024 年 3 月第 1 版
印　　次	2024 年 3 月第 1 次印刷
开　　本	710×1000　1/16
印　　张	18
插　　页	2
字　　数	251 千字
定　　价	96.00 元

凡购买中国社会科学出版社图书，如有质量问题请与本社营销中心联系调换
电话：010-84083683
版权所有　侵权必究

出 版 说 明

为进一步加大对哲学社会科学领域青年人才扶持力度，促进优秀青年学者更快更好成长，国家社科基金2019年起设立博士论文出版项目，重点资助学术基础扎实、具有创新意识和发展潜力的青年学者。每年评选一次。2022年经组织申报、专家评审、社会公示，评选出第四批博士论文项目。按照"统一标识、统一封面、统一版式、统一标准"的总体要求，现予出版，以飨读者。

全国哲学社会科学工作办公室

2023年

摘　　要

现代货币理论所指的不是现代产生的一切有关货币的理论，而是专指在20世纪90年代出现的一种后凯恩斯主义经济学理论。现代货币理论立足于对资本主义货币金融系统的制度分析，形成了一套非主流经济学的宏观经济理论和政策框架。本书从思想脉络、前沿争论和中国经验三个角度考察现代货币理论。

第一章至第三章是对现代货币理论的概述。第一章是导论，内容包括研究对象、文献综述、研究方法、创新点和不足之处。

第二章研究现代货币理论的形成、发展、传播和兴起的历史。现代货币理论形成于20世纪90年代，在2019年之后获得广泛关注。主流经济理论与经济现实的矛盾是现代货币理论在西方国家受到广泛关注的社会历史根源。

第三章总结了现代货币理论的基本内容。现代货币理论的理论框架包括国家货币理论、内生货币理论、财政的货币理论、对财政活动和中央银行的制度分析、部门收支分析方法和政策主张（功能财政、就业保障计划、稳定低利率政策）六大部分。

第四章至第七章是对现代货币理论的理论脉络的研究。第四章研究国家货币理论的思想史。克纳普和英尼斯是国家货币理论的先驱，他们分别从货币名目论和信用货币理论出发建立了国家货币理论。在此之后，凯恩斯、勒纳、明斯基、古德哈特从不同角度丰富了国家货币理论的理论内涵。国家货币理论研究的是货币的本质问题。国家货币理论认为，一国货币系统具有等级结构的特征，在等级结构顶端的主权货币遵循名目货币和债务货币的一般逻辑，同时具有征税驱动货币的特殊内在机制。

第五章研究后凯恩斯主义经济学的内生货币理论的思想史。内生货币理论认为，中央银行不能外生地控制货币数量。内生货币理论的内涵可以被概括为：贷款创造存款、存款创造准备金、货币需求和货币供给是相互依赖的。这三个命题建立在内生货币理论的制度分析的基础上。在中央银行层面，由于中央银行在一国货币系统中特殊的地位和职责，中央银行总是在满足商业银行的准备金需求；在商业银行层面，商业银行通过创造出自己的债务来持有资产，而这不以商业银行持有准备金为前提。在内生货币理论内部，水平主义和结构主义的分歧是观察角度的区别，两种观点在内生货币理论中可以兼容。

第六章研究功能财政和就业保障计划的思想史。勒纳提出了功能财政主张。功能财政的核心是主张政府的财政活动不以财政决算结果为目标。勒纳的国家货币理论为他的功能财政主张提供了理论依据。传统总需求调控政策的缺陷使得勒纳在晚年放弃了功能财政。明斯基基于经济结构问题批评了主流的总需求调控政策，主张通过就业保障计划来实现充分就业。就业保障计划主张政府直接为失业者提供工作机会，而非通过需求扩张来间接地增加工作岗位。

第七章研究部门收支分析方法的思想史。资金流量核算是国民经济核算的重要内容，实现了核算中货币循环和实物循环的统一，是部门收支分析方法的理论基础。戈德利在 20 世纪 90 年代对美国经济的"七个不可持续的进程"的研究是部门收支分析方法的应用范例。他研究了克林顿政府的财政盈余和私人部门的债务危机的关联，从而揭示了美国金融不稳定的结构性问题。

现代货币理论是对以上非主流经济学理论的继承和发展。现代货币理论是在非主流经济思想史上由多条思想脉络汇集而成的理论体系。无论是在具体理论层面还是在理论体系层面，现代货币理论都作出了一定的理论贡献。

第八章至第十章是对现代货币理论的前沿争论的研究。第八章梳理了对现代货币理论的争论的总体情况，并澄清了六种主要误解，这些误解认为：现代货币理论只是一种政策主张；现代货币理论认为财政支出没有任何限制；现代货币理论是一种总需求微调的财政政策；现代货币理论主张废除独立的中央银行；现代货币理论是要进行财政赤字货币化；现代货币理论的核算原则是一种行为假定。相关争论中存在着两股相互对抗的历史趋势：重构财政政策的诉求将现代货币理论推向了舞台中央；理解现代货币理论的尝试缺乏非主流经济学的基础。这两股历史趋势造成了误解的长期存在。

第八章的附录初步探讨了马克思的国家货币理论。

第九章研究与中央银行独立性有关的争论。现代货币理论的分析结论依赖于两点制度现实：中央银行是利率目标制的，它通过具体的制度设计钉住目标利率；财政部的收支会产生准备金效应，财政部和中央银行常常相互配合来实现中央银行的利率目标。即使在独立的中央银行制度下，中央银行和财政部之间仍存在协同机制，这使得财政部总是可以顺利地从中央银行取得融资。争论的"合并命题"实际上是修辞问题，与理论正确性无关。

第十章研究与通货膨胀有关的争论。后凯恩斯主义经济学反对货币数量论，构建了一套非主流经济学的定价理论和通货膨胀理论。前者的核心是成本加成定价过程，后者的核心是收入分配过程；后凯恩斯主义经济学的这些理论能够为争论双方提供共识基础。不同于传统的总需求调控政策，就业保障计划在实现充分就业时能够更好地稳定价格，这是因为它的两种价格稳定机制：首先，它用劳动力缓冲储备取代产业后备军；其次，它直接为失业者提供工作岗位而不主要依靠总需求的扩散。

第十一章和第十二章基于中国经验研究现代货币理论。第十一章研究中国的中央银行制度和财政制度。中国人民银行已经基本完成了从数量型到价格型的货币政策框架的转变。内生货币理论更好地描述了中国人民银行的货币政策操作。中国建立了国库单一账户体系，在这个制度下，中国的财政活动同样存在准备金效应。因此，现代货币理论对中央银行和财政部的制度分析在一定程度上适用于中国，但和发达国家相比，中国对财政活动的准备金效应的管理仍存在不足。

第十二章研究了中国的地方政府债务问题。中国面临着由中央政府债务率稳定、地方政府债务率稳定和经济增长这三个目标构成的三难问题。由于中央政府看重自身的财政平衡和经济增长，在经济下行时期对地方政府债务的限制可能难以持续。中央政府和地方政府处在主权货币体系中的不同位置，中央政府是主权货币的发行者，地方政府是主权货币的使用者。在中国的制度环境下，地方政府有债务违约的可能。因此，解决中国的地方政府债务问题不仅需要强化对隐性债务的监管，而且需要中央政府在财政政策中发挥更大的作用。

第十三章是全书的结论，从三个角度评价了现代货币理论。从经济思想史的角度看，现代货币理论是对过去的非主流经济学理论的继承和发展。从现代货币理论现状的角度看，现代货币理论的兴起是特定国际经济环境和社会历史阶段的产物，一股自下而上的思潮冲击了主流经济学封闭的科学社会学结构。从现代货币理论未来发展的角度看，现代货币理论的制度基础、政策主张值得进一步实证检验，以现代货币理论为代表的非主流经济思想将会是未来西方经济思想界的一股重要思潮。

关键词： 现代货币理论；后凯恩斯主义经济学；经济思想史；国家货币理论；货币国定论

Abstract

Modern Monetary Theory (Modern Money Theory, MMT) refers not to all the monetary theories that have emerged in modern times, but specifically to a post-Keynesian economic theory that emerged in the 1990s. Based on the institutional analysis of the capitalist monetary and financial system, MMT formed a non-mainstream framework of macroeconomic theory and policy. This book examines MMT from three perspectives: thought history, current debates, and China's experience.

Chapters 1 to 3 are an overview of MMT. Chapter 1 is an introduction that covers the object of study, literature review, research methodology, innovations, and shortcomings. Chapter 2 examines the history of the formation, development, dissemination, and rise of MMT. MMT was formed in the 1990s and received widespread attention since 2019. The contradiction between mainstream economic theories and economic realities is the socio-historical root of the widespread interest in MMT in Western countries. Chapter 3 summarizes the contents of MMT which consist of six main parts: the state theory of money, the monetary theory of fiscal activities, institutional analysis of treasury and central bank, sectoral balances analysis, and policy suggestions (functional finance, a job guarantee program, and a stable low-interest rate policy).

Chapters 4 to 7 are about the thought history of MMT. Chapter 4 examines the history of the state theory of money. Knapp and Innes are the pioneers who established the state theory of money respectively from the nominal theory of money and credit theory of money. Keynes, Lerner, Minsky and Goodhart enriched the content of the state theory of money. The state theory of money studies the nature of money and holds that a sovereign currency system has the characteristics of a hierarchical structure. The sovereign currency at the top of the hierarchy follows the general logic of debt money and nominal money. At the same time, that tax drives money is its special internal mechanism.

Chapter 5 examines the history of the endogenous money theory of post-Keynesian economics. Endogenous money theory argues that the central bank cannot exogenously control the quantity of money. The contents of endogenous money theory can be summarized as follows: loans create deposits, deposits create reserves, and money demand and money supply are interdependent. These propositions are based on some institutional facts: due to its special position and responsibilities in a country's monetary system, the central bank is always meeting the reserve demand of commercial banks; commercial banks hold assets by creating their debts, and this does not presuppose that commercial banks hold reserves. The divergence between horizontalism and structuralism is a difference in perspective, and the two views are compatible in endogenous monetary theory.

Chapter 6 examines the intellectual history of functional finance and job guarantees. Lerner proposed functional finance. The core of functional finance is that fiscal activities should not set fiscal balance as their target. Lerner's state theory of money provides a theoretical basis for functional finance. The shortcomings of traditional fine-tuning policies led Lerner to abandon functional finance in his later years. Minsky criticized the mainstream fine-tuning policy for it ignores the structural problems of the economy and advocated job guarantees to achieve full employment. The job guarantee advocates that the government provides jobs directly to the unemployed rather than through demand expansion to increase employment indirectly.

Chapter 7 examines the history of sectoral balance analysis. Flow-of-funds accounting is an important part of national economic accounting, which unifies monetary and real cycles in a macroeconomy. This method is the basis of sectoral balance analysis. An example of the application of the sectoral balance analysis is Godley's study of the "seven unsustainable processes" of the U. S. economy in the 1990s. He examined the relationship between the fiscal surplus and the private sector debt crisis, thereby revealing the structural problems of financial instability in the U. S.

MMT inherited and developed the above non-mainstream economic theories. MMT is a product of several streams of non-mainstream economic thought. At the level both of specific theories and a whole theoretical system, MMT has made theoretical contributions.

Chapters 8 to 10 are the current debates on MMT. Chapter 8 summarizes the history of the debates and clarifies six major misunderstandings. These misunderstandings include: MMT is equal to a policy proposal; MMT assumes that there is no limit to fiscal spending; MMT is a fine-tuning fiscal policy; MMT advocates the abolition of independent central banks; MMT advocates monetizing fiscal deficits; the accounting principle of MMT is behavioral assumptions. There are two conflicting historical trends in the debates. On one hand, the call for reforming fiscal policy brought MMT to the fore; on the other hand, the attempt to understand MMT circumvents its basis in non-mainstream economics; these two historical trends contributed to the persistence of misunderstandings. The appendix in Chapter 8 provides a preliminary examination of Marx's state theory of money.

Chapter 9 deals with the debates on central bank independence. MMT's analysis is based on two institutional facts. First, a central bank has an interest rate-targeting policy framework, and it fixes the target interest rate through a specific institutional design. Second, fiscal activity has an impact on reserves. Treasuries and central banks often cooperate to achieve the interest rate target. The cooperation mechanism ensures that the government can always spend by creating money. The "consolidation hypothesis" in the debate is a rhetorical problem and has nothing to do with the correctness of MMT.

Chapter 10 deals with the debates on inflation. Post-Keynesian economics rejects the quantity theory of money and has its theory of price formation, which is based on the markup pricing process, and its theory of inflation, which is based on class struggle and income distribution process. These post-Keynesian theories provide the basis for consensus on the debated question. Unlike mainstream aggregate demand fine-tuning policy, a job guarantee program is more price-stabilizing when full employment is achieved because of two mechanisms: first, it replaces the reserve army of labor with a buffer stock of labor; second, it provides jobs directly to the unemployed rather than relying on the diffusion of aggregate demand.

Chapters 11 and 12 examine MMT through the experience of China. Chapter 11 examines China's central bank and fiscal system. The People's Bank of China has basically completed the transformation of its monetary policy framework from quantity targeting to interest rate targeting. The endogenous money theory better describes the monetary policy operations of the People's Bank of China. China has adopted the Treasury Single Account system. In this system, fiscal activities also have an impact on reserves. Therefore, the institutional analysis of MMT is basically applicable to China, but China's management of fiscal effects on reserves is still deficient.

Chapter 12 examines the local government debt problem in China. China faces a trilemma consisting of three objectives: stability of the central government debt ratio, stability of the local government debt ratio, and economic growth. Because the central government values its own fiscal balance and economic growth, it is unsustainable to limit local government debt in times of economic downturn. The central government and local governments have different positions in the sovereign currency system, with the central government being the issuer of money and local governments being the users. In China's institutional environment, local governments face the possibility of debt default. Therefore, solving China's local government debt problem requires not only strengthening the regulation but also increasing the role of the central government in fiscal expenditure.

Chapter 13 concludes the book. The conclusion evaluates MMT from three perspectives. From the perspective of the history of economic thought, MMT is an inheritance and development of non-mainstream economic theories. From the perspective of the current state of MMT, its rise is the result of a specific international economic environment and socio-historical stage, and a bottom-up wave of thought shocked the autistic scientific-sociological structure of mainstream economics. From the perspective of the future development of MMT, its institutional basis and policy proposals deserve further testing and experimentation, and the non-mainstream economic thought represented by MMT will be an important wave of Western economic thought in the future.

Keywords: Modern Monetary Theory; post-Keynesian economics; history of economic thought; state theory of money; chartalism

目　　录

第一章　导论 …………………………………………………（1）
　第一节　研究对象 ……………………………………………（1）
　第二节　文献综述 ……………………………………………（3）
　第三节　篇章结构 ……………………………………………（9）
　第四节　研究方法 ……………………………………………（10）
　第五节　创新点和不足之处 …………………………………（11）

第二章　现代货币理论的形成、发展、传播与兴起 …………（13）
　第一节　现代货币理论的形成 ………………………………（13）
　第二节　现代货币理论的发展 ………………………………（15）
　第三节　现代货币理论的传播 ………………………………（19）
　第四节　现代货币理论的兴起 ………………………………（22）

第三章　现代货币理论的基本内容 ……………………………（27）
　第一节　国家货币理论 ………………………………………（27）
　第二节　财政的货币理论 ……………………………………（36）
　第三节　财政制度与中央银行制度 …………………………（43）
　第四节　部门收支分析方法 …………………………………（50）
　第五节　现代货币理论的政策主张 …………………………（52）

第四章 理论脉络（一）：从国家货币理论到现代货币理论 ………………………………………………………… (59)

第一节 引论 …………………………………………………… (59)
第二节 国家货币理论的形成：克纳普与英尼斯 ………… (62)
第三节 国家货币理论的发展：凯恩斯、勒纳、明斯基与古德哈特 ……………………………… (70)
第四节 本章小结 ……………………………………………… (77)

第五章 理论脉络（二）：从内生货币理论到现代货币理论 ………………………………………………………… (79)

第一节 引论 …………………………………………………… (79)
第二节 外生货币理论与内生货币理论 …………………… (81)
第三节 水平主义与结构主义的论争 ……………………… (87)
第四节 本章小结 ……………………………………………… (95)

第六章 理论脉络（三）：功能财政与就业保障计划——勒纳与明斯基的思想遗产 ……………………… (97)

第一节 引论 …………………………………………………… (97)
第二节 勒纳与功能财政 …………………………………… (98)
第三节 明斯基与就业保障计划 …………………………… (105)
第四节 本章小结 ……………………………………………… (109)

第七章 理论脉络（四）：资金流量核算与戈德利的部门收支分析方法 ……………………………… (111)

第一节 引论 …………………………………………………… (111)
第二节 资金流量核算的形成与一般原理 ………………… (112)
第三节 戈德利与七个不可持续进程 ……………………… (116)
第四节 本章小结 ……………………………………………… (121)
第五节 现代货币理论的思想史地位 ……………………… (122)

第八章　前沿争论（一）：对现代货币理论的争论与误解 ………… (128)

第一节　引论 …………………………………………………… (128)
第二节　对现代货币理论的争论的思想史回顾 ………… (129)
第三节　对现代货币理论的常见误解 ……………………… (136)
第四节　本章小结：对争论的科学社会学分析 ………… (146)
第五节　附录：马克思的国家货币理论 …………………… (150)

第九章　前沿争论（二）：对中央银行独立性的争论 ……… (157)

第一节　引论 …………………………………………………… (157)
第二节　中央银行和财政部的协同机制 …………………… (159)
第三节　独立中央银行制度下的财政活动 ………………… (165)
第四节　本章小结 ……………………………………………… (174)

第十章　前沿争论（三）：对通货膨胀的争论 ……………… (177)

第一节　引论 …………………………………………………… (177)
第二节　通货膨胀理论：货币数量论与后凯恩斯主义经济学 ……………………………………………………… (178)
第三节　就业保障计划与通货膨胀 ………………………… (186)
第四节　本章小结 ……………………………………………… (191)

第十一章　中国经验（一）：对中国人民银行与财政部的制度分析 ……………………………………………… (193)

第一节　引论 …………………………………………………… (193)
第二节　中国人民银行的货币政策框架 …………………… (194)
第三节　国库单一账户体系 ………………………………… (204)
第四节　本章小结 ……………………………………………… (208)

第十二章 中国经验（二）：地方政府债务与现代货币理论 …………………………………………………（210）
 第一节 引论 ………………………………………………（210）
 第二节 中国地方政府债务的动态变化 ………………………（212）
 第三节 晋升锦标赛与财政体制 ………………………………（216）
 第四节 现代货币理论视角下的央地财政关系 ………………（222）
 第五节 本章小结 ………………………………………………（225）

第十三章 结论 ………………………………………………………（227）
 第一节 现代货币理论的过去 …………………………………（227）
 第二节 现代货币理论的现在 …………………………………（229）
 第三节 现代货币理论的未来 …………………………………（232）

参考文献 ……………………………………………………………（234）

索　引 ………………………………………………………………（266）

Contents

Chapter 1　Introduction　……………………………………（1）
  1. Object of Study　……………………………………………（1）
  2. Literature Review　…………………………………………（3）
  3. Research Methodology　……………………………………（9）
  4. Structure of the Book　……………………………………（10）
  5. Innovation and Shortcoming　……………………………（11）

Chapter 2　The Formation, Development, Dissemination and Rise of Modern Monetary Theory　………………（13）
  1. Formation　…………………………………………………（13）
  2. Development　………………………………………………（15）
  3. Dissemination　……………………………………………（19）
  4. Rise　…………………………………………………………（22）

Chapter 3　The Main Contents of Modern Monetary Theory
　　　　　　………………………………………………………（27）
  1. State Theory of Money　……………………………………（27）
  2. Monetary Theory of Fiscal Activities　……………………（36）
  3. Institutional Analysis of Treasury and Central Bank　……（43）
  4. Sectoral Balances Analysis　………………………………（50）
  5. Policy Suggestions　………………………………………（52）

Chapter 4 Thought History (1): State Theory of Money (59)
1. Introduction (59)
2. Formation: Knapp and Innes (62)
3. Development: Keynes, Lerner, Minsky and Goodhart (70)
4. Conclusion (77)

Chapter 5 Thought History (2): Endogenous Money Theory (79)
1. Introduction (79)
2. Exogenous and Endogenous Money Theory (81)
3. Horizontalism and Structuralism (87)
4. Conclusion (95)

Chapter 6 Thought History (3): Functional Finance and Job Guarantees (97)
1. Introduction (97)
2. Lerner and Functional Finance (98)
3. Minsky and Job Guarantees (105)
4. Conclusion (109)

Chapter 7 Thought History (4): Godley and Sectoral Balance Analysis (111)
1. Introduction (111)
2. Flow-of-Funds Accounting (112)
3. Godley and Seven Unsustainable Processes (116)
4. Conclusion (121)
5. Modern Monetary Theory in the History of Economic Thought (122)

**Chapter 8　Current Debates（1）：Debates and
　　　　　Misunderstandings** ………………………………（128）

1. Introduction ……………………………………………（128）
2. The History of Current Debates ………………………（129）
3. Major Misunderstandings ………………………………（136）
4. Conclusion ………………………………………………（146）
5. Appendix：Marx's State Theory of Money …………（150）

**Chapter 9　Current Debates（2）：The Independence of
　　　　　Central Banks** ……………………………………（157）

1. Introduction ……………………………………………（157）
2. The Coorperation of Treasuries and Central Banks …………（159）
3. Fiscal Activities and Independent Central Banks ……………（165）
4. Conclusion ………………………………………………（174）

Chapter 10　Current Debates（3）：Inflation ……………（177）

1. Introduction ……………………………………………（177）
2. Post Keynesian Theory of Inflation ……………………（178）
3. Job Guarantees and Inflation …………………………（186）
4. Conclusion ………………………………………………（191）

**Chapter 11　China's Experience（1）：The Central
　　　　　Bank and Treasury** ………………………………（193）

1. Introduction ……………………………………………（193）
2. Monetary Policy Framework of the People's Bank of China
　………………………………………………………………（194）
3. Treasury Single Account System ………………………（204）
4. Conclusion ………………………………………………（208）

Chapter 12　China's Experience（2）：Local Government Debt Problem ……………… (210)

1. Introduction ……………………………………………… (210)
2. Dynamics of Local Government Debts ……………… (212)
3. Promotion Tournament and Fiscal System ………… (216)
4. Central-Local Fiscal Relationship and Modern Monetary Theory ……………………………………… (222)
5. Conclusion ………………………………………………… (225)

Chapter 13　Conclusion ……………………………… (227)

1. History of Modern Monetary Theory ………………… (227)
2. Current State of Modern Monetary Theory ………… (229)
3. Future of Modern Monetary Theory ………………… (232)

References …………………………………………………… (234)

Indexes ………………………………………………………… (266)

第 一 章

导　　论

第一节　研究对象

本书的研究对象是现代货币理论（Modern Money Theory，Modern Monetary Theory，MMT）。现代货币理论是一个专有名词，它所指的不是在现代产生的有关货币的所有理论，而是在20世纪90年代产生的一种后凯恩斯主义经济学理论。[①] 现代货币理论立足于对资本主义货币金融系统的制度分析，形成了一套非主流宏观经济学的

---

① 后凯恩斯主义经济学是一种非主流经济学理论流派，它不同于教科书上流行的强调均衡和最优化的宏观经济学理论。它的理论观点有这些特征：现实世界是一个开放的系统，时间是不可倒流的，过去的事件会变成未来事件的原因，因果的链条会随着时间的流逝不断累积且不断进行下去，这就是所谓的历史时间（historical time）与累积因果（accumulative causation）；在现实世界中存在着根本的不确定性（fundamental uncertainty），这种不确定性意味着未来是不能事先预测的，人的行为建立在根本的不确定性上；人们通过持有流动性来应对经济活动中的不确定性；人们不能对未来作出准确的（或者符合正确的概率分布的）预测，流动性偏好取决于习惯和制度；金融系统对于理解资本主义生产方式具有重要意义，流动性偏好实际上是一种资产组合偏好，人们的流动性偏好对金融系统进而对整个宏观经济运行有着重要影响，也就是说，货币是非中性的。有关后凯恩斯主义经济学，参见 Kregel（1975），Carvalho（1992），Davidson（2011），贾根良、马国旺（2004），马克·拉沃（2009）；有关非主流经济学，参见 Lee（2009）和贾根良等（2010）。

理论和政策框架，其主要内容包括国家货币理论、内生货币理论、财政的货币理论、对财政活动和中央银行的制度分析、部门收支分析方法和政策主张（功能财政、就业保障计划、稳定低利率政策）。

现代货币理论有两个通用的英文名称：Modern Money Theory 和 Modern Monetary Theory。[①] 这两个英文名称的缩写都是 MMT。Modern Money Theory 的说法来自美国的现代货币理论研究者，Modern Monetary Theory 的说法则来自澳大利亚的现代货币理论研究者。目前，后者是较为流行的说法。但从现代货币理论的内涵来看，前者是更加恰当的称呼。Modern Money 的说法来源于凯恩斯的《货币论》。凯恩斯用 Modern Money 指代现代的货币制度（Keynes, 2013, 7）。[②] 从这个角度看，Modern Money Theory 可以直译为有关现代货币制度的理论，这一称谓更加准确地表明了现代货币理论的内涵。

全面正确地理解现代货币理论需要经济思想史的研究视角。当前学术界对现代货币理论存在许多方面的争论，对现代货币理论的解读可谓是"一百个读者眼中就有一百种现代货币理论"。究其原因，这是因为现代货币理论渊源于经济思想史上若干种非主流经济学的理论传统，而这些理论传统没有被纳入今天主流经济学的理论框架中，这使得我们难以深入到理论的底层来理解现代货币理论。对此，经济思想史的作用是提供了深入其理论传统来理解现代货币理论的研究路径。本书力图回溯现代货币理论的经济思想史渊源，还原现代货币理论本来的面貌，为中国构建应对风险挑战的宏观经济政策框架提供理论参考。

本书的研究背景涉及现代货币理论的形成发展过程和社会历史背景，是经济思想史研究的重要内容。相关的内容篇幅较长，因此

[①] 现代货币理论在产生之初也被学界称为货币国定论（chartalism）或者新货币国定论（neo-chartalism）。有关 chartalism 的历史由来，参见本书的第四章。

[②] 凯恩斯认为这种制度已经存在了"至少有大约 4000 年"（Keynes, 2013, 4）。

单独作为本书的第二章。

第二节 文献综述

一 对现代货币理论的思想史研究

当前唯一的较为全面回顾了现代货币理论的思想来源的文献是Wray（2020a）。这篇发表于2020年7月的工作论文回顾了美国的现代货币理论研究者的理论工作，并在其中涉及了对现代货币理论产生了直接影响的经济思想。对于现代货币理论的思想来源，论文主要介绍了以下几个方面：国家货币理论、内生货币理论、货币的起源、部门收支分析方法、金融不稳定[①]、功能财政和就业保障计划。但是，这篇论文重点关注的是当代现代货币理论研究者的理论工作，对于他们的思想来源没有详细论述。学界目前还未出现专门研究现代货币理论的思想史的专著。

此外，对现代货币理论的思想来源的研究散见于现代货币理论研究者对某些具体问题的论述中。在对国家货币理论的研究中，Wray（1998）首先对国家货币理论的先驱做了论述。这部著作是现代货币理论的第一本专著，它的第二章回顾了格奥尔格·弗里德里希·克纳普（Georg Friedrich Knapp）、约翰·梅纳德·凯恩斯、海曼·P. 明斯基（Hyman P. Minsky）、阿巴·P. 勒纳（Abba P. Lerner）等经济学家的国家货币理论。在这部著作之后，现代货

[①] 目前只有个别现代货币理论的论述将明斯基的金融不稳定性理论视为现代货币理论的一部分（如Wray，2020a），绝大部分的现代货币理论的文献都没有涉及这一点。在广义上，我们似乎可以将明斯基的金融不稳定性理论纳入到现代货币理论的理论体系当中，因为现代货币理论的研究者普遍同意明斯基的理论观点，并且明斯基的理论所研究的同样是现代货币体系。但是，本书主要依据的是现代货币理论的文献所普遍认可的理论体系的构成要素，因此本书没有将明斯基的金融不稳定性理论作为现代货币理论的一部分。

币理论的研究者引入了阿尔弗雷德·米切尔-英尼斯（Alfred Mitchell-Innes）和查尔斯·A. E. 古德哈特（Charles A. E. Goodhart）两位学者的思想。现代货币理论的研究者重新发掘了英尼斯的工作，将他的论文重印于论文集《信用和国家货币理论：A. 米切尔-英尼斯的贡献》（*Credit and State Theories of Money: The Contributions of A. Mitchell Innes*）（Wray，2004）。Wray（2000）将现代货币理论称为"新货币国定论"（The Neo-Chartalist Approach to Money），对古德哈特的经典论文《两种货币概念：最优货币区理论的意义》（*The Two Concepts of Money: Implications for the Analysis of Optimal Currency Areas*）进行了评述。Wray（2014）对国家货币理论的主要先驱人物的思想进行了概括性总结。

在对内生货币理论的研究中，Wray（1990）是后凯恩斯主义经济学的内生货币理论形成过程中的代表性著作，这部著作回顾了经济思想史上的内生货币理论。瑞参与了后来内生货币理论内部发生的水平主义与结构主义之争（Wray，1992）。Wray（2007c）对这场论争进行了回顾，并基于现代货币理论评价了这两种内生货币理论的观点。

在对功能财政的研究中，Forstater（1999）最早将勒纳的功能财政思想引入到现代货币理论的研究中，这篇论文总结了勒纳的国家货币理论和功能财政思想。Forstater（2003，1）试图将勒纳的观点与阿道夫·劳（Adolph Lowe）的观点相结合，从而形成一种"实用的新宏观经济学"（New Instrumental Macroeconomics）。Wray（2018a）对勒纳和明斯基的财政观点进行了比较，指出了构建更加成熟的功能财政思想的重要性。此外，綫文（2015）和兰无双、贾根良（2022）梳理了功能财政思想的历史演变。

在对就业保障计划的研究中，Forstater（1998b）简单介绍了明斯基对就业保障计划的研究。现代货币理论的研究者后来从档案资料中重新收集整理了明斯基的相关著述，将明斯基的相关论文结集并重新出版（Minsky，2013）。Wray（2007b）和 Wray（2016）在此基础上系统介绍了明斯基对主流宏观经济学和就业理论的批判和明斯基的最后雇主计划。此外，Kaboub（2007）认为，这一计划还可以追溯到20世纪40年代一些学者的研究中。

二 对现代货币理论的争论的研究

2019年之前，对现代货币理论的争论集中在后凯恩斯主义经济学内部。Juniper等（2014）总结了这一时期的争论。他们认为，后凯恩斯主义经济学和现代货币理论有着共同的理论方法："不确定性的概念、有效需求原理、内生货币供给、宏观经济中不存在自我修正机制、债务通缩和金融不稳定性（Juniper et al，2014，283）。"现代货币理论不同于批评者的地方在于："（1）现代货币理论主张通过合并财政部和中央银行的资产负债表来介绍货币系统的运行特点；（2）区分了垂直交易（政府和非政府部门之间）和水平交易（银行、家庭和企业之间）；（3）主张失业是由于政府没有创造足够的净金融资产（通过赤字支出）来满足私人部门的净储蓄意愿；（4）主张对于具备完全财政货币主权……的政府而言，对以本国货币计价的政府债务增长的担忧是不必要的；（5）反对完全依赖传统的凯恩斯主义微调政策和大规模的公共投资，这些一般会在实现充分就业之前碰到通货膨胀瓶颈；（6）主张实施一个有针对性的就业项目，这通常被称为最后雇主计划、就业保障计划或者公共服务就业计划。"（Juniper et al，2014，285）

此外，现代货币理论的研究者在对批评的回应中也简略概括了这一时期的争论。Tymoigne和Wray（2013，3）将批评分为五个类别："货币起源和税收让人们接受主权货币的作用；财政政策；货币政策；现代货币理论的结论在发展中经济体的适用性；现代货币理论的政策建议的有效性。"Mitchell和Wray（2005）将对就业保障计划的批评概括为四点：第一，就业保障计划不能比现有政策在实现充分就业的同时对价格水平造成更小的影响；第二，就业保障计划通过增加总需求来实现充分就业，这与传统政策没有区别；第三，就业保障计划不能提供有价值的工作和产出，不能充分发挥劳动者的能力；第四，就业保障计划忽视了参与人数的周期性波动所带来的问题。此外，贾根良、楚姗姗（2020）评述了与就业保障计划相关的争论，将这些争论划分为对就业保障计划有效性的争论和对可行性的争论。

2019年之后，随着现代货币理论受到广泛关注，在主流经济学界和非主流经济学界掀起了新的对现代货币理论的争论。目前尚未有文献总结这些争论，只有少数文献进行了评论。Rochon（2019，156）站在后凯恩斯主义经济学的角度，积极评价了现代货币理论取得的影响，认为这冲击了西方主流经济学和新自由主义对自身政策"没有别的办法了"（there is no alternative）的辩护；而对于非主流经济学界的争论，这篇论文指出，职业上的嫉妒是造成双方紧张关系的重要原因。同样站在后凯恩斯主义经济学立场的还有Lavoie（2019，97），这篇论文认可现代货币理论取得的理论进步，它将现代货币理论的研究者称为"制度主义的后凯恩斯主义者"（Institutionalist post-Keynesians）。

在国内文献中，张明、刘瑶（2020）将近期争论简单划分为三个主要的争端：公共债务是否具有可持续性、政府财政赤字是否会导致通货膨胀、中央银行是否需要追求货币政策独立性。袁辉（2020，81）认为，"主流学者和政客基于平衡预算、可贷资金理论、存款创造原理和货币数量论展开了对MMT的批评，而这些理论早已在MMT的图景中被彻底抛弃"，并对现代货币理论作出了积极评价。张晓晶、刘磊（2019）认为，主流经济学和非主流经济学共存是经济学界的正常生态，这种生态是经济学发展的前提条件。总体来看，目前还没有文献全面系统地总结对现代货币理论的争论并澄清其中存在的误解。

三 基于中国问题对现代货币理论的研究

目前现代货币理论学界对中国问题的研究比较有限，并且主要集中在将现代货币理论已有的理论结论和政策主张应用于解决中国面临的现实经济问题。尽管现代货币理论的研究者认为,"通过对美国、巴西、加拿大、阿根廷、欧元区和澳大利亚等国家的财政货币操作的制度和实践的详细分析,现代货币理论提供了主权货币政府和非主权货币政府的内在运行方式的制度和理论分析"(Tymoigne and Wray,2013,2),但是,现代货币理论的这些分析在中国的制度环境下是否具有普遍适用性还没有得到充分研究。

在英文文献中,Wray 和 Liu(2014,5-6)基于现代货币理论对中国的政策空间进行了分析,他们的主要结论是:"1. 中国的财政货币空间和其他具有货币主权的国家(如美国、英国、日本)类似;2. 因此,不存在'支付问题':中国的中央政府总是可以按时完成所有的预算内支出;3. 并且,隔夜利率是中国人民银行能够控制的政策变量;4. 进一步地,这些结果不依赖于主权货币的国际化;5. 这些结果也不需要中国让资本流动'自由化'",因此,他们的政策建议是"6. 中央政府的财政预算应该逐渐放松,从而使地方政府和企业的预算可以收紧"。值得一提的是,这篇论文涉及了中国人民银行的货币政策操作和国库单一账户制度。论文认为,"当前中国的操作流程看上去足以使得财政操作顺利进行"(Wray and Liu,63)。但可能是论文写作时间和侧重点的关系,论文对中国财政货币制度的介绍和分析都比较简略。随着后来中国的货币政策框架改革的全面展开和国库现金管理改革的进行,我们有必要基于中国的制度环境更深入细致地考察现代货币理论。

Huang(2020)基于现代货币理论提出了"中国绿色公共就业计划"的设想。论文认为:"除了促进就业和经济,中国绿色公共就业计划能够助力供给侧改革、抵御外部风险、应对人口增速放缓、提高财政赤字的效率、改善环境污染。"(Huang,2020,7)论文论述了这一计划在中国实施的可行性和具体的项目设计,这一计划旨在提供三种类型的就业岗位:"绿色就业、文化传承就业、其他实现国家目的的就业。"(Huang,2020,21)

Liang（2020）基于现代货币理论研究了"一带一路"倡议的融资问题。论文指出，由于"一带一路"投资主要通过美元来完成，美元不是中国的主权货币，这意味着"随着中国经常账户顺差和外汇储备的减少，'一带一路'倡议的支付问题就会显现"（Liang，2020，199）。要通过人民币来进行投资需要先实现人民币国际化，尽管"一带一路"被认为有利于人民币国际化，但以美元来投资的做法带来了一种两难问题："对于中国来说，为'一带一路'倡议融资是一个两难问题，一方面，继续用美元投资需要继续对资本账户和汇率的管制，这阻碍了人民币国际化；另一方面，虽然人民币国际化对'一带一路'倡议的投资是更有利的，但是，这需要实现资本账户和汇率的自由化。"（Liang，2020，199）对于这一问题，在2016年贾根良在一篇论文中基于新李斯特经济学的视角已经指出了这一点，认为这一问题是影响"一带一路"成败的"阿喀琉斯之踵"（贾根良，2016）。

在国内文献中，以贾根良为代表的新李斯特经济学主张在现代货币理论的基础上独立自主地发展我国的货币金融学说（贾根良，2015）。《国内大循环：经济发展新战略与政策选择》一书是这一理论探索的重要成果（贾根良，2020a）。这本书认为："通过采取渐进取消出口退税和增加财政赤字等措施解决国内有效需求不足问题，对推进国内大循环经济发展战略具有重大意义。"（贾根良，2020a，5-6）对此，这部著作指出要打破"政府财政赤字即恶魔"的理念，并且保护我国的货币主权。在这种情况下，我们才可能通过解放财政政策来为解决当下中国所面临的现实经济问题提供财政支持。

除了新李斯特经济学，国内的其他现代货币理论研究者对中国问题进行了研究。刘新华（2012b）研究了人民币汇率制度改革，认为依据现代货币理论对货币主权问题的研究，"内生、渐进地实施浮动汇率制度改革不但能够强化人民币的'货币主权'，保证国内经济稳定可持续发展，还可推动国际经济新秩序的形成"（刘新华，2012b，67）。綫文（2016）从东西方文化比较的视角研究了就业保障计划。论文比较了中国古代的常平仓法和现代货币理论的就业保障计划,认为就业保障计划是后凯恩斯主义经济学在当代对中国古代常平仓法的深化。总体来看,现代货币理论对中国问题的现有研究集中在将现代货币理论的理论结论和政策主张用于解决中国面临的现实问题,而对现代货币理论在中国的制度环境下的一般性和特殊性关注不足。

第三节　篇章结构

　　本书分为导论、理论脉络、前沿争论、中国经验和结论五部分。本书的第一部分为导论,研究了现代货币理论的发展过程和基本内涵。这部分包括第一章至第三章。

　　本书的第二部分为现代货币理论的理论脉络,回溯了现代货币理论的思想基础,在经济思想史上定位了现代货币理论。经济思想史的研究深入到现代货币理论的思想底层,从而使得我们能够全面地理解现代货币理论,这为本书后面的研究打下了基础,这部分包括本书的第四章至第七章。

　　本书的第三部分为现代货币理论的前沿争论,澄清了当前争论中流行的对现代货币理论的误解,并深入分析了中央银行独立性、通货膨胀等重点问题,在前沿争论中解读了现代货币理论。对前沿争论的研究是经济思想史研究的自然延伸。经济思想史研究提供了对现代货币理论的准确认识,这一部分将这些认识与当前流行的认识进行比较,由此在前沿争论中解读现代货币理论,内容包括本书的第八章至第十章。

　　本书的第四部分为现代货币理论的中国经验,初步讨论了现代货币理论在中国的适用性问题,从而立足于中国经验批判性地评析了现代货币理论。对理论脉络和前沿争论的研究为评析现代货币理论创造了条件,基于此,这一部分尝试立足于中国现实研究现代货币理论的理论价值,这部分包括本书的第十一章和第十二章。

本书的第五部分为结论,即最后一章。这部分总结了本书的主要观点。本书的逻辑结构如图1-1所示。

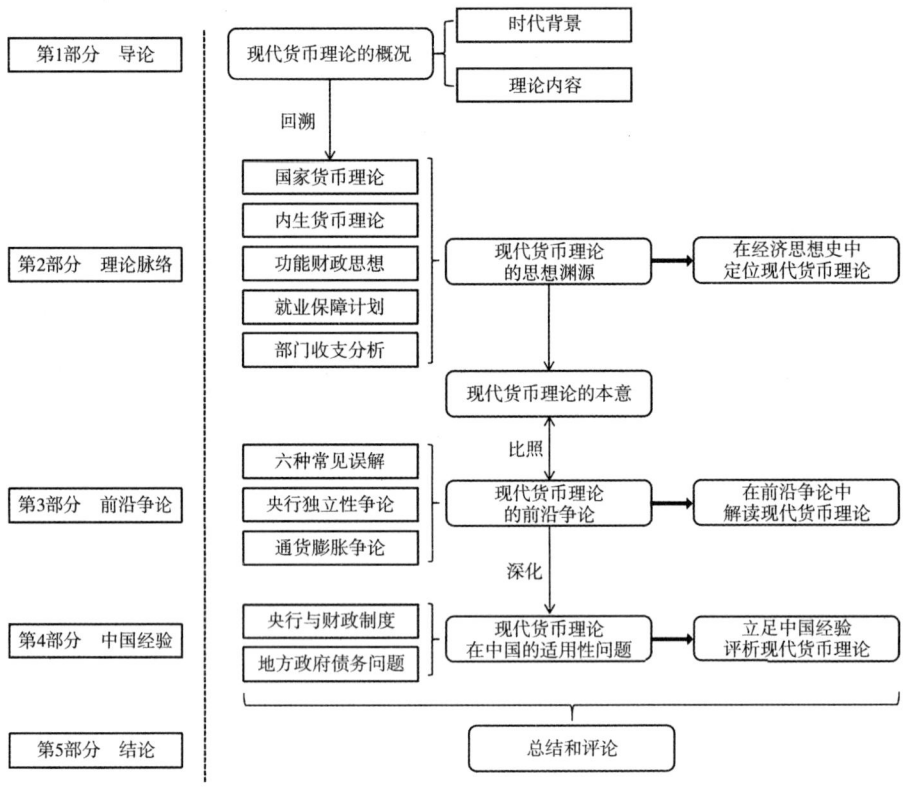

图1-1 本书的逻辑结构

第四节 研究方法

第一,文本解释方法。文本解释方法是经济思想史研究的基本方法。在搜集和整理相关文献的基础上,本书对现代货币理论及其理论脉络的诠释立足于文本语境下的原意,同时注重在与其他思想的比照中提炼其核心思想。

第二，理性再现和历史再现相结合的方法。理性再现（rational reconstruction）和历史再现（historical reconstruction）是经济思想史学家马克·布劳格提出的两种经济学研究方法。[①]"历史再现"是指依据经济学家所处的社会历史条件和他们所面临的现实问题来阐释他们的思想；"理性再现"是指从今天的经济学理论和经济问题出发来阐释过去思想的演化过程和理论价值（马克·布劳格，2008，6）。通过理性再现的方法，本书探究了现代货币理论继承和发展过去经济思想的逻辑演进脉络。通过历史重建的方法，本书研究了现代货币理论及其争论兴起的社会历史基础，坚持以历史的眼光评价现代货币理论。

第三，制度分析方法。批评实在论（Critical Realism）是许多非主流经济学流派赞同的科学哲学理论。批判实在论的创立者罗伊·巴斯卡（Roy Bhaskar）认为，社会的制度和结构为社会科学提供了实在论基础（Bhaskar，2014）。经济学方法论领域的著名学者托尼·劳森（Tony Lawson）将由此建立起来的社会科学知识称为"半规则"（demi-regularity）（Lawson，2003，79）。社会制度是社会科学知识赖以成立的基础，因此，对经济思想的研究就必须深入到制度层面。在对不同经济思想和相关争论的研究中，本书着重关注了它们的制度基础，并以此作为认识和评价经济思想的重要依据。

第五节 创新点和不足之处

一 可能的创新之处

首先，本书探究了现代货币理论的思想基础，在经济思想史上定位了现代货币理论。国内外学界对现代货币理论的经济思想史研究相

---

① 这两种方法也被翻译为"理性重建"和"历史重建"。

对缺乏，到目前为止，只有 Wray（2020a）这一篇工作论文简略概括了现代货币理论的思想来源。本书深入探究了现代货币理论的经济思想史，分析了现代货币理论继承和发展过去经济思想的逻辑演进脉络。

其次，本书在还原现代货币理论的本意的基础上，澄清了当前流行的对现代货币理论的误解。当前对现代货币理论的争论中存在着多种误解，这典型地体现在本书第八章所列举的六种误解上。本书逐一澄清了这些误解，并深入分析了两个重要争论（中央银行独立性和通货膨胀）中现代货币理论的底层逻辑，力图还原现代货币理论本来的面貌。

最后，本书初步探讨了在中国的制度环境下现代货币理论的适用性问题，并基于此评析了现代货币理论。当前基于现代货币理论对中国问题的研究非常有限，已有的研究集中于将其政策主张在中国付诸施行，而没有深入研究其基本原理在中国的制度环境下是否适用。本书研究了中国的财政货币系统和央地财政关系的制度现实，分析了现代货币理论的制度前提与中国制度环境的异同，批判性地分析了现代货币理论对于解决中国的现实经济问题的理论价值。

二 本书的不足之处

首先，本书未能从货币史的角度研究现代货币理论。现代货币理论认为，历史学、考古学和人类学的当代研究成果为国家货币理论提供了历史证据支持（Wray，1998）。由于能力所限，本书聚焦于现代货币理论的理论内容，未能深入研究货币史的相关问题。当代的货币史研究可参见 Grierson（1978）、Hudson（2004）、Grubb（2019）和 Battilossi 等（2020）。

其次，本书未能面面俱到地研究我国的现实经济问题。本书是基于中国经验研究现代货币理论的初步尝试。除了本书研究的问题，还有许多重要的现实问题有待未来研究，这些问题包括人民币汇率制度改革、人民币国际化、产业升级和科技创新、缩小收入差距和生态环境治理等。

第 二 章

现代货币理论的形成、发展、传播与兴起

第一节 现代货币理论的形成

根据当事人的回忆，现代货币理论最初诞生于20世纪90年代一个名为"后凯恩斯主义思想"（Post Keynesian Thought）的互联网讨论组中（Wray，2020a；Mitchell，2019）。这个讨论组以电子邮件的形式定期召开学术研讨会。现代货币理论最初的研究团队就形成于这个互联网讨论组当中，这个团队的初创成员包括沃伦·莫斯勒（Warren Mosler）、L. 兰德尔·瑞（L. Randall Wray）、威廉·米切尔（William Mitchell）和马修·福斯塔德（Mathew Forstater）。

在这之中，首先要介绍的是沃伦·莫斯勒。莫斯勒是一位成功的金融家，他对货币问题的思考来自他作为一名对冲基金经理长期的实践经历。影响莫斯勒的一段重要经历是他对意大利国债的投资（Mosler，1996）。20世纪90年代初，他管理的基金曾投资意大利国债。当时布雷顿森林体系已经解体，欧元区还未成立，意大利的货币仍然是里拉。由于当时意大利的政府债务占GDP的比例超过了110%，市场普遍预期意大利政府面临着财政破产的风险，国际货币

基金组织开始敦促意大利政府采取紧缩政策以减少债务。长期的从业经历使得莫斯勒敏锐地捕捉到了一个投资机会。他意识到，意大利是一个发行主权货币的国家，它总是能够创造货币来进行支付，因此，意大利的国债不会出现违约，发行国债的真正作用是防止市场利率过度下跌。为此，他专门前往罗马拜访了意大利财政部的高级官员路易吉·斯潘文塔（Luigi Spaventa）教授。斯潘文塔教授在简短的交谈之后就认同了他的看法，两人相谈甚欢。最后如莫斯勒所预料的那样，意大利的国债顺利发行了，意大利没有像市场所预期的那样出现债务违约，而莫斯勒管理的基金也从中大赚了一笔。在这之后，莫斯勒决定将他对货币问题的思考写成一篇论文。这篇论文后来被扩充为《软货币经济学》（*Soft Currency Economics*）一书（Mosler, 1996），这是对现代货币理论最早的论述。[①] 在这篇论文中，莫斯勒提出了现代货币理论的一些基本命题：税收驱动货币；拥有货币主权的政府不会破产；国债的作用是维持利率；政府应当以最低工资水平提供就业机会。莫斯勒后来参加了前面所说的讨论组，并在讨论组中汇报了他的论文。莫斯勒的论文赢得了瑞、米切尔、福斯塔德的赞同，他们共同组成了现代货币理论的初创团队。此外，这篇论文还获得了巴塞尔·J. 摩尔（Basil J. Moore）和保罗·戴维森（Paul Davidson）等知名后凯恩斯主义经济学家的支持。

L. 兰德尔·瑞是著名的后凯恩斯主义经济学家海曼·P. 明斯基的学生，在此之前他完成并出版了他的博士论文《资本主义经济中的货币与信用：内生货币理论》（Money and Credit in Capitalist Economies: The Endogenous Money Approach），这是后凯恩斯主义内生货币理论的代表著作（Wray, 1990）。在写作博士论文时，瑞已经注意到了克纳普的国家货币理论，他在论文中以此为基础初步讨论了国家与货币的关系。瑞对内生货币理论的研究使得他能够接受并支

[①] 这里的"软货币"是指不和其他货币或贵金属挂钩的主权货币，或者说具有固定汇率的主权货币。

持莫斯勒的观点。威廉·米切尔是来自澳大利亚的劳动经济学家，他的主要研究领域是就业与劳动力市场。按照他的说法，在1978年他在墨尔本大学修读荣誉学士学位时，他就已经形成了就业保障计划的想法，这使得他对莫斯勒的理论观点感到相见恨晚（Mitchell，2019）。马修·福斯塔德博士毕业于纽约的社会研究新学院（New School for Social Research），这是美国非主流经济学的重要阵地。他的研究兴趣集中在经济政策、经济史和经济思想史上。

1996年6月，莫斯勒和帕芙丽娜·R. 切尔涅娃（Pavlina R. Tcherneva，她是马修·福斯塔德的学生，同时也是现代货币理论的重要学者）在美国的布雷顿森林举办了第一次现代货币理论的学术会议。此后，在莫斯勒的支持下，瑞完成了第一部现代货币理论的学术著作《理解现代货币：充分就业与价格稳定的关键》（*Understanding Modern Money: The Key to Full Employment and Price Stability*）。在这部著作中，瑞阐述了现代货币理论的基本理论框架；他发掘了克纳普、凯恩斯、明斯基等经济学家的思想，这些学者是现代货币理论的思想源泉；他将现代货币理论和后凯恩斯主义的内生货币理论相结合；此外，他还从历史学、人类学等角度研究了主权货币（Wray，1998）。除了这部著作，这一时期现代货币理论的代表性成果还有 Mitchell（1998）和 Forstater（1998a）。这两篇论文阐述了就业保障计划的基本逻辑。这些论文和著作的发表标志着现代货币理论的初步形成。

第二节 现代货币理论的发展

在此之后，现代货币理论的研究团队吸纳了更多的研究者，包括斯蒂芬妮·A. 凯尔顿［Stephanie A. Kelton，旧姓贝尔（Bell）］、斯科特·富维尔（Scott Fullwiler）、帕芙丽娜·R. 切尔涅娃、埃里克·蒂莫尼（Eric Tymoigne）、梁燕、法德尔·卡布（Fadhel

Kaboub)、耶娃·纳斯岩（Yeva Nersisyan）、弗莱维娅·丹塔斯（Flavia Dantas）等学者。现代货币理论的研究团队仍在不断壮大。在这一时期，研究者在如下几个方面发展了现代货币理论。

第一，对国家货币理论的研究。一项重要工作是发掘了阿尔弗雷德·米切尔-英尼斯的理论著述。英尼斯是国家货币理论的奠基者，他的两篇论文被现代货币理论重新整理出版（Innes，2004a，2004b）。现代货币理论吸取了社会学家杰弗里·英汉姆（Geoffrey Ingham）对货币本质问题的研究（Ingham，2013）。瑞将国家货币理论与债务货币理论、内生货币理论相统一（Wray，2014a）。贝尔重新发掘并系统论述了货币的等级结构理论（Bell，2001）。福斯塔德考察了经济思想史上和"税收驱动货币"有关的思想（Forstater，2006）。

第二，对货币主权问题的研究。现代货币理论对货币主权的研究开始于对欧元区问题的研究，受到了查尔斯·A. E. 古德哈特的重要影响。古德哈特于1998年发表了经典论文《两种货币概念：最优货币区理论的意义》，批判了最优货币区理论（Goodhart，1998）。1999年，美国的社会研究新学院为了这篇论文专门召开了一场研讨会。这场研讨会的主要成果后来被汇编成论文集。其中，贝尔的论文指出，欧元区的一大缺陷是废除了各国的主权货币，从而使得这些国家丧失了财政政策空间（Bell，2003）。随后，克劳迪奥·萨多尼（Claudio Sardoni）和瑞系统阐述了货币主权的概念，这是现代货币理论的一个核心概念（Sardoni and Wray，2007）。最近对这一问题的阐释来自切尔涅娃，她认为依据货币制度的差别，不同国家的货币主权状况处在一个"光谱"（spectrum）上，这个光谱的一端是具备完全的货币主权的国家而另一端则是完全丧失货币主权的国家（Tcherneva，2016）。

第三，对货币金融制度的研究。斯科特·富维尔对美国的中央银行和财政部进行了制度分析。他研究了在不同的制度设计下中央银行是如何钉住目标利率的，他的研究进一步验证了内生货币理论的核心观点,那就是中央银行所能外生控制的是利率而不是货币数量(Fullwiler,2003,2008,2017)。富维尔分析了利率与财政持续性的内在联系(Fullwiler,2007)。他指出,中央银行可以通过钉住一种利率来影响整个利率结构,这种能力依赖于人们对主权货币的需求,而这种需求在根本上是由政府征税驱动的(Fullwiler,2006)。此外,现代货币理论还对中央银行独立性和财政活动的准备金效应进行了大量研究。现代货币理论对中央银行和财政部的制度分析认为,独立的中央银行制度不会改变财政活动的实质(Wray,2007a,2014b);财政收支会对私人部门持有的货币数量产生直接的影响,因此,在现实的政策实践中,财政部和中央银行会相互配合来达成中央银行的利率目标(Bell,2000;Bell and Wray,2002;Tymoigne,2014,2016)。

第四,对部门收支分析方法的研究。现代货币理论的部门收支分析方法来源于维恩·戈德利(Wynne Godley)。戈德利创立了存量流量一致模型,这一模型提供了一个实物循环和货币循环相统一的宏观经济学分析框架,现在已经成为非主流经济学中极有影响力的宏观经济模型(Godley and Lavoie,2007a;Nikiforos and Zezza,2017)。现代货币理论的创始人瑞参与了戈德利晚年的研究工作。在1999年的一份政策分析报告中,戈德利和瑞通过部门收支分析方法指出,克林顿政府时期的政府盈余对应着私人部门的赤字,这意味着当时美国经济的稳定增长是不可持续的(Godley and Wray,1999)。现代货币理论从戈德利那里吸取了部门收支分析方法,这一分析方法是现代货币理论的重要内容。

第五,对功能财政理论的研究。福斯塔德最早将阿巴·P. 勒纳的经济思想引入到现代货币理论当中(Forstater,1999,2003)。勒纳的功能财政理论是现代货币理论旗帜鲜明的政策主张(Wray,2003)。但是,勒纳的功能财政理论被绑定在传统的总需求微调政策上。瑞比较了勒纳和明斯基在对待功能财政上的思想演变,指出了设计更加成熟的财政政策框架的重要性,就业保障计划是其中的重要内容（Wray，2018a）。此外，路易莎·康纳斯（Louisa Connors）和威廉·米切尔论述了理论话语体系在政策辩论中的重要性，因此现代货币理论所构建的理论话语体系是有现实意义的（Connors and Mitchell，2017）。

第六，对就业保障计划的研究。澳大利亚的充分就业与平等研究中心（Centre of Full Employment and Equity）对劳动力市场和就业问题进行了大量研究，代表性成果是米切尔和琼·麦斯肯（Joan Muysken）合著的《被放弃的充分就业：流沙与政策失败》（*Full Employment Abandoned：Shifting Sands and Policy Failures*）。在这本书中，作者回顾了就业理论和就业政策的变迁，指出了主流就业理论和政策的缺陷，主张通过就业保障计划来实现充分就业（Mitchell and Muysken，2008）。同时，美国的现代货币理论研究者重新发掘了明斯基对就业问题和就业保障计划的研究（Forstater，1998b；Wray，2007b），明斯基的相关论文被重新整理、编辑和出版（Minsky，2013）。美国的现代货币理论研究者主要针对的是美国所面临的就业问题。他们研究了美国的劳动力市场状况（Bell and Wray，2004；Dantas and Wray，2017；Tcherneva，2017），讨论了就业保障计划的成本问题（Kaboub，2013），用宏观经济模型模拟了政策效果（Fullwiler，2013），研究了就业保障计划具体的制度设计（Tcherneva，2018），并且还对阿根廷的公共就业计划进行了案例研究（Tcherneva and Wray，2005）。对就业保障计划的相关研究的总结可以参见 Kaboub（2007）、Wray 等（2018）和 Tcherneva（2020）。此外，还出现对不同国家公共就业计划的案例研究（Kaboub，2012；Forstater and Murray，2013；Huang，2020）。除了就业保障计划，现代货币理论的研究者还对"绿色新政"（Green New Deal）和美国大学教育贷款等问题进行了政策研究（Nersisyan and Wray，2020a；Fullwiler et al，2018）。

2022 年 8 月，演化经济学会（Association for Evolutionary Economics）宣布将 2022 年度凡勃仑—康芒斯奖（Veblen-Commons

Award）授予现代货币理论的创始人瑞，以表彰他在后凯恩斯主义经济学和现代货币理论领域的杰出贡献。凡勃仑—康芒斯奖是非主流经济学界的重量级奖项。这一奖项的授予体现了非主流经济学界对现代货币理论所取得的理论进展和现实影响的总体认可和支持。

第三节　现代货币理论的传播

在现代货币理论初步形成之后，研究者逐步搭建起了现代货币理论的"生态圈"，包括现代货币理论的研究机构、学术会议、宣传渠道等内容。现代货币理论早期的研究机构主要是美国密苏里大学堪萨斯分校的充分就业与价格稳定研究中心（Center for Full Employment and Price Stability）和澳大利亚纽卡斯尔大学的充分就业与平等研究中心。随着研究队伍的壮大，现代货币理论的研究者已经不局限于以上这些研究机构。现在比较著名的现代货币理论的研究机构有美国巴德大学的列维经济研究所（Levy Economics Institute of Bard College）和美国的持续繁荣国际研究所（Global Institute for Sustainable Prosperity）。据悉，列维经济研究所正计划设立现代货币理论的经济学博士项目。现代货币理论主要的学术会议有国际现代货币理论大会（International Conference of Modern Monetary Theory）、欧洲国际现代货币理论大会（International European Modern Monetary Theory conference）。此外，现代货币理论还定期举行暑期学校和学术研讨会。

研究者推出了现代货币理论的教材和通俗读物，如瑞的《现代货币理论：主权货币体系的宏观经济学入门》（*Modern Money Theory: A Primer on Macroeconomics for Sovereign Monetary Systems*）、《让货币为大众服务：现代货币理论如何拯救美国》（*Making Money Work for Us: How MMT Can Save America*）和凯尔顿的《赤字的神话：现代货币理论与人民经济的诞生》（*The Deficit Myth: Modern Monetary*

Theory and the Birth of the People's Economy）（Wray，2005，2022；Kelton，2020）。在 2019 年，米切尔、瑞和马丁·沃茨（Martin Watts）共同完成了第一本以现代货币理论和非主流经济学为基础的教材《宏观经济学》（*Macroeconomics*）（Mitchell et al, 2019）。这本教材一经上市就多次售罄并再版，目前作者正计划推出第二版。此外，研究者还撰写了大量面向现实经济问题的评论文章和著作，例如米切尔和托马斯·法济（Thomas Fazi）合著的《拿回国家：面向后新自由主义世界的进步政府观》（*Reclaiming the State：A Progressive Vision of Sovereignty for a Post-Neoliberal World*）和瑞的《向前跃进：面向 21 世纪的非主流经济政策》（*A Great Leap Forward：Heterodox Economic Policy for the 21st Century*）（Mitchell and Fazi，2017；Wray，2020b）。

除了这些传统的学术传播渠道，现代货币理论的研究者还积极通过互联网传播他们的学术思想。凯尔顿建立了"新经济视点"（New Economic Perspective）网站。米切尔和莫斯勒都有自己的网站。另外，当前在网络社交媒体上还存在着大量宣传和科普现代货币理论的自媒体账号。通过新媒体渠道宣传理论思想，这是现代货币理论能够在民间取得巨大反响的重要原因。

如今在许多国家都出现了现代货币理论的研究组织，包括法国、德国、意大利、西班牙、加拿大、巴西、波兰、墨西哥、保加利亚、智利、印度、日本等国家。在欧洲大陆，现代货币理论受到关注的重要原因是欧元区的改革问题。德克·H. 恩兹（Dirk H. Ehnts）等欧洲学者依据现代货币理论研究了欧元区制度及其缺陷，并提出了欧元区国家发行新的主权货币的设想（Ehnts，2017；Ehnts and Höfgen，2019）。除了在发达国家，在发展中国家也出现了现代货币理论的研究者，例如，在非主流经济学研究氛围浓厚的巴西，很早就出现了现代货币理论的研究者（Rezende，2009）。

在国内，贾根良的《西方异端经济学主要流派研究》最早介绍了现代货币理论（贾根良，2010）。此外，早期介绍了现代货币理论的论文有刘新华、李妮妮、白玫（2010），刘新华（2010），刘新华、缐文（2010），刘新华（2011），李黎力、贾根良（2012）。此后，国内对现代货币理论的引介更加侧重于其中的特定内容：缐文、刘新华（2011）介绍了现代货币理论的就业保障计划；刘新华（2012a）介绍了现代货币理论对欧元区问题的见解；缐文（2015）介绍了功能财政理论的演变，同时还介绍了学界基于"卡莱斯基困境"对现代货币理论的批评；贾根良、何增平（2018b）介绍了现代货币理论对独立中央银行制度的认识；贾根良、兰无双（2019，2023）基于现代货币理论的财政理论，对传统的财政赤字观进行了反思；刘新华、彭文君（2020）介绍了现代货币理论的功能财政理论和就业保障计划。除了对现代货币理论的引介，国内学者还进行了如下理论和政策研究：缐文（2016）比较了就业保障计划和中国古代"常平仓"的经济思想，他认为，中国传统经济思想可以与西方非主流经济学进行对话；刘新华（2012b）研究了中国的汇率制度改革问题，她认为，中国应该向浮动汇率制度进行渐进式的改革，并且逐步摆脱对出口的依赖；刘新华、郝杰（2019）研究了私人数字货币的本质问题；贾根良、贾诗玥（2022）讨论了在中国实施就业保障计划的制度设计和政策价值；贾根良（2023）基于现代货币理论批评了"两缺口模型"，论文指出，这一模型抛弃了货币主权概念从而为外国资本对本国经济的支配打开了大门；在这些研究中，最有影响力的是贾根良（2020a）的《国内大循环：经济发展新战略与政策选择》。这本书指出，中国当前应当进一步深化财政金融改革，通过主权信贷来推动中国经济向以国内大循环为主导的新发展模式转变。

除了这些理论著述，一些现代货币理论的著作也被翻译成了中文：刘新华翻译了瑞的《解读现代货币：实现充分就业价格稳定》（兰德·瑞，2011）；中信出版社组织翻译了瑞的《现代货币理论：主权货币体系的宏观经济学》和凯尔顿的《赤字迷思：现代货币理论与如何更好地发展经济》（L. 兰德尔·雷，2017；斯蒂芬妮·凯尔顿，2022）；贾根良的研究团队正在翻译前文所提到的现代货币理论的宏观经济学教科书。① 2019 年之后，现代货币理论在中国成了一个热门话题，国内出现了许多有关现代货币理论的新闻报道和讨论，但在这之中也存在着大量对现代货币理论的误解。与此相关的内容将在后文中进一步说明。

第四节　现代货币理论的兴起

　　2019 年之后，现代货币理论开始受到广泛关注。在现代货币理论形成之初，它的理论影响力主要局限于非主流经济学内部。2008 年国际金融危机动摇了人们对主流经济学的信仰，这为人们接纳和讨论非主流经济学提供了空间，在这一时期现代货币理论的影响力开始在民间拓展。现代货币理论兴起的一个关键节点是 2019 年的美国大选。在这次大选之后，以"绿色新政"为代表的社会改良方案受到民众的广泛关注。在这次大选中活跃的民主党议员伯尼·桑德斯（Bernie Sanders）、伊丽莎白·沃伦（Elizabeth Warren）、亚历山德里娅·欧加修-寇蒂兹（Alexandria Ocasio-Cortez）都是这一社会改良方案的代表人物。这些议员直接或间接地对现代货币理论表达了支持。经过大选的舆论发酵，越来越多的经济学家和政治人物对现代货币理论表达意见，这使得现代货币理论几乎一夜成为媒体关注的焦点。

　　在此次大选之后，现代货币理论始终活跃在美国政坛。无论是特朗普政府的减税政策，还是拜登政府的基础设施建设计划，在对这些美国政府重大政策的讨论中都有现代货币理论的参与。凯尔顿曾在美国参议院预算委员会担任经济学顾问。瑞在 2019 年受到议员约翰·亚姆斯（John Yarmuth）的邀请，在美国国会家庭预算委员会的听证会上做报告。在听证会后，民主党的议员们对现代货币理论

---

① 这些已出版的译著的译名与前文提及的原著不完全一致。

表现出了极高的热情。按照瑞的说法，议员约翰·亚姆斯在后来的采访中明确地采用了现代货币理论和功能财政的观点（Wray，2021）。2021 年，瑞在国会听证会上对美国财政预算和经济形势作了长篇汇报，汇报在学界和政界引发了巨大反响。时至今日，现代货币理论引发的热潮仍未退去。

从历史的角度看，现代货币理论的兴起是特定国际经济环境和社会历史阶段的产物。本书将会说明，现代货币理论是对经济思想史上多股非主流经济学思想的继承和发展。但是，现代货币理论在 20 世纪 90 年代就已经产生了，在这之后一直处于默默无闻的状态。为什么在 2019 年以后一夜之间就开始备受瞩目了呢？显然，这与当前我们的宏观经济理论和政策所面临的问题有关。笔者认为，2008 年国际金融危机之后，主流宏观经济理论和政策无法应对西方国家现实经济问题的缺陷日益凸显；在这种情况下，现代货币理论为从平衡财政的束缚中解放财政政策提供了理论支持，这直接呼应了人们对改变新自由主义经济制度的呼声；这种传统理论与经济现实的矛盾对抗是现代货币理论受到广泛关注的社会历史根源。

2008 年国际金融危机动摇了人们对主流宏观经济理论和政策的信心。在此之前，人们相信原有的理论和政策是成功的。例如，诺贝尔经济学奖获得者、后来的美联储主席，本·S. 伯南克（Ben S. Bernanke）在 2004 年的著名演讲中将当时的经济状况称为"大缓和"（Great Moderation），他将这种稳定的经济形势归功于主流宏观经济学的货币政策调控（Bernanke，2004）。"新货币共识"（New Monetary Consensus）是这一时期主流宏观经济理论的代表，是这一时期的宏观经济政策的重要理论基础。"新货币共识"将理性预期、黏性价格等学说融入了动态随机一般均衡模型。比起财政政策，"新货币共识"更加强调货币政策的作用，它主张通过调控利率来实现通货膨胀目标，同时强调预期管理的重要作用（范志勇、杨丹丹，2016）。

然而，2008 年国际金融危机撕碎了"大缓和"的美好幻想。"新货币共识"等主流理论忽视金融系统和财政政策的缺陷凸显出来

(钟伟、张晓曦，2009)。人们对主流宏观经济政策的信心受到打击。西方国家的货币当局尝试了零利率政策和"量化宽松"等非常规货币政策，但这些政策没能带来经济复苏。人们开始将目光不约而同地转向财政政策，希望财政政策能发挥更大的作用。例如，著名金融家雷·达里奥（Ray Dalio）认为，美国政府已经尝试了货币政策的第一形态（降低利率）和第二形态（量化宽松），但这些措施不仅没能带来经济复苏，而且带来了收入差距扩大、重要领域投资不足等问题。因此，达里奥主张美国政府采取第三种形态的货币政策，也就是协调使用财政政策和货币政策（Dalio，2019）。

然而，财政政策要发挥作用会面临财政平衡观念的束缚。特别是在2010年的欧债危机之后，罗格夫（Kenneth Rogoff）和莱因哈特（Carmen M. Reinhart）的著名论文引领了一股研究主权债务问题的学术研究热潮。这股主流经济学的学术潮流有着共同的政策诉求，那就是限制财政支出和政府债务的增长。罗格夫和莱因哈特的论文研究了政府负债率对经济增长影响的阈值；论文认为，当政府的负债率超过90%时，经济增长会受到主权债务增长的抑制（Reinhart and Rogoff，2010）。[①] 显然，传统的财政平衡观念和对主权债务危机的恐惧束缚了财政政策。

与此同时，恶劣的经济形势使得民间自发产生了社会改良的呼声。2008年之后，美国经济复苏缓慢。根据列维经济研究所的一项研究，这次经济复苏是美国第二次世界大战之后数次经济周期当中最为缓慢的一次（Papadimitriou et al，2019）。[②] 这项研究认为，收

[①] 现代货币理论的研究者认为，这篇论文忽视了货币主权的问题，忽视了欧元区债务危机爆发背后的货币制度原因。欧元区的成立牺牲了欧元区国家的货币主权，在这种情况下，主权债务危机才成为可能（Nersisyan and Wray，2010）。

[②] 尽管特朗普政府时期美国的失业率有所下降（2019年3月为3.8%），但是就业人口占总人口的比例仍然低迷（2006年12月为63.4%，2019年1月为60.7%）。这项研究认为，失业率下降的一大原因是一些劳动者丧失了寻找工作的意愿，失业率的统计不再包括这部分非劳动力。另外，新增的就业岗位主要是低工资行业，高技能劳动者的就业需求得不到满足（Papadimitriou et al，2019）。

入两极分化、财政支出不足、经常账户逆差、金融不稳定是当前美国经济的结构性问题。在这种情况下，以"绿色新政"为代表的社会改良方案得到了民众的广泛关注和支持。"绿色新政"的名称来自罗斯福新政，这一社会改良方案希望效仿罗斯福新政，推行大规模的政府支出项目。它的政策主张涵盖就业保障、环境保护、医保改革、基础设施建设等多个方面。虽然"绿色新政"赢得了民众的拥簇，但是它同时面临许多批评。其中尤为重要的一种质疑是认为，美国政府负担着巨大的债务压力，它在财政上无力进行这么大规模的支出。尽管"绿色新政"曾经主张要对富人征税，但是这一观点在美国政治中是不受欢迎的。这时，"绿色新政"的支持者想到了从现代货币理论当中获取理论支持。随着"绿色新政"获得广泛关注，现代货币理论也随之成为舆论所广泛讨论的话题。

无论是在主流学术界，还是在民间，现代货币理论的高关注度都指向了它的一个基本观点，那就是对于具备完全货币主权的国家，主权政府总是能够通过发行本国货币进行支出，而不会破产或者债务违约。这一观点的现实意义在于，它从传统的平衡财政思想中解放了财政政策，从而为财政政策提供了空间。在上文所述的国际经济环境和社会历史阶段中，这种财政政策空间是广大民众迫切需要的。在这种情况下，现代货币理论从学术舞台的角落一跃走上了大众舞台的中央。

另外，货币主权问题使得现代货币理论在欧洲大陆获得了极高的关注度。现代货币理论认为，欧元制度使得欧元区国家从主权货币的创造者变成了欧元这种非主权货币的使用者，这种制度设计使得主权债务危机在欧元区成为可能。在欧债危机爆发之后，欧洲央行通过买入欧元区国家的国债缓解了危机，但是，欧元区的失业率仍然处在高位。人们希望通过财政政策来振兴欧元区经济，然而这就需要这些国家首先对欧元区制度进行改革，从而扩大这些国家的财政政策空间。在这种情况下，现代货币理论为欧元区的改革提供了方向指引，这使得现代货币理论在欧洲获得了广泛关注。

总之，现代货币理论的兴起是当前国际经济环境和社会历史阶段的产物。传统理论与经济现实的矛盾对抗是现代货币理论受到广泛关注的社会历史根源。现代货币理论已经成为当前理论和政策讨论中的重要话题。研究现代货币理论对于我们了解宏观经济理论和政策前沿，推进理论和政策创新有着重要意义。

第 三 章

现代货币理论的基本内容

第一节 国家货币理论

一 债务货币理论

债务货币理论是国家货币理论的基础,我们对现代货币理论的考察从这里开始。债务货币理论认为,货币的本质是一种债务。这意味着,货币是随着债务的发行而产生的,货币表示着一种债务债权关系。举例来说,假如今天 B 生产了一些产品,A 想要通过发行债务的方式从 B 那里换取这些产品。A 为他的债务设定了特定的计量单位——元。通过协商,B 同意 A 用 100 元的债务来换取这些产品。这时,双方的资产负债表会发生如下变化。

表 3–1　　　　　　　简单的债务货币案例（1）

A 的资产负债表变化

资产变化	负债变化
产品 + 100 元	A 的债务 + 100 元

B 的资产负债表变化

资产变化	负债变化
A 的债务 +100 元	
产品 -100 元	

随着双方债权债务关系的形成，货币也就生成了。在这个例子中，货币是以特定单位计量的 A 的债务。为了记录双方的债务关系，A 需要给 B 开借条。借条的形式可以有很多，它可以是写在纸面上的契约，也可以是从中间分开的木棒；可以是刻在寺庙石碑处的记录，也可以是如今数字化账户上的记录。这些不同形式的借条变成了货币的载体，它们记录了特定类型的债权债务关系。

同样的道理，B 也可以发行自己的债务来换取 A 生产的产品。我们这里假定 B 的债务用的是一样的计量单位。这时，双方的资产负债表会发生如下的变化。

表 3-2　　　　　　　　　**简单的债务货币案例（2）**

A 的资产负债表变化

资产变化	负债变化
B 的债务 +100 元	
产品 -100 元	

B 的资产负债表变化

资产变化	负债变化
产品 +100 元	B 的债务 +100 元

上面这个例子还没有结束。在债务的发行之后还可能会有债务的赎回过程。假如 B 选择用他持有的 A 的债务去偿还 A 持有的 B 的债务，这时，双方的资产负债表会发生如下变化。

表 3-3　　　　　　　　　简单的债务货币案例 (3)

A 的资产负债表变化

资产变化	负债变化
B 的债务 -100 元	A 的债务 -100 元

B 的资产负债表变化

资产变化	负债变化
A 的债务 -100 元	B 的债务 -100 元

这时，A 和 B 都赎回了他们的债务，并且他们都得到了对方的产品。在期末的资产负债表上，他们的债务余额为零。这个高度简单化的例子描述了货币从生成到消失的过程。经由这个例子，我们可以发现货币作为一种债务的三个特点。

首先，货币作为一种债务，它总是涉及对立的两方。它一方面是债务人的负债，另一方面是债权人的资产。这一特点对于我们理解和核算货币在经济体中的运动有着重要的意义。在上面的例子中，我们通过资产负债表的形式记录了 A 与 B 之间货币流量的变化。[①]在流量上，一方金融资产的变化必然对应着另一方金融负债的变化，在存量上，一方金融资产的存量必然对应着另一方金融负债的存量。这些核算原理将不同个体和部门的资产负债表联系在一起，我们由此就可以得到对经济体中金融资产流量和存量的完整认识。同时，遵循这些基本的核算原理也是经济理论正确性的前提条件。这一点在本章后续小节中会有进一步的说明。

其次，货币没有先天的载体形式。在前面的例子中，在 A 与 B 都认同的情况下，A 的债务可以通过各种形式来记录。货币载体的作用是记录并证明债务关系的存在，制度和习俗保证了某种形式的货币载体能够发挥这种作用。至于制度和习俗会选择哪种形式来记

---

① 我们也可以用资金流量表来进行记录，二者的原理是一样的，参见本书的第七章。

录债务关系，这取决于具体的社会历史条件，而不存在先天的规定性。对此，克纳普有一个经典的类比："当我们将大衣寄存在剧院的衣帽间时，我们会收到一个特定尺寸的锡碟，上面有一个记号，这个记号可能是一个数字。尽管上面不会有其他东西，但是这个票证或者说记号具有了法律效力；它是我有权要回大衣的凭证。"（Knapp，1924，31）货币和寄存牌有着类似的性质。

最后，每个人都可以发行货币，但问题是如何让人们接受这种货币。货币与债务之间没有明确的界限。尽管在一般的语言环境中，我们只会将某些流动性较强从而人们更愿意接受的债务称为货币，但是，这样的界限是模糊的，并且在历史上是不断变动的。既然货币的本质是一种债务，在广义上，我们可以认为所有的债务都是货币：主权货币是政府发行的债务，银行货币是银行发行的债务，此外，非银行金融企业发行的债务、非金融企业发行的债务、家庭部门发行的债务都是不同类型的货币。

既然所有人都可以发行货币，为什么人们会愿意接受某些货币呢？英尼斯指出："信用的价值不取决于它背后任何金、银或者其他资产的存在，而只取决于借方的'清偿能力'（solvency），只取决于在债务到期的时候，借方是否可以有足够的别人的信用来抵消他的债务。"（Innes，2004a，32）如果借方只能偿付一部分债务，那么债务的价值也就下降到借方能够偿付的水平。在前面的例子中，A持有的B的债务的价值取决于B获得A发行的债务的能力。换句话说，因为A知道，他总是可以用他持有的B的债务来偿还B，所以他愿意接受B的债务；而A在多大程度上愿意接受B发行的债务，这取决于B能够向A提供什么来获取A发行的债务。相反，A要偿还他对B的债务的话，他要做的就是获得B发行的债务。这是因为B作为债务的发行者，他总是会接受用他发行的债务对他进行支付。那么，A要如何获得B发行的债务呢？他可能需要生产B想要的产品，提供B想要的服务，向B卖出自己的资产，又或者通过其他的途径。这些因素影响了A获得B发行的债务的能力，从而进一步决定了 B 会在多大程度上接受 A 发行的债务。因此,"信用的价值取决于借方同时也是一个贷方。"(Innes,2004a,41)

当然,这只是一个非常简单的例子,现实中的债务关系要比这个复杂得多。但是,在这些复杂的债务关系背后的根本问题和上面的例子是一致的。在主权货币系统中,主权货币是国家发行的债务。如果我们询问 A 为什么愿意接受主权货币,他可能回答说因为 B 愿意接受这种货币;我们继续询问 B,B 可能会说是因为 C 愿意接受;C 则可能会说是因为 D 愿意接受……也就是说,我接受主权货币是因为其他人也接受。这种说法可以一定程度上解释为什么人们愿意接受主权货币,但是不能从根本上回答这个问题,因为主权货币诞生之初,人们(或者前面所说的其他人)不是先天地愿意接受这种货币的。在根本上,我们面临的问题和前面简单的例子中是一样的:既然主权货币是政府发行的债务,政府是有怎样的清偿能力,从而使得人们愿意接受它的债务的呢?这就是国家货币理论所要回答的一个核心问题。

二 国家货币理论

国家货币理论遵循着债务货币理论的逻辑。主权货币,或者说国家货币是主权政府发行的债务。政府规定了货币单位,并且规定了货币的具体形式。例如,一国政府可以宣布货币单位是"元",并且规定 10 元的纸币是什么样式的。在进行支付的时候,政府发行自己的债务,货币从而产生出来。例如,假设政府要从电脑厂商那里购买价格为 1 万元的电脑,双方的资产负债表会发生如下变化。

表 3-4　　　　　　　简单的主权货币案例(1)
政府的资产负债表变化

资产变化	负债变化
电脑 +10000 元	主权货币 +10000 元

电脑厂商的资产负债表变化

资产变化	负债变化
主权货币 + 10000 元	
电脑 – 10000 元	

政府通过发行自己的债务完成了政府购买，它在支出中创造出了 10000 元的主权货币。需要说明的是，为了简化说明的需要，这里省略了商业银行，在现实中，这些交易可能是通过商业银行来完成的；并且，这里也省略了中央银行，或者说，这里政府部门的资产负债表将中央银行的资产负债表也包括在内。

和其他债务发行者一样，政府承诺接受它用它发行的债务，也就是主权货币来对它进行支付。例如，应纳税款是政府的资产，纳税者的负债。政府总是接受人们用主权货币来缴纳税款。假如此时电脑厂商需要缴纳的税款总额是 10000 元，那么双方的资产负债表会发生如下变化。

表 3 – 5　　　　　　　　**简单的主权货币案例（2）**

政府的资产负债表

资产变化	负债变化
应纳税款 – 10000 元	主权货币 – 10000 元

电脑厂商的资产负债表

资产变化	负债变化
主权货币 – 10000 元	应纳税款 – 10000 元

随着税款的缴纳，政府回收了它的债务，货币也随之消失了（它从政府的资产负债表的负债端"借记"掉了）。通过上面这个例子可以看出，主权货币作为一种债务，它的运动过程和其他债务货币是一致的。在这个意义上，国家货币理论和债务货币理论是一致的。

在上一小节我们谈到过,任何人都可以创造货币,问题是如何让人们接受它。"信用的价值取决于借方同时也是一个贷方"(Innes,2004a,41),人们愿意接受一种债务的原因之一是他们总是可以用这种债务来偿还他们欠债务发行人的债务。那么,主权政府持有的这种债务是什么呢?答案是税款(以及其他罚款和费用)。当主权政府发行自己的货币时,它同时规定人们可以用这种货币来缴纳税款、罚款和费用。在资产负债表上,这些税款是政府的资产,私人部门的负债。为了能够如期缴纳税款,人们会努力获取主权货币,因为不按期缴税就会受到法律的惩处。征税使得人们愿意接受主权货币,因此,国家货币理论认为,征税驱动主权货币。

需要说明的是,这并不意味着缴税是人们持有主权货币的唯一原因。人们接受货币的原因有很多,这可能是为了应对不确定性,可能是为了完成交易结算,可能是因为别人也愿意接受这种货币。但是,这些原因都不是最根本的。在政府最开始发行货币的时候,在征税驱动主权货币之前,显然上面列举的这些原因都还无从谈起。在这个意义上,征税是人们愿意接受主权货币的充分条件和根本原因。另外,为了使人们接受主权货币,政府没有必要对所有人都征税。政府只需要对其中一部分人征税,这会使得这一部分人愿意接受主权货币。而对于不需要纳税的人,假如他们和需要纳税的人有着经济上的联系,由于他们知道这部分人会愿意接受主权货币,他们自然也会愿意接受主权货币。

三 银行货币与货币的等级结构

在一国的货币系统中,除了主权货币,还存在其他类型的货币。根据债务货币理论,这些货币同样也是债务,它们的运动遵循着一样的逻辑。我们这里不妨以银行货币为例。银行存款是银行发行的货币,遵循着债务货币的一般逻辑。银行通过发行自己的债务来持有特定的资产,如银行贷款。举例来说,假如 A 向甲银行申请了一笔 1 万元的贷款,并且他通过了银行对资信状况的审核,那么双方的资产负债表会发生如下变化。

表3-6　　　　　　　　　　简单的银行货币案例（1）
甲银行的资产负债表变化

资产变化	负债变化
A 的贷款 +10000 元	银行存款 +10000 元

A 的资产负债表变化

资产变化	负债变化
银行存款 +10000 元	A 的贷款 +10000 元

在这个过程中，商业银行向 A 发行了 1 万元的银行货币，同时持有了 1 万元的 A 的贷款。很多人以为银行要先吸收存款，然后才能用这些存款来发放贷款。然而，事实并非如此。商业银行总是通过创造自己的债务来发放贷款，这并不需要以吸收存款为前提。它所做的只是改动了客户账户上的数字而已。这也就是所谓的贷款创造存款。本书的第五章会更深入地讨论这一问题。而当 A 偿还贷款时，双方的资产负债表会发生如下变化。随着甲银行的货币回流到甲银行，原先创造出的银行存款也随之消失了。这与前面债务货币的逻辑是一致的。

表3-7　　　　　　　　　　简单的银行货币案例（2）
甲银行的资产负债表变化

资产变化	负债变化
A 的贷款 -10000 元	银行存款 -10000 元

A 的资产负债表变化

资产变化	负债变化
银行存款 -10000 元	A 的贷款 -10000 元

在一国的货币系统中存在着不同类型的货币，那么这些债务的结算是如何完成的呢？假如企业 A 持有 1 万元企业 B 的债务，而企业 B 则持有 5000 元企业 A 的债务。这时，企业 B 可以用这 5000 元

企业 A 的债务来偿付部分的债务。而对于剩下的 5000 元债务，企业 B 可以使用银行存款来偿付。为什么企业 A 愿意接受用银行存款来偿付呢？这是因为在一国的货币体系中，银行存款有着比企业债务更高的流动性。如果企业 B 用企业 C 的债务来偿付，企业 A 不一定会接受。进一步地，假如存在债务关系的双方是商业银行呢？在商业银行之间的结算中，商业银行的债务可以相互抵消，但是，对于剩下的余额，商业银行需要向对方银行提供具有更高流动性的债务，也就是主权货币。[①]

因此，一国货币体系是一种等级结构。如图 3-1 所示，不同类型的债务按照流动性从高到低排列着。在这个等级结构中，低流动性的债务结算需要通过高流动性的债务来最终完成：非金融企业的债务结算需要通过银行货币或主权货币来完成，银行之间的结算需要通过主权货币来完成。需要说明的是，这个示意图只是一个简单的示例，现实中的债务层级要更加复杂。

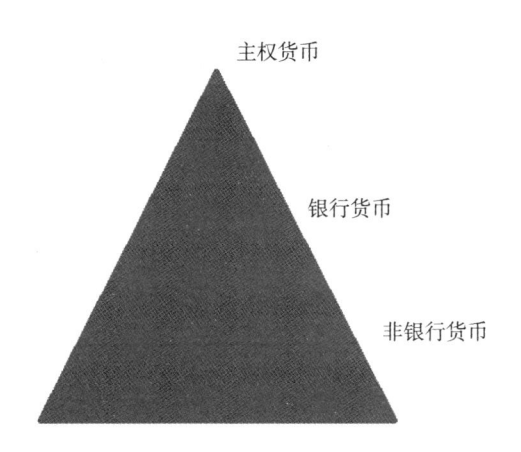

图 3-1 货币的等级结构

资料来源：Wray（2015，78）。

[①] 具体来说，是商业银行存在中央银行账户上的准备金。

在政府发行主权货币并且不将其货币与其他货币挂钩的情况下，主权货币处在了货币的等级结构的顶端。商业银行的债务在主权货币之下。商业银行承诺，它会按照客户需求，将银行存款兑换成主权货币，而商业银行在创造银行货币的时候需要维持它对银行货币可兑换性的承诺。① 如果它的承诺不再可靠，那么银行挤兑就可能会发生。但是，为什么主权货币就不需要依托于更高层级的货币了呢？这是因为政府有权征税，而征税能够驱动货币。

但是，政府可能不发行主权货币，而选择使用他国的货币，这时在货币等级结构中主权货币的位置就会被外国货币所取代。政府也可能在发行主权货币的同时，承诺以固定的比率将本国货币兑换成外国货币或者贵金属，这时处在货币等级结构最顶端的就变成了那种外国货币或者贵金属。在这种情况下，政府在创造主权货币的时候需要维持它对主权货币可兑换性的承诺。② 后文将会说明，这种制度设计对一个国家的财政政策空间有着重要影响。

第二节 财政的货币理论

一 财政活动的实质

在论述国家货币理论时，我们讨论了一个主权货币从生成到消失的简单例子，这里我们将继续对这个例子的讨论。从这个例子中，我们可以得出三个基本命题，这三个命题描述了财政活动与货币之间的联系，说明了国家货币理论视角下财政活动的实质。

第一个命题是，政府通过支出创造货币，通过征税回收货币。接下来分析的制度前提是：主权货币是政府的债务；政府规定了货币单位（如元），并且规定了货币的具体形式（如纸币）；政府以这

---

① 也就是说，商业银行在创造银行货币时是在给自己持有的主权货币加杠杆。
② 也就是说，政府在发行主权货币时是在给自己持有的外汇和贵金属加杠杆。

种货币征税，它承诺接受以这种货币对它进行支付；为了按期缴税，人们会努力获取主权货币，这就为主权货币创造了需求。

在这样的制度背景下，政府首先通过支出创造出货币。政府向非政府部门发行债务，从而换取它所需的产品和服务，例如，政府购买办公用品，支付公务员工资，支付社会保障支出，（中央银行）购买金融资产。在前面的例子中，政府购买了它所需的电脑设备。政府完成支付后，非政府部门持有了主权货币。在逻辑上，只有在政府支出之后，私人部门才可能持有主权货币，政府才可能通过征税回收这些货币。在征税时，政府回收了之前创造出的货币，这些债务也就随之消失了。在前面的例子中，电脑厂商用主权货币缴纳了赋税，而在资产负债表上，政府之前发行的债务也就消失了。通过这个过程，政府将实际资源从私人部门转移到了公共部门，这是这样一套财政货币制度的目的所在。

这种货币流通过程和对财政活动的传统认识有根本区别。人们通常认为，财政活动是政府先征税从而从非政府部门获得一笔货币，然后再用这笔货币来进行支出。然而，既然主权货币是政府的债务，那么当政府征税时，政府是在回收自己的债务。征税的结果是这些债务被赎回了和消失了。在政府的资产负债表上，这些债务的数额减少了（借记）。当政府支出时，政府是在创造出新的债务来进行支付。在政府的资产负债表上，这些债务的数额增加了（贷记）。

更进一步地说，政府创造货币进行支出不是以征税回收货币为前提的，相反，税收是以政府创造货币进行支出为前提的。在逻辑上，政府必须先创造货币进行支出，这样的话非政府部门才能够持有主权货币，从而才能有货币来缴税。如果政府不先进行支出，那么即使政府要求非政府部门缴税，非政府部门也不可能有货币来缴税。在现实实践中，由于大量的支出和征税都是同时进行的，我们很难认识到这一点，然而只要我们认识到主权货币是政府的债务，这种错误印象就会消失。虽然这种认识上的区别看似是在咬文嚼字，但是在下一个命题处，我们会看到这种认识的重要性。

第二个命题是，对于具有完全货币主权的国家而言，政府总是能够通过创造货币进行支出。这个命题有一个重要的限制条件，那就是这个国家具有完全的货币主权。完全的货币主权意味着这个国家发行自己的主权货币，且不承诺以固定的比例将这种货币兑换成外汇或者贵金属。下一小节会对这一前提作进一步论述。

按照对财政活动的传统认识，政府先通过征税来获得主权货币，然后再将这些货币花出去。因此，这种传统认识认为，财政活动存在所谓的融资约束；政府需要先获得主权货币，然后才能进行支出；如果政府无法通过征税或者借债来获得足够的主权货币，那么政府就无法进行支出；政府的借债也是有限度的，如果超过了政府未来可以通过税收来偿还的程度，那么政府就会面临债务违约。根据之前的讨论，这种认识的错误在于，它没有认识到主权货币是政府的债务，从而不能从债务货币的视角来认识主权货币和财政活动。

如果我们讨论的不是政府，而是非政府部门，那么这种对融资约束的认识是成立的。二者的区别在于，主权货币是政府的债务，政府是主权货币的发行者；主权货币是非政府部门的资产，非政府部门是主权货币的使用者。我们不妨以一个普通家庭为例。这户家庭为了购买自行车要将旧电脑卖掉。在卖掉旧电脑时，它的资产负债表发生了如下变化。

表 3-8　　　　　　　　　　**家庭预算约束（1）**
一户家庭的资产负债表变化

资产变化	负债变化
主权货币 +1000 元	
电脑 -1000 元	

这时这户家庭得到了融资，因为在资产负债表的资产端多出来了一笔新的资产（1000 元的主权货币），而这笔货币可以被用来购置自行车。假如自行车价格刚好为 1000 元，那么在购买自行车时，这户家庭的资产负债表会发生如下变化。

表 3-9 家庭预算约束（2）
一户家庭的资产负债表变化

资产变化	负债变化
主权货币 -1000 元	
自行车 +1000 元	

从这个例子中，我们不难发现家庭和政府的区别。家庭是主权货币的使用者；如果家庭要用主权货币进行支出，那么它就必须先获得主权货币；它可以获得工资收入、卖出资产或者寻求贷款，无论是哪种做法，最后的结果都是，在这户家庭资产负债表的资产端多出了一笔资产；如果家庭借入主权货币来获得融资，而在未来它不能获得足够的主权货币的话，那么它就会面临债务违约。

但是，政府的财政活动则完全不同。政府是主权货币的发行者；征税的结果是政府的债务被赎回了，政府资产负债表的负债端上一个项目的数额减少了（借记）；我们不能认为政府从中得到了融资，因为在它的资产端，它没有获得可以用于支出的资产；当政府进行支出时，它总是通过在负债端创造出主权货币来进行支付。因此，同样是用主权货币进行支付，政府部门不会面临像家庭部门那样的融资约束，因为政府是主权货币的发行者，它总是在通过创造货币进行支出，也总是能够通过创造货币进行支出。需要说明的是，我们这里讨论的只是融资约束的问题，这不意味着财政活动没有任何约束。

第三个命题是，国债的作用不是为政府提供融资，而是为了实现利率目标。第二个命题会引申出一个新的问题：既然政府总是能通过创造货币来进行支出，那么它为什么还要发行国债呢？现代货币理论认为，国债是政府实现利率目标的一种手段。和主权货币一样，国债同样是政府的债务。两者的区别在于，国债是付息的（或者说是支付更高利息的）。政府承诺在一定条件下用主权货币对国债还本付息。假如 A 用主权货币购买国债，这时它的资产负债表会发生如下变化。这个例子说明，政府发行国债的结果是用一种有利息的债务（国债）取代了一种没有利息的债务（主权货币）。这就好比银行存款由活期存款转换成了定期存款。

表 3–10　　　　　　　　　　国债的作用
A 的资产负债表变化

资产变化	负债变化
主权货币 –1000 元	
国债 +1000 元	

通过发行这种付息的债务，政府可以影响市场利率。简单来说，当市场需要更多流动性时，市场利率会存在上升的压力，政府可以买入（逆回购）国债，从而降低利率；当市场对流动性的需求下降时，市场利率会存在下降的压力，政府可以卖出（回购）国债，从而提高利率。因此，国债是政府实现利率目标的一种手段。政府（中央银行）实现利率目标的方法取决于具体的制度环境。①

二　货币主权与财政政策空间

现代货币理论是这样定义货币主权的："国家[包括财政部和中央银行（中央银行是政府的一个部门）]在发行和支出高能货币（纸币和存在中央银行的准备金）时，不承诺将它的高能货币按照固定的比率兑换成任何其他的货币，也不承诺兑换成黄金或者其他商品。在货币和财政政策独立性的问题上，国家能够如此行事的能力就是我们所说的主权，尽管还有我们这里没有考虑到的其他方面的主权。"（Sardoni and Wray，2007）简单来说，现代货币理论认为，如果一个国家发行自己的货币，并且采取浮动汇率制度，那么它就具有完全的货币主权。这一类国家的财政活动符合我们在上一部分的描述，它们总是能够通过创造货币进行支出，而不会面临融资约

---

① 详细的说明参见本书的第九章。

束。但是，如果一个国家采取了固定汇率制度，或者放弃了本国货币而直接使用外国的货币，那么这些国家就没有完全的货币主权，它们的财政活动的某些方面可能仍然符合上面的描述，但是它们的财政政策空间会受到限制。对于这些国家的情况，我们可以分成两种情况来讨论：直接使用外国货币的情况和发行本国货币但是承诺固定汇率的情况。

如果一个国家放弃发行本国货币，而选择使用外国货币，那么它就从主权货币的发行者变成了他国货币的使用者。它的财政活动和前文所说的家庭收支一样。在征税时，这个政府的资产负债表会发生如下变化。

表3-11　　　　　**失去货币主权的国家的预算约束（1）**
使用他国货币的政府的资产负债表变化

资产变化	负债变化
他国货币 +1000 元	
应纳税款 -1000 元	

通过征税，政府增加了资产。随后，它可以用这些资产进行支出。假如它购买了电脑，这时它的资产负债表会发生如下变化。

表3-12　　　　　**失去货币主权的国家的预算约束（2）**
使用他国货币的政府的资产负债表变化

资产变化	负债变化
他国货币 -1000 元	
电脑 +1000 元	

不难看出，这时政府的财政活动和家庭支出的逻辑是一致的：政府是外国货币的使用者，而非主权货币的发行者；政府需要首先获得外国货币，然后才能进行支出；政府可以通过借债的方式来取得融资，但如果政府在未来没有足够的收入流，那么政府就会面临主权债务违约的可能性。在该国的货币等级结构的顶端，外国货币

取代了本国货币。在这种情况下,政府会面临融资约束。

第二种情况是政府发行本国货币但是承诺维持本国货币与某种外国货币或者贵金属的兑换比率,也就是采取固定汇率制度。在这种情况下,政府仍然是本国货币的发行者,财政活动在很多方面与浮动汇率的情况是一致的:政府仍然是通过支出创造主权货币,通过税收来销毁主权货币。二者的区别在于,在固定汇率制度下,政府需要维系固定汇率的承诺。政府需要考虑政府支出对总收入,进而对进口需求的影响。随着政府支出的增加,总收入的增加可能会带来进口需求的增加,从而对本国货币带来贬值的压力。同时,政府需要考虑政府财政状况对投资者的预期,进而对资本流动的影响。随着政府支出和赤字的增加,投资者可能会认为政府维系固定汇率的承诺不可信,随之而来的资本外逃同样会对本国货币带来贬值的压力。总之,在这种情况下,稳定汇率的目标限制了政府的财政政策空间。在货币等级结构中,处于顶端的是外国货币或者贵金属,而主权货币则位于这种外国货币或者贵金属之下,本国政府在创造主权货币时需要维持它对本国货币可兑换性的承诺。[①] 虽然本国政府仍然可以创造货币进行支出,但是为了维持本国货币的可兑换性,它需要对财政活动加以限制。

按照现代货币理论的观点,我们可以将浮动汇率的情况视为完全具有货币主权的情况,将用他国货币取代本国货币的情况视为完全不具有货币主权的情况。在前一种情况下,一国政府具有最大的财政政策空间,在后一种情况下,一国政府具有最受限的财政政策空间。但是,现实中的汇率制度可能会比这两种情况更加复杂。很多国家实际上处在这两种状况之间的中间地带,一些因素使得它们尽管没有选择浮动汇率制度,但是仍然能够扩大自己的财政政策空间:首先,在中间地带下,尽管汇率不是完全浮动的,但是汇率目标会更加灵活,这会一定程度上减少汇率目标对政府财政活动的限

---

① 也就是说,该国政府是对它所持有的外汇储备和贵金属加杠杆。

制；其次，资本管制可以扩大政府的财政政策空间，因为资本管制能够限制资本的自由流动，减少它对汇率的冲击；最后，如果一国具有庞大的外汇储备的话，那么它就能够更好地稳定汇率，相应地，汇率目标对财政活动的限制也会相应减少。需要说明的一点是，尽管在浮动汇率制度下政府有着最大的财政政策空间，但是这不意味着浮动汇率制度就是汇率制度的最优选择。现代货币理论揭示了货币主权与财政政策空间之间的关系，但是应该选择什么样的汇率制度则取决于具体社会历史条件，取决于政府对不同政策目标的权衡取舍。

第三节　财政制度与中央银行制度

一　财政活动的准备金效应与货币政策的利率目标

前面的讨论没有涉及中央银行制度，而是将中央银行视为政府的一部分。[①] 这样的表述可能会引起争议，因为传统观点认为，中央银行是独立的，而独立的中央银行制度能够限制政府通过创造货币的方式进行支出。一般来说，严格的独立中央银行制度包括这些内容：主权货币是中央银行的债务，中央银行是主权货币的垄断供给者；[②] 财政部在中央银行开设账户，财政收支通过这个账户来完成；中央银行不能为财政部的账户提供透支，财政部只有在账户余额为正的时候才能进行支出；中央银行不能在一级市场上购买国债，也就是说财政部不能将国债直接卖给中央银行。因此，在独立的中央银行制度下，财政部需要先向私人部门征税或者卖出国债，从而使得它在中央银行的账户余额为正，然后才能进行支出。

[①] 在历史上，中央银行的产生要远远晚于国家和主权货币的产生。在中央银行产生之前的漫长历史时期里，我们对财政活动的认识并不需要考虑中央银行制度。

[②] 现实中可能不是只有中央银行能够发行主权货币。例如，美国财政部有权发行硬币。

现代货币理论认为，独立的中央银行制度只是增加了制度的复杂性，但是财政活动的实质没有改变，前面所谈到的三个命题在独立的中央银行制度下仍然成立。在接下来的讨论中，我们会将政府部门分为中央银行和财政部这两个部分。在相关的分析之前，我们有必要首先对相关的制度基础进行说明，这涉及两个问题：财政活动的准备金效应和中央银行的货币政策操作。

财政活动的准备金效应指的是政府的财政活动对私人部门持有的准备金（存在中央银行账户的主权货币）的影响。举例来说，假如今天财政部从私人部门购买了价值1万元的电脑，在独立的中央银行制度下，财政部、中央银行和私人部门的资产负债表会发生如下变化。

表3-13　　　　　　　　　　财政活动的准备金效应

财政部的资产负债表变化

资产变化	负债变化
准备金 -10000 元	
电脑 +10000 元	

私人部门的资产负债表变化

资产变化	负债变化
准备金 +10000 元	
电脑 -10000 元	

中央银行的资产负债表变化

资产变化	负债变化
	财政部账户中的准备金 -10000 元
	私人部门账户中的准备金 +10000 元

为了简化说明，这里的私人部门包括了商业银行和电脑厂商，我们省略了商业银行和电脑厂商之间的操作。我们可以看到，财政支出的结果是，私人部门持有的主权货币增加了。在中央银行的资

产负债表上，这体现为财政部账户中准备金的减少和私人部门账户中准备金相应的增加。随着私人部门持有的准备金增加，假设在这个时期私人部门的准备金需求不变，那么市场利率就会存在下降的压力。反之，在财政部征税和发行国债时，随着税款和国债收入从私人部门转移到财政部在中央银行的账户，私人部门持有的准备金就会减少。在私人部门的准备金需求不变的情况下，市场利率就会存在上升的压力。考虑到财政活动的规模，财政活动的准备金效应对市场利率的影响是世界各国中央银行货币政策操作所考虑的重要因素。

如今世界各国的中央银行普遍转向了利率目标制的货币政策框架。在这种货币政策框架下，利率是货币政策的中介目标，中央银行通过调整利率来实现货币政策的最终目标。在历史上，以货币主义为代表的经济学家主张中央银行应该直接控制货币数量。然而，在理论上，以后凯恩斯主义经济学为代表的内生货币理论对这种观点提出了尖锐的批评。在实践上，直接控制货币数量的尝试都失败了，进行货币主义实验的中央银行最终都放弃了这种做法而转向了利率目标制。

内生货币理论认为，中央银行不能直接控制货币数量，中央银行能够直接控制的是利率。在现实经济活动中，中央银行的职责是维持支付系统的稳定。这意味着，中央银行需要确保金融系统中有足够的流动性从而使得日常的结算能够顺利完成。对于中央银行来说，这是日常性的业务，而非金融危机时的临时政策。中央银行可以拒绝商业银行的准备金需求吗？可以，但代价是支付系统会陷入流动性危机，而这意味着中央银行的失职。换句话说，由于中央银行的职责所系，中央银行在日常业务中总是在被动地满足商业银行的准备金需求。本书的第五章会更系统地讨论后凯恩斯主义经济学的内生货币理论。

中央银行在实践中真正可行的中介目标是利率。中央银行总是按照一定的价格向市场提供流动性，并由此达到钉住目标利率的目的。在不同的国家,中央银行钉住目标利率的做法有所不同。它可以选择钉住一个或者多个目标,可以用不同的货币政策工具来达到这一目的。这取决于一个国家货币政策框架的制度设计。本书的第九章会更详细地讨论利率目标制。

在下面的讨论中,我们假设一种形式上最简单的货币政策操作方式:当存在利率下降的压力时,中央银行会通过公开市场操作卖出国债;当存在利率上升的压力时,中央银行则会买入国债。考虑到前面财政活动的准备金效应,这意味着,在财政部进行支出时,中央银行需要抽取市场中的流动性;在财政收入上缴时(这包括税款和国债收入),中央银行则需要向市场投放流动性。

二 独立中央银行制度下的财政活动

这里我们以财政部增加支出的情况为例来说明中央银行和财政部的协同机制。按照独立中央银行制度的要求,如果财政部在中央银行的账户余额不足,那么财政部是不能直接进行支出的。这个时候,如果财政部要进行支出,那么财政部和中央银行会进行如下几个步骤的操作:

a. 国债拍卖会造成私人部门的准备金减少,利率会有上升的压力。为了应对即将到来的国债拍卖,中央银行会先通过公开市场操作买入国债(或者逆回购国债),从而向市场注入流动性。

表3-14 独立中央银行制度下财政部和中央银行的协同操作(1)

私人部门的资产负债表变化

资产变化	负债变化
准备金 +1亿元	
国债 -1亿元	

中央银行的资产负债表变化

资产变化	负债变化
国债 +1亿元	私人部门账户中的准备金 +1亿元

b. 财政部拍卖国债，国债承销商用准备金购买国债。在中央银行的资产负债表上，财政部账户中的准备金增加，私人部门账户中的准备金减少。

表 3-15　独立中央银行制度下财政部和中央银行的协同操作（2）

私人部门的资产负债表

资产变化	负债变化
准备金 -1 亿元	
国债 +1 亿元	

财政部的资产负债表

资产变化	负债变化
准备金 +1 亿元	国债 +1 亿元

中央银行的资产负债表

资产变化	负债变化
	财政部账户中的准备金 +1 亿元
	私人部门账户中的准备金 -1 亿元

c. 财政部进行支出。我们假设财政部从私人部门购买了 1 亿元的飞机。在中央银行的资产负债表上，财政部账户中的准备金减少，私人部门账户中的准备金增加。

表 3-16　独立中央银行制度下财政部和中央银行的协同操作（3）

私人部门的资产负债表

资产变化	负债变化
准备金 +1 亿元	
飞机 -1 亿元	

财政部的资产负债表

资产变化	负债变化
准备金 -1 亿元	
飞机 +1 亿元	

中央银行的资产负债表

资产变化	负债变化
	财政部账户中的准备金 −1 亿元
	私人部门账户中的准备金 +1 亿元

d. 政府支出会造成私人部门持有的准备金增加，利率会有下降的压力。为了应对政府支出，中央银行会通过公开市场操作卖出国债（或者是执行逆回购的第二步，将国债卖回），从而从市场中抽取流动性。

表 3−17　独立中央银行制度下财政部和中央银行的协同操作 (4)

私人部门的资产负债表

资产变化	负债变化
准备金 −1 亿元	
国债 +1 亿元	

中央银行的资产负债表

资产变化	负债变化
国债 −1 亿元	私人部门账户中的准备金 −1 亿元

为了简化说明，我们这里将商业银行并入了私人部门的资产负债表。在现实中，私人部门和财政部的交易会涉及财政部与商业银行、商业银行与非金融私人部门之间的交易。这里我们暂且省略了这些交易。①

经过以上 4 个步骤，财政部如愿增加了支出。这 4 个步骤在现实操作中可能不是依次进行的，a 与 b、c 与 d 之间的顺序可能会调换。这里将步骤 a 放在第一位是因为，主权货币是一种债务，在逻辑上，它需要首先被创造出来，然后后面的步骤才可以进行下去。

---

① 国库管理制度对于利率目标的实现来说是有实际作用的，这一点会在本书的第九章具体说明。

通过分析现实中财政部和中央银行的操作，我们不难看出，之前对财政活动的分析在这里仍然成立。

首先，政府通过支出创造货币，通过征税回收货币。在之前的讨论中，我们将财政部和中央银行的资产负债表合并起来了，政府直接通过创造货币的方式进行支出。现在在独立的中央银行制度下，这是通过中央银行和财政部的协同机制来完成的。中央银行首先在步骤 a 中将货币创造出来，财政部通过国债发行将主权货币转移到它在中央银行的账户中，然后再通过财政支出将这些货币转移到私人部门的账户中。经过这些曲折的操作，结果仍是财政支出增加了私人部门持有的主权货币。在此基础上我们增加了步骤 d。这是因为我们增加了对政府政策目标的设定，中央银行有其利率目标。由于中央银行利率目标的存在，私人部门将主权货币交易成了有利息的政府债务，也就是国债。政府征税的逻辑与上面政府支出的例子是类似的。

其次，对于具有完全货币主权的国家而言，政府总是能够通过创造货币进行支出。一个常见的疑问是，如果没人购买国债那么政府不就不能支出了吗？然而，在中央银行和财政部的协同机制下，这是很难发生的。国债的承销商不会拒绝接受国债，因为国债相比于准备金来说提供了更高的利率，并且它们总是可以很方便地通过中央银行和二级市场将国债转换成准备金。在国债拍卖的时候，中央银行钉住目标利率，国债利率在目标利率基础上形成。如果市场对国债的需求下降从而市场利率上升，那么为了钉住目标利率，中央银行就会买入国债（或者逆回购国债），从而维持利率的稳定，这保证了国债拍卖的顺利进行。注意，中央银行的这些操作不意味着它失去了独立性。以上的讨论都是在独立中央银行制度下进行的，在利率目标制的货币政策框架下，中央银行进行的这些操作是它的职责所系，是为了实现它的利率目标。

最后，国债的作用不是为政府提供融资，而是为了实现利率目标。在独立的中央银行制度下，财政部发行的国债为中央银行提供了货币政策操作的工具，中央银行通过买卖国债来实现它的利率目标。同时，财政部借助国债来完成支出，国债是财政部完成这些曲折步骤的手段。需要说明的一点是，国债只是在具体的制度环境下财政部所采用的一种方法，但不是唯一方法。财政部还可能通过其他方法来增加支出，例如在美国，财政部可以直接发行大额硬币进行支出。

总之，在独立的中央银行制度下，我们之前对财政活动本质的说明仍然成立。两种情况的区别在于，在独立中央银行制度下，财政活动需要通过更加曲折的步骤来完成。在这些讨论中，我们将政府部门拆分成了中央银行和财政部两部分，从而使得这些曲折的步骤能够展现出来。我们同样可以出于简化说明的需要将中央银行和财政部的资产负债表合并，从而将这些曲折的步骤省略。

第四节　部门收支分析方法

本章的第一节说明了债务货币的一个特性：货币同时是一方的资产和另一方的负债。根据债务货币的这一特性，国民经济核算形成了记录货币和金融资产运动的核算原理：首先，在存量上，一方的金融资产必然对应着另一方的金融负债，并且资产和负债相互抵消，两者的加和为零。其次，在流量上，一方的金融资产的增加（减少）必然对应着另一方金融负债的增加（减少），并且二者的变化幅度相同。最后，在存量和流量的关系上，期末的存量等于期初的存量加上这一时期的流量变化。所谓部门收支分析方法就是基于这样一套核算原理对国民经济中各部门经济活动进行分析的方法。

国民经济核算通常用资产负债表和资金流量表来记录每个部门的经济活动。按照会计中"有借必有贷，借贷必相等"的原则，每一个交易活动都会涉及一张资产负债表上两个项目的分录。同时每一个交易活动又涉及了两个部门的资产负债表，因此，我们就需要对双方资产负债表上的四个项目进行记录。会计中的复式分录也就变成了核算中的四式分录。通过对交易活动的记录，期初的资产负债表就可以通过资金流量表连接到期末的资产负债表。我们从而就可以得到对国民经济运行状况的完整认识。

现代货币理论通常采用三部门恒等式来运用部门收支分析方法。国民经济可以划分为私人部门、政府部门和国外部门。对于部门内部不同主体之间的债务，由于一方的金融资产等于另一方的金融负债，因此如果我们合并一个部门内所有的资产负债表，这些部门内部的债务就会相互抵消。不会抵消掉的是这个部门向其他部门发行的债务（这个部门的金融负债）和这个部门持有的其他部门的债务（这个部门的金融资产），由此我们就可以得到这个部门的金融资产净值。根据我们前面所说明的核算原则，如果一个部门的净金融资产为正，那么必定至少会有另一个部门的净金融资产为负，而如果我们将经济体中所有部门的净金融资产加总，结果必然为零。由此，我们就可以得到一个恒等关系：

政府部门净金融资产 + 私人部门净金融资产 + 国外部门净金融资产 = 0

我们还可以把这个核算恒等式写成流量的形式：

$$\text{政府部门盈余} + \text{私人部门盈余} + \text{国外部门盈余} = 0$$

稍作变形可以得到：

$$\text{政府部门赤字} = \text{私人部门盈余} + \text{国外部门盈余}$$

这说明，政府的赤字支出对应着私人部门和国外部门净金融资产之和的增加。这对于我们认识政府的财政赤字有着重要意义。一种常见的观点认为，政府财政盈余是经济健康运行的表现。这种观点忽略了资金流量的影响。在不考虑国外部门的情况下，政府的财政盈余对应着私人部门的赤字，对应着私人部门净金融资产的减少。换句话说，这个时候私人部门的负债相对于资产而言在不断增加。然而，私人部门的负债能力是有限的。私人部门的负债超过一定限度之后，私人部门就必须减少支出，否则私人部门的债务危机就可能会爆发。在不考虑国外部门的情况下，由于私人部门的赤字是难以持续的，因此政府部门的盈余同样也是难以持续的。如果我们考虑国外部门，在国外部门处于赤字，也就是本国贸易顺差的情况下，政府有可能在保持私人部门盈余的情况下实现盈余。但是，如果国外部门处于盈余状态，那么要让私人部门保持盈余，政府部门就必须保持赤字。

需要说明的一点是，核算原理不能替代对经济行为的认识。核算原理表示的只是统计上的恒等关系，而要进一步说明其中的因果联系，我们需要对人的行为作进一步的研究和假定。例如，我们不能说，在不考虑国外部门的情况下，如果政府增加政府购买，那么私人部门的净金融资产就会增加，因为我们缺少了对行为的说明。即使政府增加政府购买，假设私人部门由于收入增加会进一步地增加支出，那么结果可能是总收入增加了，政府的税收随之上升，政府社保支出随之减少，政府部门和私人部门的净金融资产状况可能没有发生改变。因此，核算原理可以使得我们的观点建立在正确的逻辑基础上，可以使得我们全面地认识经济体特别是货币金融系统的运行。但是，核算原理能够告诉我们的东西是有极限的，核算原理不能替代对经济行为的认识。另外，现代货币理论采取的三部门恒等式不意味着部门内部的情况不重要。我们还可以将这三个部门进一步细分，从而更加深入地了解各部门之间的金融关系。这里采取三部门的形式只是出于简化说明的需要。

第五节　现代货币理论的政策主张

这一节将集中论述现代货币理论的政策主张。这样的结构划分的目的是要明确一点，本节之前的论述不涉及任何规范性的成分，不涉及任何政策主张，而只是现代货币理论对货币金融系统的客观描述。本节会讨论现代货币理论的三个政策主张：功能财政、就业保障计划和稳定的低利率政策。

一 功能财政

现代货币理论认为，政府的财政活动应该遵循功能财政的原则。功能财政的意思是，政府的财政活动不应该将财政决算结果（无论是盈余还是赤字）作为最终目标。财政活动可以有很多的目标，如充分就业、价格稳定、收入平等、经济增长、国际关系、环境保护、军事防卫等。功能财政认为，这诸多目标中不应该包括财政收支状况。

现代货币理论对财政货币制度的分析是功能财政的理论基础。与功能财政相对的政策主张是健全财政，这种政策主张认为，政府应该将财政活动的决算结果作为财政活动的目标，至少在长期维持财政平衡。现代货币理论认为，对于具有完全货币主权的国家而言，政府总是可以通过创造货币进行支出，因此，无论政府处于盈余还是赤字，政府总是在金融上能够负担得起它的支出。因此，健全财政是错误的，功能财政是正确的。

实现功能财政的前提是政府有足够的财政政策空间，一国的货币主权对此有重要影响。如前所述，政府的货币主权状况不同，它所具有的财政政策空间也就有所不同。例如，在政府不发行本国货币而使用外国货币的情况下，政府的财政政策空间是受限的，这时政府就必须要担忧财政收支的决算状况。如果政府不具有完全的货币主权，那么它就不完全具备功能财政的前提条件。

一种常见的对功能财政的误解是将功能财政等同于对总需求的微调政策。这种观点认为，功能财政就是在总需求不足时政府增加支出，在总需求过剩时政府减少支出。然而，这种说法偏离了功能财政的理论内核。功能财政的内核是放弃将财政决算状况作为最终目标，但这不意味着政府可以随意支出，不意味着政府的支出没有限制，不意味政府可以不考虑财政活动的后果。具有完全货币主权的国家仍然会面临资源、环境、汇率、生产能力、通货膨胀等现实的约束。在功能财政的基础上，具体要以哪些目标作为财政活动的目标，财政活动是否可以实现这些目标，通过哪些方法可以更有效率地实现这些目标，这些是需要政府进一步研究的问题。另外，现代货币理论认为，总需求微调政策不是实现充分就业和价格稳定的有效方法，因为它忽视了经济的结构问题。不同的财政政策工具的效果是不同的，尽管它们同样实现了对总需求的调节。现代货币理论主张采取就业保障计划来实现充分就业。

二　就业保障计划

就业保障计划（employment guarantee program，job guarantee program）也叫作最后雇主计划（employer of last resort program）、就业缓冲库存模型（buffer stock employment model）。就业保障计划主张，政府应该按照最低工资水平雇用所有愿意工作的劳动者。就业保障计划的主要目标是实现充分就业，并减少由此对价格水平的冲击。

市场经济无法自发地消除非自愿失业，这是实行就业保障计划的根本原因。新古典经济学和后凯恩斯主义经济学在就业理论上的分歧已经有很多论述（Kregel，1975，1987；Carvalho，1992；Davidson，2011；Lavoie，2015）。尽管我们有必要为失业者提供职业培训，为劳动力的流动提供便利，减少信息不对称等市场失灵，但是，在工作岗位不足的情况下，这些做法只是使得失业问题在劳动者当中重新分配了而已。因此，要解决失业问题，增加就业岗位是必要的。

就业保障计划发挥着自动稳定器的作用。在经济萧条的时期，政府按照最低工资水平雇用所有的愿意接受这一工资水平的失业者，政府的财政支出会自动增加。在经济景气的时期，由于私人部门中工作岗位增加，就业保障计划中的劳动者随之减少，政府的财政支出也就自动地减少。自动稳定器使得经济体始终处在充分就业的状态，并且这种制度设计避免了政府决策的时滞问题。

就业保障计划可以替代产业后备军，发挥价格稳定器的作用。在市场经济中，产业后备军发挥着价格稳定器的作用。就业者面临着来自失业者的竞争压力,这抑制了他们在工资谈判中的议价能力,从而使得工资水平保持稳定。但是,这种做法不仅是不人道的,而且也是不可持续的。在丧失生活资料和工作机会的情况下,失业者可能在生理、心理和技能上都不再能够重新进入劳动力市场,从而不再能够和就业者竞争工作岗位。因此,除非有足够的失业人口的增长(如人口自然增长或者移民流入),不然这种价格稳定机制是难以维系的。如果政府实施就业保障计划,那么就业保障计划内的劳动者就会取代产业后备军。政府按照最低工资水平雇佣劳动者,私人部门则总是可以以略高于最低工资水平的工资雇佣劳动者,将他们从就业保障计划吸引回私人部门。在劳动力供小于求的时期,劳动者从就业保障计划流入私人部门;在劳动力供大于求的时期,劳动者从私人部门流入就业保障计划;由于私人部门的劳动者面临着来自就业保障计划中的劳动者的竞争,就业保障计划从而发挥了稳定工资水平的作用,并且由于工资水平是重要的成本价格,这就进一步起到了稳定价格的作用。同时,政府应该根据社会发展的需要逐步提高工资水平,缩小收入差距。

就业保障计划以功能财政为前提,而功能财政又以政府具有足够的政策空间为前提。就业保障计划需要政府以充分就业作为财政政策目标,而不以财政决算结果作为目标。这实际上就是功能财政的一种体现。因此,就业保障计划同样需要政府具有足够的财政政策空间,而这与一个国家的货币主权有着重要的联系。

就业保障计划与总需求微调政策的不同之处是,就业保障计划主张应该直接地为失业者提供工作。在总需求微调政策下,政府的财政政策是通过总需求的扩散来间接地增加就业。例如,总需求微调政策可以通过减税来增加就业。尽管减税不是在直接地雇佣劳动者,但是减税可以增加总收入,进而增加总支出,总支出的增加则会带来就业量的增加。但是,这种政策忽略了经济的结构性问题。一方面,失业者的个人状况(如技能、受教育程度、工作偏好)、所在的地区、所在的部门都有其结构特征;另一方面,新增的总支出所流向的地区和部门也有其结构特征。这就导致这样一种情况：新增的总支出没有流向失业者所处的地区和部门，而是流向了原本资源、劳动力和生产能力紧张的地区和部门。在现实中，劳动力和其他要素不会自由流动，这就使得在一些地区和部门的失业问题得到解决之前，另一些地区和部门就开始出现劳动力、资源供小于求或者产能不足的情况，随之而来的就是工资和价格的上涨。这就使得总需求微调政策陷入了"滞胀"的两难境地：一方面它要继续增加总需求来增加就业，另一方面它要减少总需求来缓解通货膨胀的问题。

因此，现代货币理论认为，财政支出需要考虑经济的结构性问题，而就业保障计划就是这样的一个范例。就业保障计划不仅直接地为失业者提供就业岗位，而且要让计划所提供的工作岗位去适应失业者，而不是让失业者去适应工作岗位。例如，就业保障计划的工作岗位选在靠近失业者的地区，并且适应失业者的技能状况。同时，就业保障计划还可以提供职业技能培训和干中学的机会，并维持失业者的劳动积极性。因此，就业保障计划不依赖于总需求扩张来间接地解决失业问题。也因为如此，在实现充分就业时，相较于总需求微调政策，就业保障计划减少了对价格水平的影响。

就业保障计划不是对原有市场活动的替代，而是对原有市场活动的补充。它不与私人部门争夺劳动力，而是在为原本在私人部门找不到工作的劳动者提供就业机会。因为就业保障计划的工资水平被设置在最低工资水平上，私人部门总是可以以略高于最低工资水平的工资将劳动者吸引到私人部门，所以就业保障计划不会与私人部门在工资上发生竞争。

最后，就业保障计划需要采取因地制宜的灵活的管理模式。就业保障计划需要由具备足够管理能力的机构来实施。现代货币理论主张就业保障计划可以采取去中心化的管理模式，让基层政府和社区负责设计和管理就业保障计划，而中央政府则负责监管和提供资金。在设计就业保障计划的具体项目时，各地应该根据当地的具体情况设计就业岗位，一方面要考虑失业者的实际情况，另一方面应该减少对私人部门的影响。现代货币理论主张按就业保障计划进行诸如生态修复、老人看护、社区美化等工作项目，这些项目的特点是对已有市场活动的补充而不是替代。

三 稳定低利率政策

现代货币理论的第三项政策主张是采取稳定的低利率政策。这项政策的主要目的是缓解收入分化的问题。[①] 如前文所述，具有完全货币主权的政府总是能通过创造货币的方式进行支出。因此，即便是在高利率的环境下，具有完全货币主权的政府仍然可以负担得起国债的利息支出。但问题是，高利率带来了私人部门利息收入的增加，而不同收入阶层所获得的利息收入份额是不同的，最终结果是收入的两极分化加剧了。对此，现代货币理论主张将无风险的隔夜利率维持在低水平，甚至是零利率的水平。低利率政策的作用是使得这一部分不需要承担风险的利息收入减少，从而在一定程度上缓解收入两极分化的问题。

现代货币理论希望通过稳定低利率政策来实现凯恩斯所说的食利者阶级的消亡："简言之，耐用品在它们生命周期的总收益会和非耐用品的情况一样，包含它们的生产的劳动成本再加上对风险以及对技能和监督代价的补偿。虽然这种状况相当符合于某种程度的个人主义，但它意味着食利者阶级的消亡。在今天，利息之不代表对真正作出牺牲的补偿的程度并不亚于土地的租金。"（约翰·梅纳德·凯恩斯，2011，389）稳定的低利率并不意味着所有的利率都降低到零，而只是市场上无风险的隔夜利率降低为零。金融市场仍然

[①] 在逻辑上，稳定的低利率政策不是现代货币理论的理论和政策成立的前提条件。即使我们不接受这一政策，但很容易可以看出，这不影响现代货币理论的其他理论和政策的正确性。正如现代货币理论的代表人物斯蒂芬妮·A. 凯尔顿所说，大部分的现代货币理论的经济学家都支持零利率政策，但是"这对于现代货币理论的其他政策主张来说不是必要的"（Kelton，2020，296）。

可以通过评估风险和承担风险来获得利率回报。

此外,这一政策还与后凯恩斯主义经济学对中央银行利率政策的认识有关。许多后凯恩斯主义经济学家认为,因为中央银行的利率政策需要通过间接而曲折的途径来实现它的政策目标,所以它不是调控经济的有效手段(如 Arestis and Sawyer,2008)。一个典型的情况是,在经济萧条的时期,由于私人部门有很高的流动性偏好,即使中央银行将利率降低到很低的水平,私人部门仍然不愿意增加投资。但是,这不意味着要否定中央银行和货币政策的作用。现代货币理论认为金融监管对维护金融稳定是非常必要的(L. 兰德尔·雷,2016,180–209)。

第四章

理论脉络（一）：从国家货币理论到现代货币理论

第一节 引论

接下来的四章是本书的第二部分，主题是现代货币理论的理论脉络。这一部分的考察对象是对现代货币理论产生了直接影响的经济思想。我们将回溯现代货币理论在经济思想史上的思想来源。在每一章的小结处，本书会梳理和总结这一条思想来源的主要内涵。在这一部分结束时，本书会探讨现代货币理论的经济思想史地位和理论贡献。

本书的这一部分试图说明两个观点：第一，经济思想史的研究方法对于理解现代货币理论有着重要意义。作为一种非主流经济学理论，现代货币理论具有和主流经济学不同的理论基础。如果我们要学习主流经济学的基本概念、方法和理论，我们有现成的经济学教材和课程体系。但是，如果我们想要学习非主流经济学理论，这样的条件是不具备的。经济思想史的意义在于，它为我们保存了非主流经济学的思想火种，为我们提供了理解非主流经济学的方法途径。在接下来的讨论中，我们所考察的理论基本都已经不存在于今天的主流经济学当中。它们都是现代货币理论赖以形成的思想基础，而我们需要通过经济思想史来理解它们，从而理解现代货币理论。

第二，现代货币理论是对它的思想基础的继承和发展。在这个问题上，有一种观点认为，现代货币理论只是在重复历史上已经存在的事物，没有任何创新之处。例如，现代货币理论的著名批评者托马斯·I. 帕利（Thomas I. Palley）认为，现代货币理论只是在"重新发明轮子"（Palley，2015a，8）。经济思想史的研究方法不仅为我们提供理解现代货币理论提供桥梁，而且使得我们能够把握现代货币理论在（非主流）经济学发展中所处的位置。在经济思想史研究的基础上，我们就可以说明现代货币理论对其思想基础的继承和发展，从而说明现代货币理论的理论贡献。

本章的主题是现代货币理论的国家货币理论的思想基础。现代货币理论的核心是对现代货币系统的制度分析。国家货币理论构成了现代货币理论对货币本质和货币制度的一般看法。因此，我们将国家货币理论作为接下来讨论的开始。

在此之前，我们有必要首先对"货币的本质"这个说法进行说明。国家货币理论以及其他货币理论要回答的首要问题是货币的本质问题，也就是货币的本质是什么。在许多西方金融学教科书的开头，货币常常被定义成几种功能（交易媒介、贮藏手段、价格尺度等）的集合。然而，这种定义只是将货币和其他事物进行了区分。研究货币的本质不只是为了区分货币与其他社会实质，而且更加重要的是为了探讨货币之中有着什么样的生成机制，或者说因果机制。研究货币的本质问题是要说明在特定的社会制度下和特定的社会生产方式下，货币系统是如何运行的，货币在其中是怎么被创造出来的，是怎么流通的，又是怎么被销毁的，什么样的机制支持着这个货币系统的持续存在。所有对货币本质问题的回答都是在回答这些问题。正是在这个意义上，货币的本质问题才具有理论重要性。

在某种程度上，"本质"这种说法有一定的误导性。人们通常认为一种事物只有一个本质。并且，更有批评者将本质这种说法与历史决定论联系在一起。① 实际上，一种事物当中可以同时蕴含多种因果机制，或者不那么准确地说，一个事物的本质可以有多个方面。这些因果机制最终是否会被触发依赖于具体的社会历史条件。它可能不被触发，可能被其他机制所抵消，可能随着社会历史条件的改变而发生改变。根据批判实在论（Critical Realism）这一科学哲学流派的观点，温和的本质主义（moderate essentialism）是可取的（Sayer，1997）。批判实在论将本质视为一种事物的生成机制。例如，我们可以说围棋的本质是一种规则，因此，无论棋盘是用木头做的还是用陶瓷做的，只要两个人按照这种规则进行游戏，那么一盘棋局就生成了。温和的本质主义认为，事物中可以同时存在多种生成机制；这种机制是一种趋势性力量，而非历史决定论所认为的对历史的预言。同样的道理，货币的本质问题所研究的是货币制度的内在机制。尽管"货币制度的内在机制"这个说法可能会更加准确，但是由于相关文献中习惯使用的是"货币的本质"，本书还是沿用这一说法。

现代货币理论的创立者追溯了国家货币理论的思想史渊源（Wray，1998，2014），已有的研究侧重于归纳和提炼国家货币理论的基本内容。本章进行的工作一方面是更全面地理解这些经济学家的原意，厘清国家货币理论的内涵；另一方面，也更重要的是要说明国家货币理论与其他理论的经济思想史联系，这些理论包括货币名目论和债务货币理论。本章将通过经济思想史的研究厘清货币名目论、债务货币理论和国家货币理论的基本内涵，以及它们之间的思想演变脉络，这对于我们理解国家货币理论的发展脉络有着重要意义。

---

① 例如，经济思想史学家卡尔·普利布拉姆（Karl Pribram）将这种探究事物本质，从中获得科学性知识的做法称为本质主义。他认为，本质主义常常采取一种目的论的论述模式，这种做法预示着一种历史决定论（Pribram，1983）。卡尔·波普尔（Karl Popper）在《历史主义的贫困》一书中的观点与普利布拉姆类似，他以此来批评历史主义的研究方法（卡·波普尔，1987）。

克纳普是接下来考察的起点，因为他是经济思想史上第一位对国家货币理论作出系统论述的经济学家，并且他的思想对现代货币理论的形成产生了直接的影响。在克纳普之前，国家货币理论部分思想散见于一些经济学家的论述当中（Forstater，2006）。例如，亚当·斯密在研究北美的纸币制度时有过这样的论述："如果君主规定他的赋税中的一定比例要以特定类型的纸币缴纳，那么他就可以赋予这种纸币一定的价值，即便这种纸币的最终清偿和兑换完全依赖于君主的意志。"（Smith，1977，435）① 但这些论述都比较零散，还没有形成系统的理论。

本章的第二部分将首先研究克纳普和英尼斯这两位经济学家的国家货币理论。经过他们的理论工作，国家货币理论初步成形，我们可以将他们视作国家货币理论的奠基人。第三部分将讨论在此之后国家货币理论的发展，包括凯恩斯、勒纳、明斯基、古德哈特等经济学家的思想。这些经济学家继承了国家货币理论的核心思想，并在此基础上为它增加了新的理论要素。本章的第四部分将总结国家货币理论的主要内容，并讨论国家货币理论与货币名目论、债务货币理论的关系。

第二节　国家货币理论的形成：克纳普与英尼斯

一　克纳普的《国家货币理论》

格奥尔格·弗里德里希·克纳普的《国家货币理论》（*The State Theory of Money*）是第一部系统论述国家货币理论的著作。这部著作的一大特点是进行了大量的分类和概念的命名。克纳普从起源、功

---

① 这里没有采用王亚南和郭大力的翻译，因为他们的翻译有小错误。原文中"give a certain value"应该翻译为"赋予价值"，他们把它翻译为"提高价格"（亚当·斯密，2012，303）。

能以及其他不同角度对支付手段和货币进行了分类。例如，他对支付手段的分类包括：是否在支付的时候称重；如果称重，是否查验支付手段的形态（如形状和印记）；如果不称重，是否事先设定了某种金属作为支付手段的材料；如果预设了某种金属，又是否规定了支付手段包含的金属含量、成分、面额以及支付手段的铸造权；如果没有预设这些，又是否采用了金属进行制作。对于每一个大类及其下属的所有小类，克纳普都用特定的单词进行了命名。这使得整部著作出现了不下 30 个克纳普所命名的概念。克纳普是德国历史学派的一员，这种从具体事实出发的研究方法反映了德国历史学派的研究方法。然而，这种论述方法的缺点是，它使得克纳普的许多理论观点都埋藏在大量对现实的梳理和分类当中。为了便于理解，这里会尽量避免引入不必要的概念。

克纳普从支付手段（means of payment）这一概念出发来讨论货币问题。在全书的一开始，克纳普首先提出了支付手段的概念，他认为货币是一种特殊的支付手段："所有的货币，无论是金属的还是纸质的，都只是一般意义上的支付手段的特例。"（Knapp，1924，2）那么什么是支付手段呢？支付手段指的是"具有价值单位（unit of value）的承担者这种性质的可移动的物品[①]"（Knapp，1924，7）。所谓价值单位指的是"表示支付额度的单位"（Knapp，1924，10）。克纳普观察到，支付手段和价值单位的关系不是固定的。作为价值单位的承担者，支付手段会随着社会历史条件的改变而改变。

按照克纳普的说法，他最初对货币问题产生兴趣是在奥地利的蒂罗尔。在那里，克纳普看到只有纸币在流通（Knapp，1924，vi）。克纳普意识到，现实需要一种新的理论来解释纸币这种现象。克纳普将当时流行的货币理论称为"金属主义"（Metallism）。克纳普认为金属主义是"在没有国家概念的情况下构想货币系统"（Knapp，

[①] 在后面的章节里，克纳普对"可移动的物品"这一点进行了修正，将银行存款也包括在了里面（Knapp，1924，155）。

1924，viii）。这种观点认为，价值单位总是依附于特定商品而存在的，例如"1古尔登就是1磅银的45/1"（Knapp，1924，9）。与特定价值单位相对应的支付手段是特定的商品，在上面的例子中，古尔登对应着银。也就是说，价值单位和支付手段总是统一在特定商品上。"金属主义者总是将交易手段构想成一种商品。"（Knapp，1924，9）交易手段同时是支付手段，人们从商品的特性（如重量）中得到价值单位。金属主义者认为，人们总是从不同商品的比较当中获知商品的价值。如果存在一种普遍认同的交易手段，那么人们就可以通过与这种交易手段进行比较来获知其他商品的价值。

然而，克纳普指出，这种说法无法解释历史上支付手段变化时的情况，特别是"名义债务"（nominal debt）这一问题（Knapp，1924，15）。克纳普将只规定了价值单位的债务称为"名义债务"。① 要偿还名义债务，还款人就需要偿付能够承担相应价值单位的支付手段；并且，尽管债务是过去形成的，在偿付的时候使用的支付手段只能是当下正在使用的。假如在确定债务的时候货币单位是古尔登，支付手段是白银，1古尔登是1磅银的45/1。这时如果A有债务1000古尔登，那么他在偿付债务的时候就需要偿付相应数量的白银（约22.22磅白银）。但是，如果这时这个国家的支付手段发生了变化，支付手段从白银变成了纸币，那么虽然这时A的债务仍然是1000古尔登，但是他需要用纸币而非白银来支付这1000古尔登的债务。这个时候白银已经不是价值单位的对应物了，1古尔登不再对应着1磅银的45/1。这意味着，如果A要用白银偿付债务，那么A就需要按照银的市场价来换取纸币，再用纸币来进行偿付。② 结果是，最

---

① 非名义的债务具体规定了需偿还的物品，例如什么成色的黄金、养了多少个月的牛。

② 这个白银换纸币的中间过程有时可以省略。债权人可能愿意接受用白银来偿还债务。但由于白银已经不是价值单位的承担者了，债务人需要偿还的白银数量取决于白银的市场价格。

第四章 理论脉络（一）：从国家货币理论到现代货币理论

后偿付的数额可能大于也可能小于 22.22 磅白银。克纳普以名义债务为例证说明了，古尔登作为一种价值单位不是依附于商品的，而是脱离了商品的独立存在。因此，克纳普认为，金属主义的说法是站不住脚的。克纳普将持有与金属主义相对观点的人称为"名目主义者"（nominalist）（Knapp，1924，8）。名目主义者认为，虽然人们是通过比较来获知商品的价值的，但是我们可以不借助商品的特性来定义价值单位。克纳普认为："债务和价值单位的名目性是货币产生的必要前提。"（Knapp，1924，19）

如果价值单位不是从已经成为普遍交易手段的商品当中得到的，那么价值单位和支付手段从何而来呢？克纳普认为，问题的答案是国家。克纳普在全书的开篇写道："货币是法的产物。"（Knapp，1924，1）"如果国家要引入一种新的支付手段来取代旧的支付手段，那么（1）法律会描述新的支付手段并使得它是当即就可以被辨别出来的。（2）法律会为一个新的价值单位命名，并且用它来称呼新的支付手段。（3）国家会确定将要使用的价值单位与过去的价值单位之间的关系。因此，支付手段是历史地确定的。"（Knapp，1924，21）对于支付手段的有效性而言，支付手段的成分就不再重要了。"它们有效力只是因为它们是一种可供辨识的手段（menas of identification）。它们的意义不是从标识当中获得的，而是从参照法条当中获得的。"（Knapp，1924，33）

对此，克纳普提出了一个经典的类比："当我们将大衣寄存在剧院的衣帽间时，我们会收到一个特定尺寸的锡碟，上面有一个记号，这个记号可能是一个数字。尽管上面不会有其他的东西，但是这个票证或者说记号具有了法律效力；它是我有权要回大衣的凭证。"（Knapp，1924，31）和寄存牌类似，支付手段有着类似的性质："它们是支付的记号（pay-tokens），或者说用作支付手段的票证（tickets）。"（Knapp，1924，32）克纳普借用了拉丁文中的"Charta"发明了一个新词"Chartal"，以此来形容这一类从法律规定中得到效力的符号物。① 经过这些论述，克纳普给出了他对货币本质的看法："因此，货币的定义是'一种 Chartal 的支付手段'。"（Knapp，1924，38）

因此，克纳普的国家货币理论是建立在货币名目论上的。货币名目论在经济思想史上长期存在着，熊彼特在《经济分析史》中比较了货币名目论和金属主义。熊彼特将它们分别称为"理论名目论"和"理论金属论"。他认为："所谓理论金属论指的是这样一种理论，这种理论认为，货币在逻辑上必须由某种商品构成或由某种商品'予以担保'，因而货币的交换价值或购买力的逻辑根源就是这种商品的交换价值或购买力，而不必考虑其货币作用。"（约瑟夫·熊彼特，2010，444）"理论名目论"则是这种观点的否定形式。但是，克纳普没有停留在货币名目论上，他进一步研究了货币名目论所留下的问题，这使得克纳普从货币名目论走向了国家货币理论。

此外，克纳普还基于国家货币理论分析了货币的流通、铸造、溢价等一系列问题。克纳普对其中两个问题的论述值得我们注意。

首先，出于分类的目的，克纳普提到了政府征税的重要性。克纳普试图解答一国货币系统的划界问题，即如何划分一国货币与其他货币的问题。他认为，划分的标准不是发行主体，因为如果只把国家发行的货币考虑在内，那么这种标准就忽略了该国银行发行的货币，而后者同样是该国货币系统的组成部分。克纳普提出，最适宜的标准应该是，国家是否接受这种货币："那么所有向国家进行支付的手段构成了货币系统的一部分。在这个基础上起决定性的，如我们所定义的那样，不是发行而是接受。国家的接受为货币系统划出了界限。"（Knapp，1924，95）虽然克纳普的说法可能预示了征税驱动货币的思想，但就克纳普的原意而言，他更多是出于分类的考量。

---

① 后来的人又将这个词改写成了"Chartalism"（通常被翻译成"货币国定论"），用来指代克纳普的国家货币理论。

其次，克纳普观察到了货币的层级关系。在考察货币的功能时，克纳普按照货币的可兑换性（convertibility）进行了分类。他观察到，货币系统中存在两种不同的货币。一种是不可兑换的货币，克纳普称这种货币为确定的（definitive）。"在下面这种情况下，货币是确定的：用一种货币进行支付后，交易就彻底完成了：首先是对支付者，其次对接受者，最后对货币的发行者。"（Knapp，1924，102）克纳普称与之相对的货币类别为临时的（provisional）。对于这些货币，货币的持有者总是有权要求货币的发行者将货币兑换成别的货币。例如，客户可以要求商业银行将可兑换的银行券兑换成国家发行的货币；但是他不能再要求国家把它发行的货币兑换成别的货币（假如国家没有规定可兑换性的话）。这里银行券是临时的，国家发行的货币是确定的。从中可以看出，货币系统中存在着一种层级关系。可兑换的（临时的）货币需要用不可兑换的（确定的）货币来最终清偿，而不可兑换的货币则处在层级关系的上层，不再需要别的货币来完成最终的清偿。

二 英尼斯与信用货币理论

阿尔弗雷德·米切尔-英尼斯是一位英国外交官。1913年，在华盛顿担任外交官期间，他在《银行法杂志》（*The Banking Law Journal*）上发表了一篇题为《什么是货币？》（What is Money?）的论文。这篇论文发表后引发了一场争论。[①] 这场争论促使英尼斯于1914年在同一杂志上发表了另一篇论文，题为《货币的信用理论》（The Credit Theory of Money）。这两篇论文是英尼斯研究货币理论的主要成果。如第二篇论文的标题所显示的那样，英尼斯构建的是一种基于信用的货币理论，他的国家货币理论建立在了信用货币理论的基础上，这是英尼斯的首要理论贡献。

在第一篇论文一开始，英尼斯首先阐述了传统的货币观。这种

---

① 由于年代久远，这场争论的具体情况已经难以考证。

货币观认为货币产生于交换过程：在原始状态下，人们进行着简单的物物交换；随着交换变得更加复杂，人们一致同意将某种被普遍接受的商品作为交易媒介；交易不再是直接的物物交换，而是人们先换取交易媒介，然后再用这种交易媒介去换取其他商品；这种充当交易媒介和价值尺度的商品就是货币。随后，金属的内在性质使得人们固定地将金属作为货币；政府将一定成色和重量的货币制成铸币；为了避免金属的频繁运输，信用工具随之产生，"信用被当作是黄金的替代"（Innes，2004a，15）。

基于对大量历史事实的考察，英尼斯指出，这种货币观是对货币本质的错误认识。例如，一些考古学研究表明，在同一历史时期，表示同一单位的金属货币，它们的形状、大小、重量、成分是非常不规则的。它们的相同点只是上面都加盖了特定的印记。这表明这些货币的价值不依赖于它们的物理构成，它们是一种符号（Innes，2004a，17-28）。英尼斯的考察涉及从古希腊、古罗马一直到中世纪的漫长时期，涵盖了欧洲、亚洲和美洲等许多地区。英尼斯对这些历史事实总结到："铸币没有稳定的价值；在很多个世纪里不存在金币或者银币，而只存在用各种贱金属铸造的铸币，并且合金的比例是不固定的；在商业中铸币从来没有发挥过重要的作用；货币单位和钱币本身是分离的；参照货币单位，金银的价格总是在波动。（并且以上命题被历史证据所充分证明了，它们的真实性是毫无疑问的。）如果这些命题是真的，那么很明显贵金属在过去既不是价值标准，也不是交易媒介。"（Innes，2004a，28）

如果交易媒介不存在，那么人们是怎么摆脱物物交换的呢？交易是如何进行的呢？英尼斯认为，我们可以通过信用来完成同样的事情。英尼斯对信用的定义是："它就是债务的关联物。A欠了B的东西是A对B的债务，也是B对A的信用。A是B的借方，B是A的贷方。"（Innes，2004a，30）信用和债务表示了相对的两种关系。通过信用进行的交易是这样完成的：当A向B购买商品时，B会得到A的债务，A会得到B的商品。反之亦然。"通过购买，我们变成

了借方，通过卖出，我们变成了贷方，由于我们既是买者又是卖者，我们既是借方又是贷方。"（Innes，2004a，31）

由此，英尼斯给出了他对货币本质的界定："货币是信用，它不是信用以外的任何东西。A 持有的货币是 B 欠他的债务，当 B 偿还债务时，A 的货币就消失了。这就是全部的货币理论。"（Innes，2004a，42）英尼斯揭示了信用的两个重要特点。首先，贷方必须接受借方用贷方的债务来偿还债务。例如，假设 A 持有 100 元 B 的债务，同时 A 又欠 B100 元。这时，如果 A 要用他持有的 B 的债务来偿还欠款，B 是不能拒绝的。"信用真正重要的特性……是它赋予持有者用它来使得自己从债务中解脱的权利———一项所有社会都认可的权利。"（Innes，2004a，31）其次，信用的价值取决于借方的清偿能力。"信用的价值不取决于它背后任何金、银或者其他资产的存在，而只取决于借方的'清偿能力（solvency）'，只取决于在债务到期的时候，借方是否可以有足够的别人的信用来抵消他的债务。"（Innes，2004a，32）如果借方只能偿付一部分债务，那么信用的价值就会下降到借方能够偿付的水平。因此，"信用的价值取决于借方同时也是一个贷方"（Innes，2004a，41）。

在信用货币理论的基础上，英尼斯进而讨论了主权货币。政府部门发出的货币同样也是一种信用。按照同样的逻辑，政府在进行支出的时候发出自己的债务（信用），在获得收入的时候收回自己的债务（信用）。"和所有私人个体一样，政府通过在皇家金库、其他政府分支机构或者政府的银行给出债务凭证来进行支出。"（Innes，2004a，37）在政府接受私人部门还款的时候，它必须接受自己发出去的债务。

英尼斯指出，政府发行的货币需要通过征税来取得价值。私人部门可以卖出商品或者资产来获取别人的信用，从而可以用这些信用来偿付债务。但是，政府一般不生产商品用于出卖，也很少出卖自己的资产，那么，这些政府发行的货币是如何具有价值的呢？英尼斯认为："政府通过法律强制将指定的人群变成它的借方。它宣布，那些从国外进口产品的人，依据进口额欠政府一笔相应数额的债务，或者那些拥有土地的人，每拥有一英亩土地就相应地欠政府一笔相应数额的债务。这个过程被称为征税，由此人们被强制变成了政府的借方。理论上他们必须找到符木的持有者，或者其他代表政府债务的工具的持有者，并通过向他们出售商品或者提供服务来从他们那里获取符木。当这些符木回到国库时，赋税就被缴纳了。"（Innes，2004a，37）因此，征税赋予了主权货币以价值。英尼斯还指出，在这个问题上，政府有关法定货币的法律是不重要的。相对于不可兑换的货币数量，税收的多少"是真正支持着通货的东西，法定货币条款是不必要的"（Innes，2004a，46）。

总之，英尼斯的国家货币理论建立在信用货币论的基础上。英尼斯分析了信用货币的制度特点，而主权货币是信用货币的一种形式。主权货币在具有信用货币的特点的同时，还具有它的特殊性。这种特殊性体现在它可以通过征税来取得价值这一点上。在英尼斯的论述中，我们可以清晰地看到债务货币理论与国家货币理论之间的逻辑关系。

第三节 国家货币理论的发展：凯恩斯、勒纳、明斯基与古德哈特

一 凯恩斯与货币的本质

"货币的本质"是凯恩斯的《货币论》的第一卷标题。在这里，凯恩斯阐述了他的国家货币理论。和克纳普类似，凯恩斯同样是从货币名目论，从记账单位、支付手段和名义债务这些概念出发来认识货币的。凯恩斯首先定义了记账货币（money of account）："记账货币，也就是表示债务、价格和一般购买力的方式，是货币理论的基本概念。"（Keynes，2013，3）记账货币的产生和债务的产生有着直接的联系："记账货币与债务（延期支付的合约）和价格目录

（买卖合约的报价单）一同产生。"（Keynes，2013，3）

凯恩斯将货币本质界定为："通过转交货币，债务合约和价格合约得到履行，通过货币这种形式，人们持有一般购买力；货币的本性来自它与记账货币的关系，因为债务和价格必须首先以记账货币来表示。"（Keynes，2013，3）在这里，凯恩斯对记账单位与货币之间的关系给出了一个经典的表述："可能我们可以这样来阐述货币与记账货币的区别：记账货币是描述（description）或者头衔（title），而货币是能够回应这种描述的东西。"（Keynes，2013，3）凯恩斯想说明的是，能够回应同一个描述的东西是会发生改变的。例如，英国国王是一个头衔，而回应这个头衔的可能是不同的人。由此可见，凯恩斯对记账单位、支付手段、名义债务等概念的看法和克纳普是一致的。

在这些概念的基础上，凯恩斯引入了国家的作用："现在，在提到合约和报价单的时候，我们已经引入了法律或者习惯，合约和报价单因为法律或者习惯的存在是要强制执行的；也就是说，我们已经引入了国家或者社群。并且，货币合约的一个独特特征是，国家或者社群不仅强制它的执行，而且决定了要交付什么才能合法地或者符合习惯地履行已经按照记账货币订立的合同。因此，国家首先作为法律的权威发挥了这样的作用，它强制保证了对应着合约中的名目或者描述的物品能够用于支付。但它还发挥了双重的作用，它获得了决定和宣布什么东西对应着该名目的权利，以及时不时改变它的布告的权利——也就是说，它获得了重新修订字典的权利。这个权利被所有现代国家所占有，并且已经持续了至少4000年。只有在到达了这个货币演化阶段时，克纳普所说的货币国定论——这个理论认为货币是由国家创造的——才充分实现了。"（Keynes，2013，4）

总之，在货币的本质问题上，凯恩斯的观点和克纳普是一致的。他们同样都是在货币名目论的基础上讨论了主权货币。此外，凯恩斯对银行货币的定义和对国家货币的划界都与克纳普一致（Keynes，2013，5-6）。凯恩斯的国家货币理论没有太多超出克纳普的内容。

这些理论论述的重要意义在于，凯恩斯的论述是在理论上联结德国历史学派的国家货币理论和后凯恩斯主义的货币理论的关键中间环节。尽管如此，但事实上直到在现代货币理论对凯恩斯理论的重新发掘之后，这一理论联结才进入到后凯恩斯主义经济学的视野中。

二 勒纳与功能财政

阿巴·P. 勒纳是第二次世界大战后国家货币理论的重要代表。他对于国家货币理论的重要贡献是进一步明确了征税驱动货币的原理和将国家货币理论作为功能财政的理论基础，从而拓展了这一理论的政策意义。

勒纳的货币理论所关心的核心问题是，货币能够被普遍接受的机制是什么。"货币……是我们用来支付的东西。它的有效性的基本条件是，它应该是普遍可接受的。"（Lerner, 1947, 313）勒纳认为，国家权力提供了让货币被普遍接受的机制："现代国家可以让它选择的任何东西成为普遍接受的货币，并由此形成它的价值，即便是其中最正规的货币，它的价值形成也脱离了与黄金以及其他任何物品的联系。"（Lerner, 1947, 313）在这个过程中，勒纳同样认为，法定货币的法律是不重要的，真正重要的是："……如果国家愿意接受它所规定的货币来支付税款以及它持有的其他债务，那么目的就达到了。如果人们可以用纸片来清偿那些债务，那么每个对国家欠有债务的人会愿意接受这些纸片。并且其他人都会愿意接受这些纸片，因为他们知道纳税人以及其他人会接受。"（Lerner, 1947, 313）由此，勒纳得出了结论："货币是国家的产物。"（Lerner, 1947, 313）

勒纳认为，"货币是国家的产物"这一观点有着非常重要的政策意义。既然政府有能力创造货币进行支出，有能力通过征税从经济体中抽离货币，那么政府就"处在这样一个位置上，它要保持经济体中的支出水平能够实现它的两个重要职责：防止萧条和保持币值"（Lerner, 1947, 314）。这就导向了勒纳的功能财政理论：政府的财政活动不应该将财政决算的结果作为目标。有关勒纳的功能财政思想，本书的第六章会更详细地论述。总之，尽管勒纳没有深入到货币名目论或债务货币理论的层面来探讨货币本质，但是勒纳将功能财政的观点连接到了国家货币理论上，这丰富了国家货币理论的政策意义。

三 明斯基与货币的等级结构

后凯恩斯主义经济学家海曼·P.明斯基同样持有国家货币理论的观点。现代货币理论的开创者之一，瑞是明斯基的学生，明斯基的思想直接影响了现代货币理论的形成。

明斯基同样认为货币是一种债务。明斯基对债务货币理论的思考体现在他对商业银行信贷活动的分析上。明斯基认为，商业银行是通过创造货币的方式来持有资产的："在资本主义经济中，货币的创造和控制资本资产的过程联系在了一起。货币不只是一种用来避免需求的双重巧合问题从而使得交易变得可能的通用配给券；货币是一种债券，它随着银行的融资活动以及对实物资产和金融资产的持有而产生。"（Minsky，2008，250）明斯基指出，这种货币观与新古典主流经济学有很大区别。并且，不是只有商业银行才能创造货币："货币不只在融资过程当中产生，经济体中有许多不同类型的货币；每一个人都可以创造货币；问题是要让人接受它。"（Minsky，2008，255）

明斯基的重要创新是他对货币等级结构的分析。明斯基指出，货币系统中存在着不同类型的货币，但这些货币不是无差异的。[1]"企业、家庭、地方政府通过商业银行的账簿转移存款，而会员银行和非会员银行[2]通过美联储的账簿转移信用。公众用银行存款作为货

---

[1] 哥伦比亚大学教授邓肯·福利（Duncan Foley）也提出了相似的观点（Foley，1987）。

[2] 指银行是否在美联储体系下，引者注。

币，银行用在美联储的存款作为货币。这就是我们的货币银行体系基本的等级性质。"（Minsky，2008，255）尽管企业和家庭可以使用银行存款来完成结算，但是银行间的结算需要更高层级的货币才能完成。换句话说，尽管货币系统中存在着不同类型的货币，但是这些货币可接受的程度是不同的。

在不可兑换的主权货币体系中，按照不同货币可接受的程度从高到低排列着主权货币、银行货币、企业债务和家庭债务。主权货币处在这个等级结构的顶端，当债务通过主权货币偿还后，结算就彻底结束了。但是，为什么人们愿意接受不可兑换的主权货币呢？在这个问题上，明斯基同样指出了税收的作用："……需要缴纳税负这个事实赋予了经济体中的货币以价值……缴税的需要意味着人们要工作和生产从而获取可以用于缴税的东西。"（Minsky，2008，258）

总之，尽管明斯基对货币本质问题的论述相对较为零散，但是明斯基的基本观点与债务货币理论和国家货币理论是一致的。明斯基对货币的等级结构的论述丰富了国家货币理论。

四 古德哈特对最优货币区理论的批判

查尔斯·A. E. 古德哈特是当代著名的货币经济学家。他曾是英格兰银行货币政策委员会的成员，对货币政策、金融监管、中央银行制度等许多问题都有着深刻见解。1998 年，他发表了经典论文《两种货币概念：最优货币区理论的意义》。在这篇论文中，古德哈特基于国家货币理论对欧元区及其理论基础——最优货币区理论——进行了批判（Goodhart，1998）。这篇论文不仅基于许多新的考古研究重新阐明了国家货币理论的观点，而且将国家货币理论运用于解释欧元区的内在缺陷上。1999 年，美国社会研究新学院为了这篇论文专门召开了一场研讨会，现代货币理论的研究者瑞和贝尔参与了这场研讨会，古德哈特对相关问题做了进一步回应（Goodhart，2003）。

古德哈特将货币观按照两个核心问题进行了分类。第一个问题是货币的价值来源是什么。在这个问题上，货币国定论者（Cartalist）认为，货币的价值来源于发行者的权力；金属论者（Metallist）认为，货币的价值来源于货币的内在价值。第二个问题是货币是如何演化产生的。在这个问题上，货币国定论者认为国家对此发挥了核心作用；门格尔主义者（Mengerians）认为，这是私人部门在市场交易的过程中节约交易成本的结果。依据对这两个问题的回答，古德哈特将货币国定论者称为 C 阵营，而将金属论者和门格尔主义者称为 M 阵营。

门格尔主义者这个称谓取自奥地利学派的卡尔·门格尔（Carl Menger）。门格尔在论文《论货币的起源》（On the Origin of Money）中详细论述了这种货币起源观。在这篇论文中，门格尔认为："货币理论必须将产品的可交易性理论作为前提。"（Menger，1898，243）可交易性取决于持有者是否可以在时间上和空间上方便地将商品卖出。门格尔认为，在原始的物物交换中，交易的范围很有限。但是，随着人们知识的积累，人们会认识到某一类商品有着比别的商品更好的可交易性，这时他们就会在小范围的交易中先购入这一类商品，再用它们来换取别的商品。如果越来越多的人使用某一种商品进行交易，那么就会有更多的人认可这种商品的可交易性，这种商品的可交易性就会越来越高。这个过程的不断进行带来了规模效应。最终，随着可交易性的差别越来越大，可交易性最强的商品成为普遍认同的交易媒介，货币也就产生了。古德哈特认为，这样一种解释是得不到历史支持的。他列举了很多历史事实。例如，贵金属的交易成本同样很高，一个不具备专业知识的人要分辨贵金属的成色是很困难的。相关的历史事实还有很多，其中很重要的一点是，按照 M 阵营的理论，货币产生于私人部门交易成本最小化的选择，而与国家无关。但是，在历史上我们看到的是，货币随着王朝的兴衰而更迭，显然与政府有着密切的关系。因此，古德哈特认为，C 阵营的理论才是正确的。

"C阵营模型的关键是这样一种联系：一边是政治主权和财政权威，另一边是货币创造、铸币厂和中央银行。"（Goodhart，1998，409）古德哈特认为，规则和法律的形成需要政府发挥作用。并且，古德哈特同样同意税收在这个过程中发挥的作用。他不仅在这篇论文中引述了勒纳关于税收作用的说法，而且在后来的回应文章中说："……国家的权力不仅施加了各种债务（赋税、关税、罚款），而且规定了偿付这些债务所用的工具。因为不偿付这些债务会招致惩罚（更多的罚款、牢狱及其他），这带来了对这些工具的需求……"（Goodhart，2003，188）此外，古德哈特还提及了税收的另一个历史作用：国家或者殖民者用货币征税，这推动了非货币的自然经济向货币经济转变。

基于此，古德哈特对最优货币区理论和欧元区制度提出了批评。他认为，最优货币区理论是M阵营理论在地理空间上的延伸（Mundell，1961）。因为按照M阵营理论，货币的作用是使得交易成本最小化，而与国家、财政活动没有关系，所以国家的边界不应该等于货币的边界。最优货币区应该是考虑要素流动等情况后使得交易成本最小化的范围。如果国家的边界阻碍了要素自由流动，那么最优货币区就应该超出国家的范围。古德哈特认为，对国家的忽视是这种制度设计的重要缺陷。欧元区的制度设计使得欧元区各国实际上是在使用一种外国的货币，它们不能自主地创造货币进行支出，而必须服从于欧元区的财政纪律，这为各国的财政问题埋下了隐患。在这篇论文发表十多年后，欧债危机的爆发印证了这些观点。

总之，古德哈特的重要贡献是在国家货币理论的基础上探讨了主权货币和财政政策空间的关系，这启发了后来现代货币理论对货币主权的分析。同时，欧元区的内在缺陷一直是现代货币理论关注的重要现实问题。

第四节 本章小结

基于以上对国家货币理论的经济思想史考察，我们可以对国家货币理论的基本内容进行总结。国家货币理论所考察的核心问题是货币的本质问题，它实际上是对货币系统的制度分析。出于说明的需要，笔者将国家货币理论的内容划分为第一层面和第二层面。在第一层面，国家货币理论和许多其他的货币理论是相通的，如货币名目论、债务货币理论、内生货币理论等。在第二层面，国家货币理论将国家引入到对货币本质问题的讨论中，这部分内容是国家货币理论所独有的。在逻辑上，第二层面的内容是以第一层面为基础的，两者在逻辑上是一致的。

第一层面：货币是名义的支付手段。待支付的款项用记账单位表示。支付手段是对记账单位的回应。支付手段和记账单位之间的关系不是固定的，而是随社会历史条件的变化而变化的。这意味着，记账单位不变的情况下，能够回应它的支付手段可以发生改变。在这个意义上，货币这种支付手段是名义的。以上是货币名目论的核心观点。

货币是一种债务（信用）。货币随着债务的发行而产生，随着债务的偿还而消失。货币表示了一种债权债务关系。每个人都可以发行自己的债务来进行支付，问题是如何让别人接受自己的债务。货币作为一种债务有两个特点：债务发行人总是要接受用他发行的债务对他进行支付；债务的价值取决于借方的清偿能力。以上是债务（信用）货币论的核心观点。

货币系统中存在着不同类型的货币，这些货币构成了一种等级结构。货币被人们接受的程度（流动性）越高，货币的等级就越高。低等级货币的结算需要通过高等级货币来完成。例如，私人企业通过商业银行的货币来完成结算，商业银行通过国家发行的货币来完成结算。

第二层面：国家（及其他权力机构）有权力规定记账单位和支付手段。国家在规定一种记账单位的同时，规定这种记账单位对应的支付手段，即主权货币。这是货币名目论在主权货币上的逻辑延伸。

主权货币是国家发行的债务。国家在进行支付时发行自己的债务（货币的产生），在征税的时候回收自己的债务（货币的消失）。这是债务货币论在主权货币上的逻辑延伸。

征税驱动货币。赋税（以及费用、罚款等）使得人们愿意接受国家发行的货币。国家以它规定的记账单位征收赋税，从而人们需要使用主权货币来缴纳税款。为了按期缴纳税款，征税对象会在生产和交易中去获取主权货币，这为主权货币创造了需求。与此同时，人们也就接受了国家规定的记账单位。人们不会因为主权货币不能兑换成更高等级的货币而不接受主权货币。由此，主权货币处在了货币的等级结构的顶端。以上是国家货币理论的核心内容。对于现代货币理论对国家货币理论的继承和发展，我们将相关的讨论留到这一部分的结尾处。

第 五 章

理论脉络（二）：从内生货币理论到现代货币理论

第一节　引论

本章是对现代货币理论的理论脉络考察的第二部分。本章的主题是内生货币理论。内生货币理论要回答的核心问题是"货币是如何供给的"，或者说"货币是如何在资本主义生产过程中生成的"。这一理论构成了现代货币理论对货币金融体系认识的基础。本章研究的主要是后凯恩斯主义经济学的内生货币理论，这是因为现代货币理论的内生货币理论受到了后凯恩斯主义经济学直接的影响。并且，尽管内生货币理论在经济思想史上有很长的历史，但是后凯恩斯主义经济学对内生货币理论的论述是最为系统和充分的，因此本章将主要从后凯恩斯主义经济学的角度来研究内生货币理论。[①]

[①] 在经济思想史上，内生货币理论有着很长的历史。它可以追溯到亚当·斯密在《国富论》中对苏格兰商业银行的研究（亚当·斯密，2012，273-304）。其后有很多的经济学家都对内生货币理论做过论述（陈昭，2005）。在第二次世界大战之后，随着新古典综合体系的建立，外生货币理论逐渐占据了主流位置。但与此同时，内生货币理论的研究一直没有断绝。最有代表性的是 1959 年英国的拉德克利夫委（转下页）

对于后凯恩斯主义经济学的内生货币理论，国内已经有过一些介绍和研究（胡海鸥，1997；于化龙、王培瑛，2003；陈昭，2005；王璐，2007；于泽，2008；芦东、陈学彬，2008；王楚明，2008；袁辉、吴晓雅，2020；袁辉，2021a）。由于水平主义和结构主义是内生货币理论内部的一场重要争论，对于我们理解货币金融系统的运行机制有着重要意义，本书将专辟一节来讨论这场争论。本章试图说明的一个观点是，无论是对于外生和内生货币理论，还是对于水平主义和结构主义，对金融系统的制度分析是这些理论的底层逻辑，是我们理解和辨明理论正确与否的关键。本章的第二节会首先介绍外生货币理论，然后重点讨论后凯恩斯主义经济学的内生货币理论的基本内容及其所依据的制度事实。第三节会对水平主义和结构主义的论争进行研究，并说明争论双方的观点可以在内生货币理论当中共存。第四节是本章的结论。

在接下来的讨论之前，我们需要首先明确一个问题，那就是"外生"与"内生"的含义。内生货币理论的代表人物巴塞尔·J.摩尔从控制意义上和理论意义上区分了这些概念（Moore，1988，147-148，另外可参见 Wray，1990，75-80）。控制意义上的内生与外生指的是中央银行能否控制货币存量，或者说能否通过控制基础货币数量来控制某个定义下的广义货币数量。如果中央银行能够直接控制货币存量，那么货币数量在控制意义上就是一个外生变量，反之则是一个内生变量。理论意义上的内生与外生则指的是货币数量与其他变量（如总收入、价格水平）之间的因果联系。例如，假设货币数量会影响价格水平，但是价格水平不会影响货币数量，那

（接上页）员会（Radcliffe Committe）的《关于货币系统运行的报告》（Report on the Working of the Monetary System）。这个报告对新古典综合体系有关货币政策有效性的说法提出了质疑。报告认为："支出不会受到货币存量限制；……有影响的是人们认为他们可以得到的货币量，无论是收入（例如销售量）、卖出资本品还是借款……考虑到货币流通速度的变化，支出不会受到现存的货币数量限制。"（Radcliffe Committee，1959，133）

么货币数量在理论意义上就是外生的；如果价格水平会影响货币数量，那么货币数量在理论意义上就是内生的。显然，控制意义上的外生弱于理论意义上的外生，因为即使中央银行能够外生地控制货币存量，但是如果它的货币存量目标受到其他经济变量的影响，[①] 那么在理论意义上货币存量仍然是内生的。在相关的文献中，外生和内生一般都是控制意义上的概念。

第二节 外生货币理论与内生货币理论

一 货币主义的外生货币理论

货币主义不是经济思想史上第一个主张外生货币理论的，在此之前许多经济学家都假定货币数量是外生给定的。例如，凯恩斯在《就业、利息和货币通论》中为了避免与传统观念冲突作了这样的假定。[②] 在第二次世界大战之后兴起的新古典综合体系中，IS-LM 模型也明确假定了外生的货币供给。

但是，货币主义毫无疑问是这些理论中最有代表性的，它的广泛影响力带来了 20 世纪 70 年代末各国中央银行的货币主义实验。同时，货币主义也推动了它的对立面——内生货币理论在后凯恩斯主义经济学中形成完整的理论框架。正如马克·拉沃（Marc Lavoie）所说，尽管内生货币理论一直存在于凯恩斯以及后凯恩斯主义经济学的论著中，但是直到 20 世纪七八十年代，"随着货币主义的降临，后凯恩斯主义者被迫明确地陈述他们的货币理论框架"（Lavoie，1984，772）。

[①] 也就说，此时存在一个货币政策的反应函数，其他经济变量是这个反应函数的自变量。

[②] 摩尔指出，凯恩斯对内生货币理论有着充分的认识，这体现在他在《通论》之前的一系列论著中，因此，我们不能将凯恩斯划分为外生货币理论的支持者（Moore，1988，171-209）。

在《新帕尔格雷夫经济学大辞典》中，货币主义者菲利普·卡甘（Phillip Cagan）是这样定义货币主义的："货币主义认为，货币数量对经济活动和价格水平有着最主要的影响，最好的实现货币政策目标的方法是钉住货币数量的增速。"（Cargan，1987，195）货币主义有如下观点：货币供给是外生给定的，或者更准确地说，中央银行会控制基础货币数量，商业银行会按照基础货币数量和货币乘数派生出相应数量的广义货币；货币乘数一般是相对稳定的；货币需求在一般时期也是相对稳定的，它是收入以及不同资产收益率的函数。由此，一条因果链条建立了起来：如果中央银行改变货币供给，那么私人部门会调整对不同资产的投资组合配置，从而使得货币的供给和需求重新回到均衡；随着居民对资产配置的调整，经济体的价格和收入水平也就随之发生了变化（Cargan，1987；Brunner，1987）。货币主义进一步认为，由于货币幻觉在长期是不存在的，收入水平只取决于实际变量，因此货币数量只会影响价格水平而不会影响实际收入。

通过这一系列的论证，货币主义复兴了货币数量论。正如史蒂夫·罗西斯（Stephen Rousseas）所指出的，要将 $MV = PY$ 这一核算上的恒等关系转变成货币数量论需要两个行为假定和一个指示因果的方向箭头：首先，完全竞争市场所带来的一般均衡能够在长期内消除非自愿失业；其次，金融市场的结构稳定，从而使货币流通速度 V 保持稳定；最后，货币数量是外生的，价格水平是内生的，也就是说，货币数量是原因，价格水平是结果（Rousseas，1998，75）。这些正是我们从货币主义中所得到的。

由此，货币主义者认为，中央银行可以通过控制货币数量来调控宏观经济，并且由于在长期货币数量只会影响价格水平而不会影响产出水平，中央银行应该维持稳定的货币数量增速，从而维持价格水平的稳定。在这一时期，许多西方国家都陷入了"滞胀"问题中，为了应对通货膨胀，英美等国家的中央银行开始遵从货币主义的主张，将控制货币数量作为中央银行货币政策的中介目标，开启了所谓的货币主义实验。

这场货币主义的政策实验以失败告终。中央银行没能像货币主义所设想的那样控制住货币数量。1979年,英格兰银行和美联储开始明确地将某种广义货币数量作为货币政策的中介目标。然而,它们实际操作的结果都不尽如人意。中央银行基本没能实现事先确定的货币数量目标,相反,它们总是改变预先设定的货币数量目标,从而使得目标和实际结果更加吻合。最后,这些中央银行逐渐淡化并取消了货币数量目标。尽管货币主义者事后认为,这是这些中央银行的无能造成的,但是正如尼古拉斯·卡尔多(Nicholas Kaldor)所说的,如果英美的中央银行都是无能的,那么货币主义又能适用于世界上的哪个国家呢(Kaldor,1985)?

二 内生货币理论的基本内容

外生货币理论和货币主义对话语权的掌握推动了内生货币理论的研究者完善其理论框架。不同学派的学者在这一时期复兴了内生货币理论,后凯恩斯主义经济学是其中的重要力量。拉沃将这一时期的内生货币思潮划分为四个支流:英国剑桥的后凯恩斯主义者,代表人物有琼·罗宾逊(Joan Robinson)、卡尔多和理查德·卡恩(Richard Kahn)等;美国的后凯恩斯主义者,代表人物有海曼·P.明斯基、巴塞尔·J.摩尔、保罗·戴维森等;法国的循环学派(circuitistes),代表人物有伯纳德·施密特(Bernard Schimitt)等;法国的透支经济学(overdraft economics),代表人物有雅克布·勒·布尔瓦(Jacques Le Bourva)等(Lavoie,1985)。到了20世纪80年代末,内生货币理论的内核初步形成。

内生货币理论认为,货币数量不是由中央银行外生给定的,相反,它是内生于资本主义生产过程的。内生货币理论遵循债务(信用)货币理论。债务货币理论认为,货币是一种债务,产生于债务发行人通过发行债务来持有资产的过程中,例如商业银行通过发行银行货币(银行的负债)来持有企业的贷款(银行的资产)。因此,货币的创造过程是经济系统运行的一部分。

具体来说，后凯恩斯主义经济学将内生货币理论归结为以下三个命题（Lavoie，1985；Wray，1990）：第一，贷款创造存款：商业银行在贷款的同时创造存款，这不以商业银行持有准备金为前提；第二，存款创造准备金：商业银行为了完成支付结算和满足法定准备金要求而产生了准备金需求，中央银行由于职责所系相应地满足商业银行的准备金需求；第三，货币需求和货币供给是相互依赖的：货币供给不是由中央银行外生给定的，它会随着货币需求的变化而相应地发生变化。[①] 这三个命题涉及了对货币体系中两个主体——中央银行和商业银行——的行为描述。对此，我们有必要讨论后凯恩斯主义经济学对中央银行和商业银行的制度分析。

三 内生货币理论中的中央银行

在现实实践中，中央银行需要满足商业银行的准备金需求。内生货币理论认为，中央银行对准备金的控制具有不对称性。尽管中央银行总是可以增加准备金的供给（如果中央银行不在意由此而来的市场利率下降的话），但是中央银行不能随意减少准备金。这是由中央银行的职责以及它在一国货币系统中的特殊位置决定的。中央银行作为银行的银行，承担着维护支付系统稳定性的职责。商业银行之间每天都发生着大量的交易，这些交易的最终清偿需要通过商业银行存在中央银行账户上的准备金来完成。尽管商业银行可以通过银行同业市场等渠道获得准备金，但是对于整个金融体系而言，在不考虑财政活动和国际资本流动的情况下，中央银行是私人部门获取准备金的唯一渠道。如果商业银行的准备金不足，它最终会向中央银行寻求帮助。为了维持支付系统的稳定性，中央银行由于职

[①] 需要说明的是，外生货币理论会认为，外生地控制利率和外生地控制货币数量只是同一个硬币的两面。但是，按照内生货币理论，中央银行不能外生地控制货币数量。同时，中央银行在外生地控制利率时，它只能通过利率间接地影响到银行的信贷活动，但是要通过这种间接影响来控制广义货币数量是近乎不可能的。

责所系会被动地按照商业银行的需求提供准备金。如果它不这么做的话，金融系统就可能会发生流动性危机，而这意味着中央银行的失职。

维护支付系统稳定性的职责意味着中央银行不能外生地控制准备金数量。如果商业银行面临准备金的短缺，那么中央银行总是会被动地满足商业银行的需求。需要说明的是，这种职责不完全等同于我们通常所说的最后贷款者（lender of last resort）。最后贷款者同样是中央银行的职责，属于中央银行在金融危机时的临时干预。在危机爆发时，中央银行为了维持整个金融系统的稳定会充当所有商业银行的最后贷款者，满足商业银行的流动性需求。但是，前文所述的对支付系统稳定性的维护是中央银行每天甚至每个小时都在进行的工作。在历史上，美联储的成立就是为了维护支付系统的稳定性。除了这些原因，中央银行之所以不能控制准备金数量也是出于稳定利率的考虑。如果商业银行对准备金的需求发生变化，那么中央银行对准备金数量的限制将导致利率的大幅波动，从而带来资产价格的大幅波动，这种不稳定的环境显然不利于金融市场的正常运行。

因此，对于称职的中央银行而言，它们总是会满足商业银行对准备金的需求，基础货币数量也就不是外生的。内生货币理论对许多国家中央银行的制度研究都说明了这点，例如，Lavoie（2005，2019a）和Fullwiler（2003）。内生货币理论认为，中央银行能够直接控制的是它们在向市场提供准备金时的利率。在不同的制度条件下，中央银行设定利率的方法有所不同，不同的制度设计也会影响中央银行设定利率的难易程度。这超出了思想史的范畴，我们会在本书的第九章中更加详细地分析这一问题。中央银行可能设定一种利率，也可能设定多种利率，这取决于中央银行的选择。例如，美联储钉住的一般是联邦基金市场的隔夜利率。

四 内生货币理论中的商业银行

外生货币理论认为，由中央银行控制的准备金数量决定了商业银行创造出的货币数量。在货币乘数模型中,商业银行总是被动地等待准备金数量的增加并相应地增加贷款。如果中央银行增加准备金供给,那么商业银行所持有的准备金数量就会上升。然而这些准备金不能为商业银行带来收入,这时商业银行就会相应增加贷款数量。在货币乘数稳定的情况下,中央银行就可以通过控制准备金数量来控制商业银行创造出的货币数量。

内生货币理论认为,外生货币理论对商业银行行为的描述是不符合现实的。在现实中,商业银行总是通过贷款来创造存款。如果一家企业通过了商业银行的资信审核,那么银行就会改变企业账户上的金额,银行货币也就创造出来了。如果商业银行要增加贷款,那么这需要的是有更多的企业或者个人能够通过商业银行的资信审核。换句话说,商业银行的信贷活动取决于客户的信贷需求和商业银行对风险的判断和偏好。

商业银行通过贷款创造存款的过程不取决于准备金数量。这个过程事先既不需要商业银行从中央银行那里获取准备金,也不需要商业银行从储户手中获取存款。对于商业银行来说,准备金的作用不是用来贷款,而是完成支付结算和满足法定存款准备金要求(Fullwiler, 2017)。商业银行之间支付结算的最终余额(轧差)需要通过准备金来完成。同时,在有法定存款准备金规定的国家,商业银行还需要持有一定数量的准备金来满足法定存款准备金要求。对于商业银行需要持有多少准备金,这取决于具体的制度环境和习惯。

"在现实世界中,银行扩张信用,在这个过程中创造出存款,然后再去寻找准备金。"(Holmes, 1969, 73 - 74)商业银行作为追求利润的企业,总是积极地进行资产负债管理,而不是消极地等待准备金变化。商业银行的决策部门会将银行的资产和负债区分为可自由支配的部分(如持有的国债)和不可自由支配的部分(如持有的贷款)。银行会依据自身的利润目标和经营策略来预测不可自由支配的资产和负债的变动情况,并判断所需要的准备金数量。同时,银行还会预测市场的利率变化情况和自身的流动性状况。在这些判断的基础上，银行会积极地在市场上配置资产和负债中可自由支配的部分，从而增加自身利润。对于这里讨论的话题而言，当银行手中持有超出需求的准备金时，它会在市场上兜售这笔准备金；而当银行手中持有的准备金不足时，银行则会通过卖出资产（如卖出国债）或者增加负债（如同业拆借）等渠道获取准备金。

由于中央银行制度的存在，商业银行准备金不足的问题可以得到解决。这一点上一小节已经解释过了。当然，中央银行不是商业银行获得准备金的唯一渠道，商业银行还可以通过同业市场等渠道来获得准备金。银行会力图减少获取准备金的成本并且试图绕开中央银行的准备金要求，这诱发了各种形式的金融创新。在美国的金融史上，联邦基金市场、大额存单（certificate deposit）、欧洲美元（Eurodollar）等许多金融创新都与此有关。这些金融创新同样一定程度上满足了商业银行的准备金需求。

总之，商业银行的贷款一方面取决于企业的贷款需求，另一方面取决于商业银行的风险偏好以及它对企业风险状况的判断，而与商业银行的准备金状况没有关系。准备金的作用不是用于贷款，而是用于支付结算和满足法定存款准备金要求。商业银行会积极地管理自身的资产和负债，通过不同的渠道来获取准备金。由于中央银行制度和金融创新的存在，决定商业银行信贷行为的不是准备金数量。"银行不会等到有了剩余的准备金了才去向公众提供新的贷款。新的贷款也不是由银行自己发起的。……货币是存款类机构发放新贷款的副产品。贷款创造存款。"（Moore，1988，45）

第三节　水平主义与结构主义的论争

一　摩尔与水平主义

水平主义和结构主义的论争是一场发生在内生货币理论内部的

争论。这场论争首先要从水平主义的代表人物巴塞尔·J. 摩尔谈起。在 20 世纪 80 年代复兴内生货币理论的思潮中,摩尔是水平主义理论的最主要旗手。他的思想汇总于 1988 年发表的著作《水平主义者与垂直主义者:信用货币的宏观经济学》(*Horizontalists and Verticalists: The Macroeconomics of Credit Money*)。这一时期水平主义的代表还有马克·拉沃(Lavoie, 1984)。

摩尔将外生货币理论称为垂直主义,因为按照外生货币理论的观点,货币数量是由中央银行外生给定的,在一个横轴为货币数量,纵轴为利率的直角坐标系中,货币的供给曲线是一条垂直于横轴的直线。摩尔认为,垂直主义建立在商品货币的基础上。与垂直主义相对,摩尔将他的理论观点概括为水平主义。他认为,中央银行不能外生地控制货币数量,中央银行能够控制的是基础利率,也就是中央银行选定的目标利率;商业银行在基础利率的基础上进行加成定价,从而形成存贷利率。因此,在直角坐标系中,货币的供给曲线是一条平行于横轴的水平线。摩尔认为,水平主义建立在信用货币的基础上。

具体来说,对于中央银行,摩尔认为中央银行不得不满足商业银行的准备金需求,这是"因为它的最终使命是维护金融系统的流动性和稳定性"(Moore, 1988, 39)。一个典型的制度事实是,中央银行通常采取的是滞后式的法定存款准备金计算方法,也就是说,中央银行根据一个时期商业银行的平均存款数量来确定下一个时期商业银行需要达到的法定存款准备金水平。这意味着,在一个时期内,商业银行不能通过限制信贷行为来减少它需要持有的法定存款准备金数量,因为这是在之前一个时期就已经确定好的。在这种情况下,如果市场上出现了准备金不足的情况,即便市场利率上涨到非常高的水平,商业银行的准备金需求仍然不能得到满足。这时要避免流动性危机,中央银行就必须要满足商业银行的准备金需求。因此,基础货币数量是内生的,而中央银行能够外生控制的是它提供基础货币的价格,也就是基础利率水平。中央银行对基础利率的控制方式取决于具体的制度设计,摩尔在该书的第六章《美国的货币供给过程》中专门分析了当时美联储的制度设计。

对于商业银行,摩尔认为,商业银行的货币供给过程是"信用驱动"(credit driven)和"需求决定"(demand determined)的(Moore,1988,xii)。摩尔认为,货币是一种信用,它产生于机构发行自己的债务并持有资产的过程中。商业银行在贷款时发行自己的债务(银行存款)并持有资产(银行贷款)。这个过程取决于银行顾客的贷款需求。即便中央银行大量地增加商业银行的准备金,如果商业银行的顾客没有贷款需求,那么商业银行货币仍然不会增加。摩尔认为,在实际操作中,商业银行会事先在中央银行设定的基础利率的基础上加成,从而确定贷款利率。加成的比例取决于商业银行的流动性偏好、行业的竞争程度等因素。对于通过了商业银行资信审查的顾客,商业银行会给予这些顾客一定的信用额度。在信用额度内,顾客可以自由地增加贷款(类似于信用卡的授信)。摩尔认为,由于这些信用额度的存在,商业银行货币的供给量是由需求决定的,在上文所述的直角坐标系中,商业银行货币的供给曲线是一条水平线,它与纵轴的交点取决于商业银行设定的贷款利率。

二 结构主义与水平主义之争:中央银行的利率设定

摩尔的著作在出版后很快遭到了内生货币理论内部的一些学者的反对。罗伯特·波林(Robert Pollin)最早在论文中对两种内生货币理论进行了区分(Pollin,1991)。他将以摩尔为代表的内生货币理论称为"适应性货币供给内生"(accommodative money supply endogeneity)理论,而将与之相对的一种理论称为"结构性内生"(structural endogeneity)理论。后来学界一般将后者称为结构主义。按照希拉·C. 道(Sheila C. Dow)的总结,结构主义有两点主要特征:一是将流动性偏好作为影响银行货币创造的重要因素,二是重视制度结构及其变化的影响(Dow,2006)。20世纪90年代,许多学者对摩尔的理论提出了批评(Meulendyke,1988;Goodhart,

1989；Rousseas，1989，1998；Palley，1991；Dow，1996），以摩尔和拉沃为代表的水平主义者作出了回应（Moore，1991a，1991b；Lavoie，1996）。这场争论持续了很长时间（Dow，2006；Lavoie，2006）。现代货币理论的代表人物瑞同时也是这场论争的参与者。在后来的回顾文章中，瑞认为这场争论很大程度上是"误解的结果"（Wray，2007c，12），这某种程度上可以视为现代货币理论对这场论争的看法。本书基本支持瑞的分析和总结，因为他点明了这场论争的核心在于内生货币的制度基础。接下来，本书将会围绕着中央银行和商业银行的制度，重新回顾水平主义和结构主义的争论。

在对中央银行的认识上，结构主义者同意中央银行不能外生地控制基础货币数量。但是，结构主义者认为，中央银行不会完全被动地满足商业银行的准备金需求，而会对利率进行调整。具体来说，在市场上出现准备金短缺时，中央银行会满足市场对准备金的需求，但是，由于商业银行会持有一定的超额准备金，中央银行可以选择不完全满足市场对准备金的需求，由此提高市场利率。结构主义者认为，在经济景气的时期，中央银行会相应地提高利率。因此，基础货币的供给曲线应该是右上倾斜的，而非水平的。

水平主义者同样认可中央银行不会始终维持利率不变。例如，摩尔就主张中央银行应该通过调控利率来实现充分就业（这一点我们会在后面进一步说明）。在这个问题上，水平主义者和结构主义者的主要分歧在于，水平主义者的曲线描述的是某个时点上的情况，而结构主义者却在这个二维图示中引入了时间变量。虽然中央银行所设定的基础利率确实会发生改变，但在这个二维图示中，这应该表现为水平线的上下平移，而不是曲线形状的变化。因此，要描述中央银行的政策行为，更加恰当的方法是在水平主义的基础上引入一个中央银行货币政策的反应方程，通过这个反应方程来描述中央银行在不同时期利率目标的变化（Lavoie，2006）。

另外，结构主义认为水平主义忽视了金融创新对满足商业银行准备金需求的影响。假如中央银行限制准备金的增加，从而市场利率上升，那么商业银行会开发新的渠道来获取准备金或者通过各种方法来绕开法定存款准备金的要求。这些行为使得金融市场的结构发生了变化，使得货币数量和其他因素之间的相关性变得不稳定了。结构主义者认为，由于金融创新的存在，随着市场结构的变化，商业银行可以进一步节约准备金，它创造货币的能力也就得到了解放。同时，金融市场上不仅有针对准备金的金融创新，还有针对各种信贷活动限制的金融创新。一旦金融监管机构推出一种新的约束手段，金融市场针对这一约束的金融创新也就开始了。

可以说，通过金融创新来灵活地创造货币和提供信贷是金融市场的本质特征（Goodhart and Jensen，2015）。这是结构主义者对金融市场运行和演化的重要认识。但是，水平主义者不否认金融创新的存在，摩尔在著述中论述了当时出现的一些金融创新（Moore，1988，27-38）。水平主义的理论框架中可以允许金融创新的存在。然而，对于双方关注的商业银行的准备金需求问题，尽管金融创新能够起到一定的作用，但是这一经济结构的转变是中长期的、不确定的。因此，对于满足商业银行的准备金需求而言，中央银行制度才是最首要的。正如古德哈特所指出的（即便他是水平主义的批评者），早在金融创新出现之前，由于中央银行的存在，商业银行创造货币的能力就已经不会受到准备金的限制了（Goodhart，1989）。

三 结构主义与水平主义之争：流动性偏好与利率

结构主义者认为，水平主义者忽略了流动性偏好对商业银行信贷活动的影响。流动性偏好是凯恩斯的经济思想以及后凯恩斯主义经济学的核心概念。在这个问题上，结构主义与水平主义的争论触及了后凯恩斯主义经济学的理论核心。根据后凯恩斯主义经济学的观点，凯恩斯的经济理论与传统理论的一个核心区别是，凯恩斯强调金融市场（金融资本）的重要性（Carvalho，1992）。在新古典经济学中，实际利率决定于可贷资金市场，价格决定于商品市场，而名义利率则是实际利率和价格加和的结果。但凯恩斯认为，可贷资金理论是错误的，名义利率是由金融市场决定的，实际利率则是名义利率减去价格水平的结果。金融市场决定了名义利率。相应地，将资本品的未来收入流通过名义利率贴现就可以得到资本的需求价格。如果资本的需求价格超过了它的供给价格，那么投资就会增加（Minsky，2008）。① 在这种情况下，货币不再是一层面纱，金融市场对于资本主义生产过程有着重要的影响。在某种程度上，金融市场是资本主义生产过程的指挥官。

那么，金融市场是如何决定利率的呢？凯恩斯认为，流动性偏好对此发挥了决定性作用（约翰·梅纳德·凯恩斯，2011）。流动性是资产的一种属性，它取决于一种资产按期还本付息的能力。如果一种资产具有良好的二级市场，或者某个金融机构（如中央银行）会对这种资产的价格提供保证，并且这个金融机构有足够的能力履行这种承诺，那么一种资产就具有高的流动性。由于不同资产的流动性是不同的，流动性偏好就体现为人们愿意持有的各种资产之间的比例。如果流动性偏好与人们当前持有的资产组合不同，那么人们就会在市场上寻求交易，不同资产的价格随之发生变动，流动性偏好从而决定了利率水平。当人们对未来持乐观态度时，人们会下调流动性偏好，从而更加倾向于持有流动性不强的实物资本，随着投资的增加，经济周期进入景气的阶段；反之，当人们对未来持悲观态度时，随着流动性偏好的上升，投资减少，经济周期进入萧条阶段。因此，资本主义经济的周期性特征与金融市场和流动性偏好密切相关。

对于流动性偏好，一种常见误解是将其等同于货币需求。② 在摩

---

① 也就是资本的边际效率超过了利率水平。
② 这典型地体现在古德哈特与摩尔之间的争论上。古德哈特批评摩尔忽略了货币需求对利率的决定性作用。古德哈特所说的货币需求是一个存量概念，他认为摩尔忽略了人们对货币存量的资产组合配置对利率的影响（Goodhart，1989）。摩尔则认为，由于在流量层面货币需求总是等于货币供给，古德哈特所讨论的存量问题也就不存在（Moore，1991b）。显然，这里争论的问题需要引入流动性偏好的概念来解决。

尔的理论体系中，货币需求是一个流量，因为货币总是为了满足需求而供给的，所以货币需求总是等于货币供给。因此，摩尔反对过剩货币供给这样的概念。如果商业银行提供的货币数量超出了企业的需要，企业就会将这部分货币用于偿还贷款，这部分过剩货币供给也就消失了。这就是经济思想史上所说的回流定律（law of reflux）。因为存量是流量的累积，所以摩尔认为，无论在流量还是存量层面，利率都与货币的供求无关（Moore，1991b）。拉沃认为："货币存量实际上是信贷扩张的结果。它既不能解释就业也不能解释价格。货币存量是一个余值，因此它不能是原因。"（Lavoie，1984，775）但是，这并不意味着流动性偏好对利率的决定毫无影响。支持流动性偏好的结构主义者指出，流动性偏好不同于水平主义所说的货币需求（Wray，1990，17–20）。货币需求是流量概念，它的增加意味着个体愿意增加负债从而可以扩大自身的支出，也就是扩张资产负债表。流动性偏好则是存量概念，它是人们对存量资产组合配置的偏好。二者之间存在着存量和流量之间的联系：当人们降低流动性偏好的时候，人们会增加投资，这时人们的货币需求就会增加；随着投资和货币需求的增加，人们持有的不同资产的存量也就会发生改变。结构主义者认为，尽管对于中央银行所供给的准备金，它的价格是由中央银行外生控制的，但市场上不只有一种资产价格（利率）。流动性偏好会影响其他的资产价格的设定。这直接体现在结构主义者对水平主义者在贷款利率问题上的批评。

水平主义者认为，贷款利率是由商业银行在基础利率上加成决定的，因此商业银行贷款的货币供给曲线是一条水平线。结构主义者认为，这种说法忽略了流动性偏好的影响。一方面，在经济周期的不同阶段，银行和企业的流动性偏好会发生变化。当流动性偏好下降时，银行会下调贷款利率。另一方面，在商业银行流动性偏好不变的情况下，贷款的增加会不断扩张商业银行的资产负债表，为了维持合意的流动性状况，商业银行会要求更严格的资信审核、更多的抵押品和更高的利率。因此，结构主义者认为，商业银行的货币供给曲线应该是右上倾斜的曲线，而不是水平线。

瑞逻辑清楚地讨论了这一分歧，并说明了双方的共识（Wray，2007c）。他指出，水平主义者实际上也认可流动性偏好。水平主义者认为，在进行加成定价时，商业银行的加成比例会受到其流动性偏好的影响。对于水平主义者而言，货币的供给曲线描述的是一个时点上的状况。在其他条件不变的情况下，流动性偏好的变化表现为曲线的上下平移。结构主义者则在这之中引入了时间的概念，他们所描述的是经济周期中不同阶段的状况。在这一点上，争论双方存在的更多是误解而非理论分歧。

但是，瑞认为，水平主义者的货币供给曲线会让人以为商业银行会在固定的利率水平上无限制地增加贷款，这是有误导性的。前文说明了，摩尔这样设定的依据是，在银行的授信额度内，银行总是会按照固定的利率水平提供贷款。但是，这样的过程不是无限制的。银行的授信额度可能会耗尽，银行可能会削减已经发放的授信额度，这时，无论是老顾客还是新顾客，他们要获取更多的贷款就需要重新谈判。因此，当贷款的供给量到达水平的货币供给曲线末端时，新的贷款会以什么样的价格来提供是不确定的。拉沃同样认为，这时原有的货币供给曲线就消失了（Lavoie，1996）。结构主义者则认为，新利率的设定与银行当时的流动性偏好有关。如果银行设定更高的利率，那么这时货币的供给曲线就应该会向上移动或者向右上倾斜（Dow，2006）。[①]

总之，水平主义和结构主义的争论没有否定内生货币理论，双方实际上有着广泛的共识，这些共识有助于我们加深对内生货币理论的认识。在金融体系中，不只有中央银行设定的基础利率这一种资产价格。由于不同种类和期限的资产的存在，流动性偏好仍然对

[①] 这里涉及一个更加复杂的问题，那就是在宏观经济总量意义上，随着银行贷款的增加，银行部门整体的资产负债表的流动性状况是否会随之恶化。这个问题学界尚无定论。

利率的决定起到了重要作用。在今天回顾这场争论时，双方都同意彼此存在着广泛的共识基础（Dow，2006；Lavoie，2006）。正如道所说，双方更多的是理论关注点的区别（Dow，2006）。结构主义比水平主义更加强调金融市场的制度变化和流动性偏好的作用，而这些和水平主义不是不相容的。

第四节　本章小结

本章回顾了后凯恩斯主义经济学的内生货币理论的内涵和争论。在相关文献中，内生指的是在控制意义上中央银行不能够控制货币数量。内生货币理论的内涵可以被概括为三个命题：贷款创造存款，存款创造准备金，货币需求和货币供给是相互依赖的。这三个命题建立在对资本主义货币银行系统的制度分析的基础上：在中央银行层面，由于中央银行在一国货币系统中特殊的地位和职责，中央银行总是在被动地满足商业银行的准备金需求；在商业银行层面，商业银行通过创造出自己的负债（银行货币）来持有资产，而这不以商业银行持有准备金为前提。水平主义和结构主义的争论是内生货币理论内部的一场论争。除了一些理论上的误解，水平主义和结构主义的分歧主要是对中央银行和商业银行的观察角度的区别。尽管学界还未形成一种令双方满意的理论综合，但双方观点在内生货币理论中是可以兼容的。因此，我们没有必要因为水平主义和结构主义的争论而否定内生货币理论。

内生货币理论对现代货币理论的形成产生了重要影响。现代货币理论的学者很多都是内生货币理论研究的重要推动者。瑞发表于1990年的著作（同时也是他的博士论文）《资本主义经济中的货币与信用：内生货币理论》是内生货币理论的重要著作，他也参与了结构主义与水平主义的争论当中（Wray，1990，1992）。斯科特·富维尔对中央银行的制度研究为内生货币理论提供了重要经验证据

(Fullwiler，2003，2017）。

现代货币理论继承了内生货币理论，内生货币理论是现代货币理论的理论基础，它构成了现代货币理论对资本主义货币金融系统运行方式的认识。内生货币理论和国家货币理论是内在一致的。国家货币理论认为，货币是一种债务，债务产生于信贷活动之中。而内生货币理论同样是建立在债务货币理论的基础上的。两种理论提供了对货币问题的不同观察角度。国家货币理论基于债务货币理论回答了货币的本质问题，而内生货币理论则在债务货币理论的基础上进一步分析了资本主义经济中中央银行和商业银行的运行机制问题。在两种理论的连接处，我们可以观察到一处重要的理论空白。国家货币理论引入了主权货币的概念，但没有具体讨论主权货币在现代金融系统中的运行机制；内生货币理论提供了对金融系统的制度分析，但没有将主权货币纳入其中。正是在这处理论连接处，现代货币理论作出了重要的理论贡献。相关的讨论留待这一部分的结尾。

第 六 章

理论脉络（三）：功能财政与就业保障计划

——勒纳与明斯基的思想遗产

第一节 引论

本章是对理论脉络考察的第三部分，主题是现代货币理论的两项政策主张：功能财政和就业保障计划。从理论形成过程来看，这两项政策主张的直接思想来源是勒纳和明斯基。作为现代货币理论的开创者之一，福斯塔德最早将勒纳的经济思想引入到现代货币理论当中（Forstater, 1999, 2003）。现代货币理论的研究者重新发掘了明斯基对就业问题和就业政策的研究（Forstater, 1998b; Wray, 2007b），并将明斯基的相关论文重新编辑出版（Minsky, 2013）。因此，我们这里主要考察勒纳和明斯基的相关思想。

近年来，一些国内文献已经介绍了功能财政和就业保障计划的政策内涵和现实意义（缐文，2015，2016；兰无双，2020；刘新华、彭文君，2020；许坤等，2021；兰无双、贾根良，2022；刘新华等，2022；贾根良、贾诗玥，2022）。本章的不同之处在于，除了梳理勒纳和明斯基的相关理论，本章将说明一个现有文献中常常被人忽视的逻辑结点，那就是经济的结构问题。这是现代货币理论将功能财政和就业保障计划相联系，并共同作为政策主张的逻辑结点。在外文文献中，这一点尽管有所提及，但是也没有得到强调。提及这一点的主要是现代货币理论的一些原始文献。福斯塔德认为，就业保障计划的优点是能够在实现充分就业的同时避免陷入"结构刚性"（structural rigidities），保持经济系统的灵活性（Forstater，1998a，557）；瑞在比较了勒纳和明斯基后期的财政观点时提到了这一点（Wray，2018a）。

经济结构对于我们理解现代货币理论有两点重要意义：首先，它是联结功能财政和就业保障计划的逻辑结点。功能财政认为财政收支不应该以财政决算结果作为目标，但是功能财政没有预设我们应该如何进行财政收支。对经济结构问题的认识要求财政活动应该考虑结构问题。就业保障计划则是这一点在宏观经济政策上的具体体现。其次，它有助于我们拓展现代货币理论的实践意义。充分就业只是财政政策的目标之一。对于其他财政政策目标，经济结构同样是关键的政策考量因素。

本章的第二节将研究勒纳的功能财政主张。勒纳探讨了功能财政的核心内涵。勒纳的国家货币理论说明了功能财政的制度前提。勒纳以总需求决定理论为基础，提出了总需求管理的政策框架，这个政策框架是对功能财政的一种延伸。尽管这种政策框架在第二次世界大战后风靡一时，但是"滞胀"问题使得勒纳在晚年发生了思想转向。第三节将探讨明斯基对失业问题的研究。这一节将分析明斯基对总需求管理框架的批评和对就业保障计划的研究。第四节是本章的结论。

第二节 勒纳与功能财政

一 勒纳的功能财政观

勒纳的功能财政思想形成于20世纪40年代。在1941年发表的

《经济的方向盘》(The Economic Steering Wheel) 中，勒纳阐述了总需求调控的必要性和政府的宏观经济调控职能，形成了功能财政思想的雏形 (Lerner, 1941)。在 1951 年出版的《就业经济学》(The Economics of Employment) 一书的第一章中，勒纳复述了这篇论文的主要内容 (Lerner, 1951, 3-16)。

勒纳指出，总需求调控对于经济的正常运行是必要的。勒纳认为："政府应该选择一个适宜的就业水平（或者区间）。当就业量过低时，总支出必须提高，当就业量过高时，总支出必须减少。"(Lerner, 1951, 7) 他将经济体比作是在高速公路上的汽车，总需求调控就如同是控制汽车的方向盘，因此，放弃宏观调控就如同让人坐上一辆没有方向盘的汽车一样是危险的。政府是经济的方向盘的掌控者，勒纳认为政府的调控有三个准则："1. 政府应该保持经济体在任何时候都处在合理的总支出水平上。"(Lerner, 1951, 8) "2. 政府应该调控利率，使得它能够引致最优的投资量，政府应该在利率过低的时候借入货币，在利率过高的时候借出货币（或者偿还借款）。"(Lerner, 1951, 11) "3. 政府的印钞局应该为实现这些准则而创造出所需任意数量的货币。"(Lerner, 1951, 13) 在 1941 年的论文之后，勒纳逐步发展了这种对总需求调控的认识，由此形成了功能财政的政策主张 (Lerner, 1944, 1947; 阿巴·P. 勒纳, 2016)。

功能财政是一种政策主张，它的核心是对财政活动目标的重新界定。功能财政是与传统的健全财政 (sound finance) 相对的政策主张。健全财政将财政平衡或者盈余视为一种有益的事物，因此政府应该将财政平衡或者盈余作为财政活动的目标之一。健全财政不一定要求政府在每一个财政年度都实现财政平衡或者盈余，但是，它至少会要求政府在长期实现财政平衡或者盈余。例如，政府可以在经济萧条时期有赤字，在经济繁荣时期有盈余，从而在整个经济周期当中保持财政平衡或者盈余。对政府破产和主权债务违约的担忧是支持健全财政的重要理由。

功能财政是对健全财政的摒弃，它的核心主张是，政府的财政活动不应该将财政的决算结果作为目标，无论财政收支的结果是盈余还是赤字，财政活动应该选择除此之外的目标。对于勒纳来说，宏观经济的运行状况才是财政活动应该关注的问题。"中心思想是，政府的财政政策，它的支出和税收、它的借款和还款、它对货币的发出和收回，这些全都应该只着眼于这些活动对经济体的影响，而不是依照任何有关什么是（不）健全的财政活动的传统理论。"（Lerner，1943，39）

勒纳将财政政策工具划分为三对工具。这包括：对实物产品的购入和卖出，对货币的给予和收取，对货币的借出和借入（Lerner，1951，127）。① 每个分类的前一项是扩张性的，后一项是紧缩性的。勒纳认为，任何的政府财政活动都是这些分类中的一种或者几种的组合。需要说明的是，勒纳对财政政策的分类包含了现在一般认为是货币政策的内容，这说明勒纳已经认识到了财政政策和货币政策的内在联系。

勒纳认为，功能财政"这一方法是非主流的。政府的支出不应该被当作只有在能够'负担得起'的时候或者有必要避免饥荒的时候才能做的事情，而应该被当作一个常规的无害的保持繁荣的做法。在社会因失业而穷困的时候，而不是在社会繁荣到大家都能买得起奢侈品的时候，政府应该进行支出。税收不应该被当作政府维持生计的手段，而应该被当作是减少收入从而减少总支出的手段。货币的数量不应该被当作是服从某种金本位规则的政府无权干预的神圣之物，而应该被当作只是维持恰当的支出水平的工具。政府借款不应该被当作只有在极端紧急的情况下才能在有限的程度采用的最后手段，而应该被当作是无关紧要的事物，政府的债务及其增长速度、

---

① 在勒纳早期的论文中，他对这些政策工具的表述有所不同。他将财政政策工具划分为：政府的支出和税收、政府的借款和还款、政府对货币的创造和销毁（Lerner，1943）。这三个类别分别对应了勒纳先前提出的宏观调控的三项准则。但是，这种分类的最后一类和前两类是重叠的，勒纳后来采取的分类方法显然更加合理。

偿还速度应该完全服从于保持最优投资水平的准则"（Lerner, 1951, 11）。

总而言之，"通过使用这六种财政工具来阻止通货膨胀和通货紧缩，如果我们接受以此作为政府应有的责任，那么我们就摒弃了'健全财政'（将预算的盈余作为财政政策好坏的主要评判标准）而赞同了'功能财政'。功能财政认为政府手中的每一种工具不应该以传统规则来评判，例如预算是否平衡，而应该以它对公共利益的作用来评判，在这之中第一位的是阻止通货膨胀和通货紧缩"（Lerner, 1951, 131）。勒纳的功能财政思想有两个"附件"：国家货币理论和总需求决定理论。这两个理论对于我们全面认识勒纳的思想有着重要意义。接下来本书将介绍这两个理论及其与功能财政的联系。

二 勒纳的国家货币理论

本书的第四章已经讨论了勒纳的国家货币理论。勒纳认为，货币是国家的产物，税收驱动了货币（Lerner, 1947）。这里不再赘述。国家货币理论对勒纳的功能财政主张有着重要的意义。按照国家货币理论，对于一个发行本国货币的主权国家而言，它总是可以通过创造货币的方式进行支出，从而不会面临破产或者债务违约的问题。用勒纳的话来说，"印刷、持有或者销毁货币为宏观调控政策的前两项①服务"（Lerner, 1943, 41）。这就将财政活动从财政平衡和健全财政的约束当中解放出来，从而完全服务于公共目标的实现。可见，国家货币理论是功能财政必要的理论前提。

值得一提的是，勒纳还讨论了汇率目标与国内经济目标的关系问题。这一点与现代货币理论对货币主权的论述有一定相似性。勒纳指出，稳定汇率的目标和充分就业的目标之间可能会产生矛盾。如果一个国家面临对外贸易逆差，这时这个国家的货币就存在贬值的趋势。如果这个国家想要稳定本国货币的币值，它就需要增加本

---

① 指前文所说的政府宏观调控的前两项准则，引者注。

国的净出口。如果我们不考虑关税和贸易壁垒这些限制手段的话，该国就需要通过减少本国收入的方式来抑制本国的进口需求。也就是说，维持本国币值的目标要求紧缩性的财政政策。但是，假设与此同时国内存在大量的非自愿失业，那么政府就应该采取扩张性的财政政策。在这种情况下，充分就业的目标就和稳定汇率的目标产生了矛盾。按照相同的道理，在一个国家存在大量顺差的时候，防止本币升值的目标同样可能会与抑制本国需求的目标产生矛盾。

对此，勒纳主张，功能财政应该优先关注国内目标而非汇率稳定。勒纳认为，这是因为稳定汇率只是一种手段，它的最终目的仍然是国内的充分就业和价格稳定。如果为了稳定汇率而放弃了国内目标，这等于是舍本逐末。用勒纳的话说，这是"将手段提拔成了目的"（Lerner，1951，342）。在放弃汇率目标的情况下，政府可以通过功能财政的政策框架来实现国内的宏观经济目标。"我们的结论是，任何固定不同国家货币的汇率的尝试是不必要且危险的。之所以是不必要的是因为一个汇率浮动的国家能够采取功能财政的政策来保持国内繁荣并防止国内通货膨胀，从而也就不会因为其他国家的货币贬值而受到损害。之所以是危险的是因为它会迫使一个国家为了保护本国的汇率而使得本国需求低于维持繁荣所需的水平。"（Lerner，1951，360）

三 勒纳的总需求管理政策

勒纳的总需求管理政策建立在总需求决定理论的基础上。勒纳的功能财政主张形成于第二次世界大战末期。在此之前，凯恩斯的《通论》在经济学领域掀起了一场革命。第二次世界大战之后，《通论》的核心观点是，总需求决定总收入的理论在学界盛行。勒纳明显受到了这一理论的影响。在《统制经济学》和《就业经济学》等著作中，勒纳用了很长的篇幅概述他对总需求决定理论的理解（阿巴·P. 勒纳，2016；Lerner，1951）。根据总需求决定理论，在政策上要避免非自愿失业的问题，政府需要对总需求进行管理。

勒纳的总需求管理政策与新古典综合派的菲利普斯曲线基本一致。勒纳认为，通货膨胀是失业问题的反面。"充分就业就是通货膨胀开始的地方。"（Lerner，1951，23）如果总需求水平超过了维持充分就业所需的程度，那么价格水平就会开始上升。[1] 由此，因为失业和通货膨胀主要和总需求相关联，所以政府只要调控总需求，并使得总需求恰好处在充分就业的水平上，那么就可以同时实现充分就业和价格稳定。并且，这种总需求管理是常态化的，而不是只在危机时期发挥作用的。

这种总需求管理政策是对功能财政的进一步延伸或者说具体化。功能财政从平衡财政的目标中解放了财政政策，但是财政政策要如何实现充分就业和价格稳定，这是功能财政所没有回答的。勒纳通过总需求决定理论回答了这一问题，而他的总需求管理政策则是建立在总需求决定理论和功能财政基础上的具体的政策主张。

四 勒纳后期的思想转向

以上讨论说明，勒纳的总需求管理政策与同一时期形成的新古典综合派的宏观经济政策主张有很大的相似之处。在第二次世界大战之后，以约翰·R. 希克斯（John R. Hicks）、阿尔文·汉森（Alvin Hansen）、保罗·A. 萨缪尔森（Paul A. Samuelson）等经济学家为代表的新古典综合派逐渐形成了一套理论体系，并占据了正统地位。新古典综合派的总需求管理政策有两个重要的理论依据：IS-LM

---

[1] 勒纳还进一步讨论了在未达到充分就业之前价格水平上升的问题，也就是今天我们常说的瓶颈效应。勒纳区分了"低充分就业"和"高充分就业"这两个概念（Lerner，1951，192）。勒纳认为，随着总需求的增加，经济体会首先到达低充分就业水平。由于就业形势的改善，这时工人阶级开始要求提高工资，而企业为了维持原有的利润份额则通过加价的方法将工资成本转移到价格上，由此就产生了工资—价格呈螺旋上升式的通货膨胀。然而，此时经济体中仍然存在非自愿失业的情况。要达到高充分就业，勒纳认为，仅靠增加总需求是不够的，这还需要收入政策的支持。如果收入政策能够平息工资—价格型通货膨胀，那么总需求的进一步增加就可以使得经济体达到高充分就业的状态。此时，经济体中不存在非自愿失业，而只存在摩擦性失业。

模型和菲利普斯曲线。这些目前仍是流行的西方经济学教科书中的内容，这里不多赘述。尽管勒纳没有使用这些理论工具，但是不难看出两者在总需求管理政策上的相似性。

新古典综合派的政策主张在第二次世界大战后产生了很大的影响。西方各国积极实施宏观经济调控政策，这是西方资本主义国家在20世纪50年代经济稳定增长的重要原因。但好景不长，在20世纪六七十年代，滞胀现象的出现使得原有的总需求管理政策受到了极大的冲击。滞胀问题既来源于石油危机等外生冲击，也与总需求管理政策的内在缺陷有关（Wilkinson，2007）。很重要的一点是，这种总需求管理政策忽视了经济的制度和结构问题，这使得它不能很好地应对通货膨胀、收入分化和金融不稳定等问题。在下一节，明斯基会对此作进一步的说明。

20世纪70年代以后，勒纳已经认识到原有的总需求管理政策是有缺陷的。这导致在这一时期他的政策观点发生了两点转变（Lerner，1977a，1977b）。首先，勒纳进一步强调了收入政策的重要性。为了稳定通货膨胀，他提出要采取"工资增长权"（wage increase permit）的收入政策（Lerner，1977a，1977b）。[①] 工资增长权类似于碳排放权。政府先设定一个时期的工资上升幅度，如果企业的工资上升超过了这一幅度，那么它就需要在工资增长权市场购入相应的工资增长权限，相对应地，卖出增长权的部门的工资上升就会受到抑制。其次，勒纳开始反对将财政政策作为常规的总需求调控手段。在这一点上，他的观点受到了货币主义的影响。勒纳认为，财政政策会加剧经济的波动，而货币政策是更加有效的政策手段。因此，在正常时期，财政政策应该保持中性，调节总需求的任务则应该交由货币政策来完成。只有在严重的萧条时期，财政政策才应该发挥作用。

[①] 支持这种政策的经济学家不乏其人。后人的反通胀计划用价格上涨的权限替代了工资上涨的权限，并将其称为市场的反通胀政策（Colander，1982；威廉 S. 维克里，2015）。

第三节 明斯基与就业保障计划

一 明斯基对传统总需求管理政策的批评

就业保障计划是现代货币理论的重要政策主张，这一主张的形成直接受到了明斯基的影响。[①] 尽管如今人们认识明斯基主要是因为他的金融不稳定性假说，但是实际上明斯基在20世纪六七十年代对就业和反贫困政策进行了许多的研究，并且这些研究在当时是很有影响力的。其中代表性的论述在许多年后被整理为专著《终结贫困：就业，而非福利》（*Ending Poverty: Jobs, Not Welfare*）（Minsky, 2013）。

明斯基认为，传统的总需求管理政策存在缺陷，并且这背后是新古典综合派的理论缺陷。明斯基在1972年一场题为《美国经济和经济学家——哪里出错了》（Where the American Economy-and Economists-Went Wrong）的演讲中这样说："在过去三届政府的任期中，一个特殊牌子的经济理论——新古典综合——成为经济学家作为政策建议者的知识库。美国经济的许多问题都是由于该理论对经济政策造成的'偏差'。新古典综合不仅要为我们当前的状况负责，而且因为问题产生的原因，它不能为我们解决当前的危机提供指引。"（Minsky, 2013, 104）

明斯基讨论了许多种美国当时采取的总需求管理手段，如增加军费开支、减税、转移支付、投资刺激、食品券等。在他看来，这

[①] 除了现代货币理论，美国老制度主义的温德尔·戈登（Wendell Gordon）在同时期也提出了就业保障计划的主张（Gordon, 1997）。按照法德尔·卡布的研究，这一计划可以追溯到20世纪40年代约翰·H. G. 皮尔森（John H. G. Pierson）和约翰·菲利普·维内特（John Philip Wernette）等人的研究当中（Kaboub, 2007）。但根据我对相关文献的研究，皮尔森和维内特实际上没有系统论述过就业保障计划，只是强调了财政政策对增加就业的重要性（Pierson, 1964; Wernette, 1961）。

些总需求管理手段都有一个共同的问题，那就是忽视了经济的结构。在明斯基看来，劳动力市场是有结构的："对于标准的收入决定模型，它假定了劳动力是同质且流动的……显然，劳动力不是同质且流动的。要在特定场所产生具有特定技能的劳动者，这可能是非常耗时的且花费巨大的。"（Minsky，2013，13）总需求和政府的支出同样是有结构的："总需求是有结构的，这产生了特定的（也包括地区性的）对产品和要素的需求。政府对总需求的影响同样是有结构的。"（Minsky，2013，37）

因此，不同的总需求管理工具之间存在差别。总需求的管理工具要想达到调控经济的目的，就需要将经济的结构考虑在内。政策制定者需要考虑这些工具会在哪些市场、部门和地区产生需求，而这又会对不同的群体产生什么样的影响。这一点恰恰是以新古典综合为代表的经济理论以及以此为基础形成的总需求管理政策所忽视的。对于这种经济理论和政策框架，无论是增加政府支出、减税还是降低利率，这些扩张性的经济政策都是没有结构差异的。

明斯基认为，传统的总需求管理政策对结构问题的忽视带来了一系列的问题。首先，这一政策框架无法彻底解决失业问题。失业者不会均匀地分布在整个经济体的各个地区和部门，而会聚集在特定的地区和部门。当时的一些经济刺激政策，例如减税，实际上是通过间接的方式来增加就业的：政府首先在某个或某些地区和部门创造出需求，这些需求再通过乘数效应扩散到整个经济体。如果失业者不是刚好身处于这些地区和部门，那么他们的失业问题就要通过需求的传导来间接地得到解决。但问题是，在足够大的总需求刺激扩散到失业者所处的地区和部门之前，产生初始需求的地区和部门的生产能力（或者原材料、能源、劳动力、基础设施）就已经不足了，由此而来的价格上涨转而迫使政策制定者放弃需求扩张政策。这一政策最终也就无法真正惠及所有失业者。

其次，由上一点可以看出，这一政策框架也带来了通货膨胀的问题。需求的增加集中于在某些地区和部门，这造成了特定部门的价格上升与其他部门的失业并存的局面。在这种政策框架下，菲利普斯曲线就貌似合理了：消除失业的代价必然是通货膨胀，总需求管理政策只能在通货膨胀和失业之间进行权衡取舍。同时，经济扩张政策也呈现出走走停停的态势。一旦就业形势有所好转，通货膨胀的问题就会使得政府转向紧缩政策，非自愿失业的问题也就没有办法得到彻底解决。

最后，明斯基认为传统的总需求刺激政策还加剧了收入分化和金融不稳定的问题。明斯基批评了第二次世界大战后美国政府的减税政策，认为这种做法造成了生产资本品的领先部门和其他部门的相对工资差异，加剧了国民收入中利润份额和工资份额的分化。同时，依赖投资来增加总需求的做法使得企业进行更大规模的外部融资。随着经济体从对冲融资走向庞氏融资，金融不稳定问题恶化了。

因此，明斯基认为，要克服原有的总需求管理政策的缺陷，经济政策就有必要将经济结构考虑在内。基于此，明斯基提出了就业保障计划的政策设想。

二 明斯基的就业保障计划

明斯基认为，政府应该充当"最后雇佣者"的角色（Minsky，2013，39），按照特定的工资水平雇佣经济体中所有的非自愿失业者。[①] 明斯基的这一主张受到了罗斯福新政时期的公共就业计划的启发。1933—1936年，罗斯福政府建立了多个提供公共就业岗位的机构，其中最为重要的是公共工程署（Public Works Administration）（Opdycke，2016）。尽管这些计划在短期内为失业者提供了就业岗位，但这些计划和就业保障计划还有所不同。罗斯福政府没有为所有失业者都提供就业岗位，并且这些计划在美国参战后就陆续被废

---

① 值得一提的是，和勒纳一样，明斯基同样看到了汇率对国内经济政策的约束。国内总需求的增加可能会带来净出口的减少从而造成美元贬值，这会使得美国无法按照布雷顿森林体系的规定，维持美元和黄金之间的兑换比率。在这种情况下，明斯基认为："解决金本位的障碍的方法很简单：摆脱金本位。"（Minsky，2013，18）

止了。但是，这些现实案例一定程度上证明了政府有能力作为最后雇佣者提供就业岗位，并且公共就业计划能够提供对社会有益的产品和服务。

明斯基指出，就业保障计划的关键在于"接受人们本来的状态，并创造与之匹配的工作岗位"（Minsky，2013，149）。就业保障计划对劳动技能的要求较低，所有具备基本劳动能力的人都可以参加。就业保障计划会因地制宜，灵活地选择公共就业项目的内容，并且聚焦于失业者集中的地区，从而使得公共项目的地理分布与失业者的地理分布相适应。可以看出，就业保障计划涵盖的范围要远远超出公共基础设施建设项目，因为前者对工作内容、劳动技能和地理分布等的设定要更加灵活。

这种就业保障计划和传统的总需求管理政策有明显的区别。传统的总需求管理政策通过间接的方式来为失业者提供就业机会，这种间接产生的劳动力需求会优先雇佣具有特定技能并处在特定部门和地区的劳动力。换句话说，它要求失业者去适应新增的就业岗位。就业保障计划则直接为失业者提供就业机会，它要求政府提供的就业岗位去适应失业者的状况。这就避免了传统的总需求刺激政策忽视结构问题所带来的弊端，真正为所有非自愿失业者提供就业机会。失业者的减少不再依赖于总需求从其他部门或者收入阶层"渗漏"（trickle down）到失业者那里，相反，总需求是从失业者那里"往上冒泡"（bubble up），从而传递到其他部门（Minsky，2013，40）。

明斯基将就业保障计划的工资水平设定在法律规定的最低工资水平上。这样做的好处是，一方面，就业保障计划使得法定最低工资成为真正意义上的最低工资。在没有实现充分就业的情况下，法定的最低工资不是真正的最低工资，因为失业者的最低工资是零。另一方面，就业保障计划不会提高整体工资水平，因为在实施就业保障计划之后，私人部门面临的最低工资要求和原先相比是一样的。

明斯基认为就业保障计划对于解决贫困问题和收入分化问题有着重要意义。对贫困问题的关注是明斯基研究就业保障计划的出发点之一。在 20 世纪 60 年代中期，美国的约翰逊政府掀起了一场名为"向贫困宣战"（War on Poverty）的反贫困运动。然而，明斯基指出，这场战争不能真正终结贫困，因为政府没有提供足够多的就业岗位。在就业岗位不足的情况下，对穷人的培训和资助只是在改变贫穷的分配。它使得一部分失业者可以取代就业者从而优先获得工作机会，但这部分就业者则沦为了失业者。因此，"任何对贫困的战争都必须具备的要素是就业创造计划"（Minsky，2013，1）。同时，明斯基认为就业保障计划可以改善收入分配。他主张逐渐提高最低工资水平从而缩小领先部门和落后部门的工资差距。

第四节　本章小结

本章从经济思想史的角度回顾了现代货币理论的两个重要思想来源：勒纳的功能财政和明斯基的就业保障计划。勒纳的功能财政的核心观点是，政府的财政政策目标不应该包括财政的决算状况，无论它是盈余还是赤字。国家货币理论阐述了功能财政的制度前提；总需求决定理论将功能财政具象化成了一种总需求管理的宏观经济政策框架。总需求管理政策在战后曾经盛行一时，然而随着"滞胀"问题的出现，这种政策框架的问题开始显现。勒纳和明斯基都对这种政策框架进行了反思。勒纳的后期转向是放弃财政政策而走向货币主义。明斯基则揭示了传统总需求管理政策的弊端，即对经济结构问题的忽视，并在此基础上提出了就业保障计划的政策主张。现代货币理论认为，明斯基的思想路径更加可取（Wray，2018a）。

经济结构问题是现代货币理论的政策框架中的一条容易被人忽视的"暗线"。功能财政和就业保障计划两项政策主张在逻辑上是统一的，联结它们的正是这一条暗线。功能财政没有说明政府应该如何实现充分就业的目标。明斯基对新古典综合派的批评说明，为了实现充分就业的目标，仅仅对总需求进行调控是不够的，财政活动应该关注经济的结构问题。为了实现充分就业的目标，就业保障计划主张要让就业岗位去适用失业者，而不是通过总需求的"渗漏"来解决失业问题，这是就业政策关注经济结构问题的具体体现。因此，这一条暗线在逻辑上联结了现代货币理论的两项政策主张。

理解这一暗线不仅有助于我们理解现代货币理论的理论内涵，而且有助于我们进一步扩展现代货币理论的政策意义。除了充分就业和价格稳定，政府的目标可能还包括缩小收入差距、保护环境、推动产业转型与技术进步等。要通过财政政策去实现这些目标，我们同样需要遵循功能财政的原则并重视经济结构问题。对于后者，就业保障计划强调的是财政政策与生产要素、生产能力、技术水平等结构状况相匹配。但是，财政政策不仅可以迎合经济结构状况，而且可以改变经济结构。按照演化创新经济学的观点，政府不一定是在适应市场，而且还有可能去创造市场（玛丽安娜·马祖卡托，2020）。因此，功能财政对于发展中国家的后发赶超可能有着重要的现实意义。相关的问题还有待我们在未来进一步挖掘。

第 七 章

理论脉络（四）：资金流量核算与戈德利的部门收支分析方法

第一节 引论

本章是现代货币理论的理论脉络部分的最后一章，主题是部门收支分析方法。所谓部门收支分析方法是指基于核算原理和部门间恒等关系对宏观经济进行分析的研究方法。现代货币理论的三部门恒等式是部门收支分析方法的一项具体应用。

本章对部门收支分析方法的考察具体分为三个方面。第二节简要说明资金流量核算的一般原理。资金流量核算最初的实践开始于20世纪中叶。作为一种国民经济核算方法，资金流量核算将货币金融活动纳入我们对宏观经济运行的认识中，从而将实物流和货币流统一起来考察。资金流量核算是部门收支分析方法的理论基础。第三节研究维恩·戈德利在20世纪90年代对美国经济"七个不可持续进程"的论断。现代货币理论的研究者参与到了戈德利的研究中，直接受到了戈德利的思想影响。借由这一思想史案例，笔者将说明资金流量核算原理对于宏观经济理论的重要意义。第四节是对现代货币理论的部门收支分析方法的总结和评论。第五节是对理论脉络部分的总结和评论。

第二节 资金流量核算的形成与一般原理

1929—1933年的经济危机催生了最初的国民经济核算的实践，这时资金流量核算还不是国民经济核算的构成内容。监测和管理宏观经济的需要使得经济学家开始探索国民经济核算方法。在美国，西蒙·库兹涅茨（Simon Kuznets）领导国家经济研究所（National Bureau of Economic Research）建立了国民收入和生产账户体系。[①] 在欧洲，理查德·斯通（Richard Stone）领导建立了社会账户核算法。后者演变成了1953年联合国的SNA体系（system of national accounts）的第一个版本。早期的国民经济核算重点关注国民经济的实物循环（产出从生产到使用的这一过程），没有对国民经济的金融流量和货币循环进行核算。

资金流量核算弥补了原本国民经济核算体系的不足之处。这一工作最初是由美国康奈尔大学的莫里斯·A.柯普兰（Morris A. Copeland）推动的。柯普兰于1947年在美国经济协会（American Economic Association）的第59届年会上发表了《追踪美国经济中的货币流量》（Tracing Money Flows Through the United States Economy）。这篇文章第一次详细阐发了资金流量核算的基本框架（Copeland，1947）。对于这种新的核算方式，柯普兰希望它能够回答这样一些问题："当对国内产出的总购买增加时，为此融资的钱是从哪里来的？当对国内产出的购买减少时，没有花掉的钱变成了什么？是被贮藏了，还是怎么样了？谁能够决定对国内产出的支出增加或减少？现金、其他流动资产和债务在货币流量的扩张和收缩周期中扮演着什

[①] 美国的相关研究源于老制度主义在国家经济研究所主导的一个政府项目，这个项目的出发点是为了更好地调控经济周期（Özgöde，2020）。

么样的角色?"(Copeland,1949,254-255)后来,柯普兰领导完成了对美国经济的首次资金流量核算。在这之后,美联储采用了这一方法,开始编制美国的资金流量表。随着越来越多的国家开始编制资金流量表,联合国在1968年新版本的SNA中添加了资金流量核算的内容,从此,资金流量核算成为国民经济核算中必不可少的内容。在中国,资金流量核算的工作开始于20世纪80年代,现在由国家统计局和中国人民银行共同负责编制中国的资金流量表。以上考察意在说明,资金流量核算不是到21世纪才出现的新奇事物,现代货币理论所依据的核算原则是国民经济核算中的共识性内容。对于熟悉国民经济核算的人来说,这一节接下来要介绍的内容都近乎属于常识。①

下面通过一个简单的例子来说明资金流量核算的一般原理和方法。资金流量核算将经济体划分为若干个部门。在实际工作中,部门划分取决于经济管理和统计工作的实践需要。下面这个例子简单地将国民经济划分为企业部门、银行部门、家庭部门,暂且不考虑政府部门和国外部门。资金流量核算遵循权责发生制对不同部门之间的交易活动进行记录。在进行记录时,我们为每个部门设立一个单独的账户,并仿照会计学的复式记账进行记录。"因为货币流量交易包含了两个交易者,所以资金流量的社会核算方法不是复式记账而是四式记账。"(Copeland,1949,256)也就是说,由于每个交易都涉及两个部门,按照"有借必有贷,借贷必相等"的原则,复式记账就变成了四式记账。例如,作为生产的起点,企业部门向银行部门贷款,这一交易可以用以下资金来源使用表来表示。

表7-1　　　　　　　　一个生产过程的简单示例(1)

企业

使用	来源
存款 +100 元	贷款 +100 元

---

① 对资金流量核算更加深入的介绍请参考高敏雪等(2018)和 Ritter(1963)。

银行	
使用	来源
贷款 + 100 元	存款 + 100 元

企业从银行获得了 100 元贷款，这 100 元贷款以存款的形式存在了企业的银行账户里。可以看到，这一交易涉及 2 个账户中 4 个项目的变动。四式记账保证了交易中每一笔资金流量都得到记录。由此出发，我们可以对一个生产过程的实物循环和货币循环进行记录。① 在获得贷款后，企业雇佣劳动者进行生产。

表 7-2　　　　　　　一个生产过程的简单示例（2）

企业	
使用	来源
工资 + 100 元	
存款 - 100 元	

家庭	
使用	来源
存款 + 100 元	工资 + 100 元

出于简化需要，这里假定劳动是生产的唯一投入并且不存在利润。企业将全部存款用于雇用工人，工人通过工资获得了 100 元收入，并将这些收入以银行存款的形式持有。假设家庭部门获得收入后，将这些收入的全部用于消费。

表 7-3　　　　　　　一个生产过程的简单示例（3）

家庭	
使用	来源
消费 + 100 元	
存款 - 100 元	

---

① 这个例子也是意大利循环学派所说的货币循环的一个简化例子。循环学派是内生货币理论的重要支流。循环学派的理论观点参见 Graziani（2003）和袁辉（2016）。

企业	
使用	来源
存款 +100 元	消费 +100 元

我们暂且中断这个简单经济体的运行。以上交易可以汇总成以下资金流量表。

表 7-4　　　　　　　　　简单示例的资金流量表

	家庭部门		企业部门		银行部门	
	使用	来源	使用	来源	使用	来源
工资		100 元	100 元			
消费	100 元			100 元		
贷款				100 元	100 元	
存款			100 元			100 元

这张资金流量表直观体现了资金流量核算的作用。表格的前两行是对实物循环的核算。如果我们用收入法计算国内生产总值（GDP），那么这里的 GDP 等于工资（100 元）。如果我们用支出法计算 GDP，那么这里的 GDP 等于消费（100 元）。真实的资金流量表会记录更多种类的收入和支出。这些是我们熟知的 GDP 核算所进行的工作。除了以上信息，资金流量核算还提供了 GDP 核算所不能提供的信息。首先，它为我们提供了货币循环的信息。这张资金流量表记录了各个部门所持有的存款和贷款状况，并且可以知道货币循环的来源和去向。在这个表中，企业部门的资金来源是银行贷款，而这些贷款暂且被企业以存款的方式持有了。真实的资金流量表会记录更多种类的金融资产。其次，资金流量核算将实物循环和货币循环连接在了一起。由此我们就可以回答柯普兰在一开始提出的问题：在生产、分配、交换、消费的过程中，各个部门的金融资产是从哪里来的，又到了哪里去。由此，资金流量核算将金融系统引入到了我们认识经济系统的宏观图景中。

我们对这个生产周期的记录还没有结束。最后，企业会偿还银行贷款，银行货币也随之消失。至此，我们记录了一个简单的生产周期的全部交易。我们通过四式记账记录了实物循环和货币循环的整个过程。

表7-5　　　　　　　　一个生产过程的简单示例（4）

企业

使用	来源
存款-100元	贷款-100元

银行

使用	来源
贷款-100元	存款-100元

为了完整记录这些流量对存量的影响，我们需要在核算中引入不同部门的资产负债表。这在核算中被称为资产负债表核算。在核算中，每一个账户都有一张资产负债表，用以记录某个时点上该部门拥有的资产存量。资产负债表的变动通过积累核算中的资产负债变化表（这在理论上和资金流量表是一个硬币的两面）来完成。由此，期初的资产负债表通过资产负债变化表连接到期末的资产负债表，存量和流量也就联系到了一起。

第三节　戈德利与七个不可持续进程

2008年国际金融危机之后，资金流量核算和以此为基础的部门收支分析方法得到了更多关注。德克·贝泽默（Dirk Bezemer）详细考察了2008年国际金融危机爆发前夜的经济思想史。他发现尽管主流经济学家声称没有人能够预见这场危机，但其实有许多非主流的经济学家都发出了预警，并且，这些经济学家有一个共同之处，那

第七章 理论脉络（四）：资金流量核算与戈德利的部门收支分析方法　　117

就是他们都使用了基于资金流量核算的分析模型（Bezemer，2010）。在贝泽默考察的经济学家中，有一位与现代货币理论的形成密切相关，那就是维恩·戈德利。

戈德利是一位英国的后凯恩斯主义经济学家。他早年任职于英国的财政部，承担经济分析和预测的工作。在此期间，他结识了后凯恩斯主义经济学家尼古拉斯·卡尔多，并从卡尔多那里了解了资金流量核算。在卡尔多的引荐下，戈德利在1970年来到了英国剑桥大学的应用经济学院。前文提到的国民经济核算的开创者理查德·斯通在此之前也在剑桥大学担任过和戈德利同样的职位。在剑桥大学任职期间，戈德利成立了剑桥经济政策小组（Cambridge Economic Policy Group，CEPG），这一政策研究团队旨在对过往经济数据进行分析，对未来的经济形势进行预测。CEPG的分析报告在经济政策领域有较大的影响力（Maloney，2012）。在一篇分析英国通货膨胀形势的论文中，戈德利首次将资金流量核算的一般原则引入到经济分析当中（Coutts et al，1985）。然而，在1983年，英国政府决定停止对CEPG的资助，并将原本独立的应用经济学院合并到经济系中，这对戈德利造成了很大的打击。戈德利于1993年从剑桥大学退休。在此之前，他还担任过英国财政大臣的经济顾问。在退休之后，他来到了美国巴德大学列维经济研究所继续从事研究工作，并开始系统整理和阐发他的经济思想和观点（Cripps and Lavoie，1987）。

相关文献一般将戈德利所采用的核算原则称为存量流量一致性（Nikiforos and Zezza，2017）。它包括三项内容：第一，流量的一致性。每一笔资金都有来源和去向。例如，在前文的例子中，当企业支付工资时，这一流量同时涉及企业和家庭这两个部门四个项目的流量变动。第二，存量的一致性。对于金融资产存量而言，一方的资产对应着另一方的负债。例如，在前文的例子中，企业的资产存量（银行存款）对应着银行的负债，银行的资产存量（银行贷款）对应着企业的负债。但是，实物资产不存在这种对应关系。例如，家庭部门持有的耐用消费品，它只会出现在家庭部门的资产方，而不会同时出现在另一个部门的负债方。第三,存量与流量的一致性。流量变化会带来对应的存量变化。期初存量经过流量调整等于期末存量。这也就是前文所说的,期初资产负债表经过资产负债变化表的调整连接到期末的资产负债表。

显然,除了一些表述差别,戈德利的核算原则和前文所述的资金流量核算是完全一致的。戈德利的部门收支分析方法建立在这些核算原则的基础上。戈德利认为,如果我们将经济体分为私人部门、政府部门和国外部门,那么按照基本的核算原则,一个时期内这三个部门的净金融资产变化之和必定为零:

私人部门净金融投资 + 政府部门净金融投资 + 国外部门净金融投资 = 0

这三个部门的净金融投资状况呈现镜像关系。如果一个部门的净金融资产增加,那么必定会有至少一个其他部门净金融资产减少。这是一种核算恒等关系。只要我们遵循国民经济核算的一般原则,我们必定会得到这样的结论。

部门收支分析方法是基于核算原理和部门间恒等关系对经济进行分析的研究方法。宏观经济分析不仅需要核算原理,而且还需要对经济体中各部门的行为进行分析和理论假定。在戈德利的分析中,后者一方面取决于具体的社会历史条件,如后文中美国的"金发姑娘"时期;另一方面,戈德利所采取的理论假定遵循着后凯恩斯主义经济学的一般原理,这包括总需求决定总供给,成本加成定价,总收入决定总消费及其他内容。①

部门收支分析方法将国民经济中的实物循环和货币循环相互连接,从而将金融系统引入到对宏观经济的分析中。部门收支分析方法不仅关注实物循环对货币循环的影响,而且强调货币循环对实物循环的影响。因此,货币在经济分析中不处于一个从属地位,货币

---

① 在部门收支分析方法的基础上,戈德利创立了存量流量一致模型(stock-flow-consistent model)(Godley,2007a)。作为数学模型,存量流量一致模型遵循存量流量一致性的核算原则和后凯恩斯主义经济学的一般原理。国内对存量流量一致模型的早期研究请参见柳欣等(2013)和张云等(2018)。

第七章 理论脉络（四）：资金流量核算与戈德利的部门收支分析方法

系统的变化会对经济体产生实质影响。例如，如果私人部门持续处于净金融投资为负的状态，也就是金融负债相对于金融资产不断增加的状态，那么债务问题和债务危机就会迫使私人部门减少支出，经济体也就会因此走向萧条。下面我们通过回顾戈德利的经典研究来说明部门收支分析方法的实际作用。

1999年，戈德利发表了一篇著名的政策分析报告《七个不可持续进程》（Seven Unsustainable Processes），在这篇报告中，他基于部门收支分析方法对当时美国的经济形势进行了分析（Godley, 1999）。当时美国正处于经济景气时期，这被称为"金发姑娘"时期。这个称呼出自金发姑娘与三只熊的童话故事。在故事中，金发姑娘选择了一碗不冷不热的食物。经济学界以此来形容克林顿政府时期宏观经济既不太冷也不太热的稳定状态。正当人们普遍对美国经济的前景感到乐观时，戈德利却指出这种状况是不可持续的。戈德利在报告中指出，当时美国经济的各部门收支有如下特点：政府部门的财政政策趋紧，这使得政府部门的财政赤字在20世纪90年代末不断减少，甚至实现了财政盈余；美国的对外贸易长期处于赤字状态，国外部门的净金融投资为正数；与此相对应地，私人部门的净金融投资不断下降，甚至一度处在负数的状态。这意味着，在财政紧缩、外贸赤字的情况下，如果美国的GDP要持续增长，那么私人部门就必须不断增加支出；在私人部门净金融投资减少的情况下，支出的增加意味着私人部门杠杆率的上升；然而，私人部门的负债能力是有极限的，随着私人部门杠杆率的上升，最终债务危机就会成为可能；债务压力最终会迫使私人部门减少支出，其他经济部门也必须同时作出调整。因此，戈德利认为美国经济的"金发姑娘"时期是难以为继的。

因此，戈德利认为："当前的增长与美国的七个不可持续进程有关：私人储蓄下降，并且下降到了负的区域；对私人部门的净贷出流量上升；实际货币存量增速上升；资产价格增速超过利润（或GDP）增速；财政盈余上升；经常账户赤字上升；美国对外净债务与GDP之

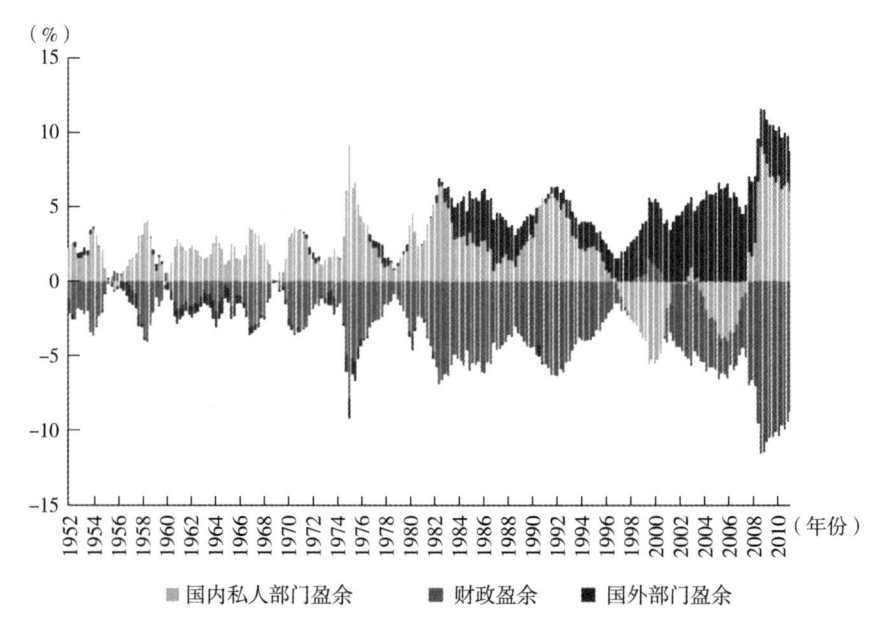

图 7-1 美国各部门净金融投资占 GDP 的比重

资料来源：Wray（2015，35）。

比上升。"(Godley，1999，2)

在这篇报告之后，戈德利和现代货币理论创立者瑞于同年发表了另一篇政策分析报告（Godley and Wray，1999）。在这篇题为《金发姑娘能够活下去吗?》（Can Goldilocks Survive?）的报告中，他们延续了前一篇报告中的基本逻辑。并且他们还指出，股票市场和房地产市场的泡沫支持了私人部门债务率的持续上升。报告认为，股票市场和房地产市场的资产价格持续上升使得人们的资产价值不断增加，这使得私人部门能够进一步通过增加债务来扩大支出。然而，一旦这两个市场中资产价格停止上升，这个过程就会难以进行下去，私人部门的债务危机就会到来，这时美国经济就会陷入萧条。在后来的互联网泡沫和次贷危机中，这一判断果然应验了。

此后，戈德利陆续发表了多篇政策分析报告，对美国经济内在结构性问题进行了持续的观测和分析（Godley，2005；Godley et al，2004，2007，2008）。他指出，尽管 2000 年后互联网泡沫的破灭迫使美国政府扩大财政支出，但是随着危机的远去，财政支出又重新趋紧。同时，美国的外贸赤字也呈现出不断扩大的趋势。这意味着，原本依靠私人部门的赤字支出来扩大的经济增长模式没有发生改变。于是，随着2007年次贷危机的爆发，美国经济又一次进入萧条。要改变这一局面，戈德利认为，一方面这需要政府部门进一步扩大支出，尽管这在当时的政治条件下存在困难；另一方面这需要改变外贸失衡的局面，而这需要国际合作的支持。

第四节　本章小结

现代货币理论的部门收支分析方法直接来源于戈德利。戈德利所在的列维经济研究所是美国现代货币理论的重要研究机构，现代货币理论的研究者和戈德利之间有许多交流。现代货币理论的代表人物瑞直接参与了戈德利在列维经济研究所期间的工作（Godley and Wray, 1999）。现代货币理论继承了戈德利的研究方法，主张在资金流量核算原理的基础上，将货币循环和实物循环联系在一起，从而构成对宏观经济系统的完整认识。本书第三章介绍的三部门恒等式就是部门收支分析方法的一个具体应用。

本章的经济思想史考察厘清了资金流量核算和部门收支分析方法的基本内涵和理论价值。本章有两点基本结论：首先，现代货币理论的三部门恒等式源于资金流量核算的基本原理，后者已经是国民经济核算中的共识性内容。其次，部门收支分析方法的理论价值是打破宏观经济分析中货币运动的黑箱，将实物循环和货币循环连接成一个完整的宏观经济系统，从而理解货币金融系统对宏观经济的影响。戈德利对金融危机的预言是部门收支分析方法的理论价值的经典例证。

第五节　现代货币理论的思想史地位

现代货币理论在经济思想史上处在什么样的位置呢？它是一种彻底的突发奇想，还是陈旧思想的汇编呢？这是本书研究的一个关键问题。这一问题的解答面临着两重困难。第一重困难是，我们需要完整地正确地理解现代货币理论。否则，我们很容易将现代货币理论误解为某种我们熟悉的主流理论，然后得出错误的结论，认为现代货币理论是陈旧且无价值的。第二重困难是，我们需要确定正确的参考系，也就是说，我们需要将现代货币理论置于恰当的经济思想发展脉络中。如果我们以主流的新古典经济学为参考系，那么我们会得出错误的结论，认为现代货币理论是无来源的突发奇想，没有理论基础。对于这两重困难，经济思想史的研究视角是最好的解决办法。一方面，经济思想史研究是一种诠释学过程。我们借由史料与过去经济学家的对话过程同时是我们深入理解现代货币理论的过程。这一过程甚至是我们阅读现代货币理论的当代论著都无法取代的。另一方面，经济思想史容纳了非主流经济学的内容，从而允许我们以非主流经济思想为参考系，从历史事实出发考察现代货币理论的思想史地位。

这一部分的经济思想史考察说明，现代货币理论是对特定类型的非主流经济思想的继承和发展。这些经济思想包括：以克纳普、英尼斯等经济学家为代表的国家货币理论、后凯恩斯主义经济学的内生货币理论、勒纳的功能财政思想、明斯基的就业保障计划、戈德利的部门收支分析方法。我们首先分析现代货币理论对这些思想的继承和发展。

对于国家货币理论，现代货币理论构建了一个逻辑一致层次分明的货币理论体系。在经济思想史上，克纳普和英尼斯分别从货币名目论和信用货币理论出发探究了主权货币的本质。在此之后，凯

第七章 理论脉络（四）：资金流量核算与戈德利的部门收支分析方法

恩斯的货币本质论、勒纳的税收驱动货币原理和功能财政思想、明斯基的货币等级结构理论和古德哈特对最优货币区的批评分别从不同的角度发展了主权货币理论。但是，在现代货币理论之前，国家货币理论在总体上仍是不成系统的。克纳普和英尼斯的论著长期被主流经济学乃至非主流经济学忽视。特别是英尼斯，他的论述经由现代货币理论的研究者发掘才得以重见天日。在克纳普和英尼斯之后，相关的论著是较为碎片化的，始终没有形成对国家货币理论的系统论述。在继承前人对国家货币理论的研究的基础上，现代货币理论的主要贡献是使得国家货币理论形成了逻辑一致层次分明的理论体系。在理论的内核区域，现代货币理论综合了货币名目论和信用货币理论这两种理论，形成了逻辑一致的货币本质观。尤其重要的是，通过诠释英尼斯、勒纳等学者的税收驱动货币思想，现代货币理论解答了国家货币理论内核中的一个理论难点，即国家权力如何使得人们接受主权货币的问题。在理论的外围区域，现代货币理论拓展了国家货币理论的理论体系。现代货币理论系统化了明斯基对货币等级结构的论述，形成了对主权货币系统的多层次认识。现代货币理论复兴了勒纳的功能财政思想，赋予了国家货币理论重要的政策意义。现代货币理论借鉴了古德哈特对欧元区的批判，分析了货币主权和财政政策空间的联系。由此，现代货币理论构建了一个由理论内核和外围构成的国家货币理论体系。

对于后凯恩斯主义经济学的内生货币理论，现代货币理论使得内生货币理论成为主权货币体系的内生货币理论。在经济思想史上，后凯恩斯主义经济学和其他思想流派构建了内生货币理论的系统学说。内生货币理论研究的是货币的流通运行机制，它与债务货币的货币本质观是互为表里的关系。但是，在现代货币理论以前，后凯恩斯主义经济学尚未将主权货币纳入到内生货币理论的分析当中。在货币本质层面，后凯恩斯主义经济学没有将主权货币纳入到其对债务货币的考察中。例如，水平主义的代表人物摩尔认为银行货币是一种信用货币，但主权货币只是一种法定货币（fiat money），因而不在他的考察范围内（Moore，1988，7）。在对货币系统的制度分析中，内生货币理论没有分析财政活动中的货币运动。内生货币理论的研究集中于私人金融部门和中央银行。由此带来的问题是，后凯恩斯主义经济学囿于健全财政思想，无法充分发挥财政政策的积极作用。例如，摩尔认为受政府债务的限制，财政政策需要遵循平衡财政的规则，货币政策是更加恰当的总需求调控工具（Moore，1988，386）。在继承内生货币理论的理论内核的基础上，现代货币理论的主要贡献是将主权货币纳入到内生货币理论对货币体系的制度分析当中，从而使得原有理论上升为主权货币系统的内生货币理论。在货币的本质问题上，现代货币理论将主权货币纳入到后凯恩斯主义经济学的债务货币观中，实现了国家货币理论和债务货币理论的统一。在对货币系统的制度分析中，现代货币理论开创性地研究了财政活动的货币运行机制，研究了中央银行和财政部在主权货币流通运行中发挥的作用，从而将财政活动纳入到对货币系统的制度分析中。这些研究产生了与原有理论不同的政策意义。基于对主权货币的制度分析并通过复兴功能财政思想，现代货币理论从财政平衡观念中解放了财政政策，从而为后凯恩斯主义经济学和其他非主流经济学深度参与公共政策讨论打开了大门。

对于勒纳的功能财政思想和明斯基的就业保障计划，现代货币理论实现了功能财政和就业保障计划的有机结合和内在统一。在经济思想史上，勒纳基于他的国家货币理论提出了功能财政的设想，打破了健全财政的思想束缚。但是，受制于传统的总需求调控政策的缺陷，勒纳在其思想后期放弃了功能财政，转而支持货币主义的政策主张。明斯基揭示了传统总需求调控政策忽视经济结构问题的缺陷，提出了就业保障计划的初步设想。但是，在现代货币理论以前，功能财政和就业保障计划的理论联系未被建立起来。明斯基的政策主张长期得不到关注和重视，停留在简单构想的层面，缺乏更深入的理论分析和制度设计。在继承前人研究的基础上，现代货币理论的主要贡献是将功能财政和就业保障计划有机结合成一个完整的充分就业政策框架。一方面，现代货币理论弥补了勒纳的总需求调控政策的缺陷。现代货币理论通过引入就业保障计划弥补了传统就业政策忽视经济结构问题的弊端。另一方面，现代货币理论的国家货币理论和功能财政思想论证了就业保障计划的财政可行性；同时，现代货币理论进一步分析了就业保障计划的内在运行机制，并且探讨了就业保障计划的具体实施方案和现实案例。本书的第十章还将更详细地解释相关内容。

对于资金流量核算和戈德利的部门收支分析方法，现代货币理论借由三部门恒等式拓展了对财政赤字的理论认识。在经济思想史上，资金流量核算将货币循环纳入国民经济核算体系，实现了核算中货币循环和实物循环的统一。戈德利基于资金流量核算的基本原理，形成了部门收支分析方法，并成功预言了美国的金融不稳定动态。现代货币理论的开创者直接参与了戈德利的相关研究。在继承戈德利的部门收支分析方法的基础上，现代货币理论的主要贡献是基于三部门恒等式分析了财政赤字的宏观经济效应，其中最重要的是财政赤字的资金流量效应。现代货币理论论证了在不考虑国外部门的情况下，私人部门盈余的前提条件是政府部门赤字。如果政府部门持续盈余，那么私人部门就可能由于持续赤字陷入债务危机。由此，现代货币理论揭示了财政盈余有益论的逻辑缺陷。除此之外，现代货币理论借由三部门恒等式分析了美国、欧元区等经济体的经济结构问题，这些实证分析进一步丰富了部门收支分析方法的应用价值。

在继承和发展以上经济思想的基础上，现代货币理论进一步构建了一个内涵丰富、逻辑一致的理论体系，这同样是现代货币理论的理论贡献。现代货币理论的理论体系主要包括国家货币理论、内生货币理论、财政的货币理论、对财政活动和中央银行的制度分析、部门收支分析方法和政策主张（功能财政、就业保障计划、稳定低利率政策）等内容。其中大部分与其思想来源有着直接的对应关系。

这个理论体系不是互不相关内容的简单堆砌，各部分之间有着紧密的内在联系。国家货币理论是现代货币理论的逻辑起点，它首先论述了主权货币的货币本质观。内生货币理论和国家货币理论在逻辑上互为表里。国家货币理论解释了货币的内在运行机制，内生货币理论探讨了这些运行机制在货币金融制度中的现实展开。财政的货币理论是国家货币理论和内生货币理论在财政理论中的具体运用。这一理论分析了财政活动的货币本质。在此基础上，现代货币理论结合西方国家的现实制度具体考察了财政部与金融系统的运行机制和交互机制，从而探讨了其财政本质观的现实展开。债务货币理论和内生货币理论揭示了货币所具有的存量流量一致特性。资金流量核算和部门收支分析方法是这些货币理论在宏观经济核算中的实际应用。部门收支分析方法将货币循环和实物循环相统一，形成了对宏观经济系统的完整认识。功能财政是在以上理论分析基础上形成的政策主张。现代货币理论的理论部分分析了具有完全货币主权的国家的财政政策空间。因此，功能财政是比健全财政更合理的政策主张。就业保障计划是功能财政的进一步深化。经济结构问题是连接功能财政和就业保障计划的逻辑线索。就业保障计划弥补了传统总需求调控政策大水漫灌的弊端，从而避免了功能财政滑向传统的总需求调控政策。

  总之，现代货币理论是在继承和发展非主流经济思想的基础上形成的一种货币理论和宏观经济理论体系。现代货币理论既不是陈旧理论的堆叠，也不是无来源的突发奇想，而是在非主流经济思想史上由多条经济思想脉络汇集而成的理论体系。从经济思想史的角度看，无论是在具体理论层面还是在理论体系层面，现代货币理论都作出了一定的理论贡献。最后，以上经济思想史考察在某种程度上说明了，现代货币理论和其他非主流经济学流派是同盟军的关系。无论是在理论层面还是在政策层面，现代货币理论和其他非主流经济学流派都能追溯到相近的思想源泉，都能在基础理论层面找到共识。因此，我们不能孤立地认识现代货币理论的理论体系，而应该从整个非主流经济学体系中去认识现代货币理论。这一认识有助于学界对现代货币理论的认识和争论不再流于表面。在某些时候,现代货币理论的理论留白实际上是非主流经济学界的共识之处或者某一非主流经济学流派的理论富集之处。

第八章

前沿争论（一）：对现代货币理论的争论与误解

第一节　引论

　　本书的第八章至第十章的主题是对现代货币理论的争论。本章首先梳理和回顾相关争论，并澄清其中对现代货币理论的常见误解。此后的两章将重点讨论争论中的两个重点问题，即中央银行独立性问题和通货膨胀问题。

　　本章的第二节将首先总结和梳理对现代货币理论的争论的总体情况。笔者将这场争论划分成了两个辩论赛场，在这两个赛场上，现代货币理论的支持者面对着不同的批评者。在第一个赛场，现代货币理论的批评者是来自主流经济学界的经济学家以及深受主流经济学影响的政府官员。在第二个赛场，现代货币理论的批评者是来自非主流经济学界的经济学家。在此基础上，我会对这两场相对独立的争论进行评论。

　　本章的第三节将澄清争论中常见的误解。误解的广泛存在是当前对现代货币理论的认识和争论的突出特点，这阻碍了争论双方形成有意义的理论交流。本章将讨论六种对现代货币理论的常见误解，这些误解认为：现代货币理论只是一种政策主张；现代货币理论认为财政支出没有任何限制；现代货币理论是一种总需求微调的财政政策；现代货币理论主张废除独立的中央银行；现代货币理论是要进行财政赤字货币化；现代货币理论的核算原则是一种行为假定。以上这些都是对现代货币理论的误解，基于这些误解的批评不能说明现代货币理论是错误的。第四节是本章的结论。第五节是本章的附录。在本章的附录部分，笔者将会基于马克思的经典论述，探讨马克思的国家货币理论，从而尝试说明基于马克思主义政治经济学研究和借鉴现代货币理论和其他非主流经济学理论是可能的。

第二节 对现代货币理论的争论的思想史回顾

一 主流经济学界的争论

如本书第二章所述，现代货币理论受到各界广泛关注是在2019年之后，它的兴起与美国民间以"绿色新政"为代表的社会改良方案的兴起密切相关。正如现代货币理论的批评者之一，哈佛大学经济学教授 N. 格里高利·曼昆（N. Gregory Mankiw）所说，"现代货币理论以一种不同寻常的方式出现了"（Mankiw，2019，1）。曼昆说，人们可能会以为现代货币理论诞生于顶级学府当中，诞生于知名经济学家的研究当中，但事实并非如此。"现代货币理论诞生于学术圈的一个小角落，因为它的原理契合一些知名政治家——参议员伯尼·桑德斯和众议员亚历山德里娅·欧加修-寇蒂兹——的政治主张，所以这些政治家注意到了它，在这之后它才变得有名。"（Mankiw，2019，1）随着现代货币理论的一夜爆红，主流经济学界掀起了一场讨论现代货币理论的风潮。

总体来看，主流经济学界对现代货币理论普遍持批判态度。在学界，代表性的批评者有曼昆、哈佛大学教授肯尼斯·罗格夫（Kenneth Rogoff）、哈佛大学教授及美国前财政部部长劳伦斯·H.

萨默斯（Lawrence H. Summers）、诺贝尔经济学奖获得者保罗·克鲁格曼（Paul Krugman）等。曼昆认为，政府确实不会面临支付能力的问题，但是政府的财政活动会面临通货膨胀的限制，因此，现代货币理论尽管包含了某些真理，但是这些不足以支撑它的政策主张（Mankiw，2019）。罗格夫将现代货币理论称为"现代货币的胡说"（modern monetary nonsense）（Rogoff，2019）。他认为，由于独立中央银行制度的存在，财政活动是面临融资约束的，过高的政府债务对经济增长有害。因此，罗格夫将与现代货币理论的争论称为"下一场为了中央银行的独立性而进行的战斗"（Rogoff，2019）。萨默斯认为，政府的支出是有限度的，它不仅会面临破产的风险，而且会面临来自通货膨胀和汇率波动的限制。因此，萨默斯认为，"边缘经济学家简单化和夸张了这些新观念，他们把这些思想宣传得就像提供所谓的免费的午餐一样"（Summers，2019）。克鲁格曼认为，现代货币理论等于功能财政，而他理解的功能财政实际上是第六章所讨论过的传统总需求管理政策。由于政府债务可持续性、通货膨胀、挤出效应等问题的存在，克鲁格曼认为，这种政策主张是有问题的（Krugman，2019a，2019b）。

在政界，代表性的批评者有美联储的现任主席杰罗姆·鲍威尔（Jerome Powell）、美联储的前任主席及现任美国财政部部长珍妮特·耶伦（Janet Yellen）、前任IMF总裁及现任欧洲央行行长克里斯蒂娜·拉加德（Christine Lagarde）等。他们的评价大都见诸新闻媒体的报道。鲍威尔认为："那种认为对于一个能够以自己的货币借债的国家而言赤字不重要的观点在根本上是错误的。"（Cheung，2019）耶伦认为现代货币理论会带来恶性通货膨胀（Curran，2019）。拉加德认为："我们不认为现代货币理论真的是灵丹妙药。"（Lange，2019）此外，在金融行业中，一些金融家同样不认可现代货币理论，例如贝莱德集团的CEO拉里·芬克（Larry Fink）就语气强烈地指出，现代货币理论"那是垃圾，我坚定相信赤字问题是很重要的"（Collins，2019）。

尽管反对和批评是主流经济学界的普遍态度，但是在主流经济学界和金融业界也不乏现代货币理论的同情者。尽管他们不能完全接受现代货币理论的观点和主张，但是他们在某些方面能够理解和支持现代货币理论。例如，耶鲁大学教授、诺贝尔经济学奖获得者罗伯特·J. 席勒（Robert J. Shiller）认同现代货币理论对解放财政政策的积极意义，并且他明确指出了当前基于通货膨胀问题对现代货币理论的批评是对现代货币理论的一种误解（Shiller，2019）。又例如，桥水投资公司的创始人雷·达里奥（Ray Dalio）认为，美国政府面临着政策工具短缺的问题，因此，他认同现代货币理论，主张进一步发挥财政政策的作用，他把这种新的政策组合称为"第三种形态的货币政策"（Dalio，2019）。

对于主流经济学家的批评，现代货币理论的支持者作出了回应。例如，斯蒂芬妮·凯尔顿专门撰文回应了克鲁格曼的批评（Kelton，2019）。双方的论战最终不了了之（Krugman，2019）。在后来的争论中，约翰·T. 哈维（John T. Harvey）、詹姆斯·K. 加尔布雷斯（James K. Galbraith）、埃里克·蒂莫尼都专门撰文回击了批评（Harvey，2019；Galbraith，2019；Tymoigne，2021）。并且，支持者还在新闻媒体和社交媒体上，积极地宣传现代货币理论，并澄清相关的误解。

在国内，对现代货币理论的争论经历了两个阶段。第一阶段开始于 2019 年。在这一阶段，国内对现代货币理论的争论开始源于对国外宏观经济政策动态的关注。这使得国内主流经济学界对现代货币理论的认识"先天地"和某种政策主张挂钩。例如，姜超等（2019）在介绍现代货币理论时，将现代货币理论与积极的财政政策、财政赤字货币化联系在了一起。彭文生（2019）则基于现代货币理论认为未来世界各国的财政政策还有很大的扩张空间。这使得后来许多媒体在报道有关财政赤字货币化的争论时都将其与现代货币理论联系在一起（蒋梦莹，2020）。这一阶段国内对现代货币理论较为系统的批评主要是张晓晶和刘磊（2019）与孙国峰（2019a，

2019b，2020）。张晓晶和刘磊（2019）从政府支出的约束、中央银行独立性和就业保障计划三个方面批评了现代货币理论。孙国峰（2019a，2019b，2020）则从货币的创造主体、中央银行独立性、功能财政和宏观经济核算原理等方面提出了批评。

第二阶段则是在 2020 年之后，宏观经济形势的严峻性使得国内对现代货币理论的关注点有了明显的转变。宏观经济局势的变化使得国内普遍意识到了构建应对当前风险挑战的新型宏观经济政策框架的重要性。在这种情况下，国内学界对现代货币理论的兴趣不再停留在这一理论的新鲜度上，而是转向了这一理论对中国宏观经济政策的借鉴意义。其中最有代表性的是学界对财政赤字货币化的大讨论。中国财政科学研究院院长刘尚希在 2020 年的一次演讲中首先提出将财政赤字货币化作为一项临时的应急措施，主张由中国人民银行直接购买特别国债（刘尚希，2022a）。这一观点随后引发了一场学界的大讨论（何增平、贾根良，2022）。在讨论中，现代货币理论被当作是财政赤字货币化的理论支持而受到了重点关注，尽管这样一种对现代货币理论的解读存在问题。

国内以贾根良为代表的非主流经济学的研究者对批评作出了回应。在国内争论的第一阶段，《学术研究》2020 年第 2 期刊登了"现代货币理论研究"专栏，这期专栏的 5 篇文章从不同角度回应了对现代货币理论的批评（贾根良，2020b；贾根良、何增平，2020；李黎力，2020；王娜，2020；马国旺，2020）。此外，袁辉（2020）讨论了对现代货币理论的争论的主要分歧，肯定了现代货币理论在理论和政策上的积极意义。贾根良、楚珊珊（2020）对与就业保障计划相关的争论进行了系统总结和评论。

在国内争论的第二阶段，国内外的现代货币理论研究者的合作交流更加深入。现代货币理论的创始人瑞在媒体报道中得知了现代货币理论在中国的传播状况，他建议举办一次现代货币理论的研讨会以澄清相关误解。在贾根良和刘新华的推动下，中国宏观经济论坛于 2022 年 6 月 14 日举办了专题研讨会，邀请了中美两国学者共同探讨现代货币理论。这场对话是现代货币理论在中国召开的第一次会议，在美国后凯恩斯主义经济学界引起了很大的反响。会议召开后，贾根良和刘新华借机举办了一次中美学者以"现代货币理论与宏观经济"为主题的笔谈。相关内容发表于《学术研究》2022年第8期和第9期。在这次研讨会中，国外现代货币理论的研究者介绍了现代货币理论的基本原理，并结合发展中国家的经济问题讨论了现代货币理论的适用性问题（L. 兰德尔·雷，2022；耶娃·纳斯岩，2022；梁燕，2022）。国内现代货币理论的研究者在澄清理论误解的基础上，探讨了现代货币理论的理论价值（贾根良，2022；贾诗玥，2022）。贾根良认为现代货币理论是宏观经济学的一场"哥白尼革命"，对于宏观经济政策的制定有重要理论价值（贾根良，2022）。其他与会者则基于自身认识对现代货币理论表达了支持（刘尚希，2022b；杨瑞龙，2022）。

尽管国内外现代货币理论的研究者都力图澄清争论中的理论误解，但总体来看，主流经济学和现代货币理论之间的争论是流于表面的。批评者对现代货币理论的诠释存在着诸多错误，这些误解使得对现代货币理论的批评基本都犯了"稻草人谬误"。耶娃·纳斯岩和瑞在一篇题为《我们都是现代货币理论者了吗？没那么快》（Are We All MMTers Now? Not so Fast）的短文中指出，尽管全球新冠疫情使得现代货币理论又一次获得了广泛关注，但是当前许多对现代货币理论的解读都曲解了它的主要内容（Nersisyan and Wray，2020b）。

二 非主流经济学界的争论

与主流经济学界的争论不同，非主流经济学界在现代货币理论诞生之初就开始了相关的讨论和争论。这些争论可以大体划分成两个阶段。

第一个阶段从现代货币理论诞生开始到2019年结束。在这一阶段，对现代货币理论的争论主要集中在后凯恩斯主义经济学内部。詹姆斯·朱尼珀（James Juniper）等学者总结了这一时期的争论

（Juniper et al，2014）。这些讨论涉及了现代货币理论的理论和政策两个方面。在理论方面，除了一些常见的误解，非主流经济学界对现代货币理论的批评集中在中央银行制度。批评者质疑现代货币理论是否准确描述了中央银行在货币系统中的地位和作用，是否违背了内生货币理论（Mehrling，2000；Van Lear，2002；Rochon and Vernengo，2003；Febrero，2009；Fiebiger，2012）。这些批评最后被整合成对"合并命题"（Consolidation Hypothesis）的批评（Gnos and Rochon，2002；Lavoie，2013）。此外，如何理解"征税驱动货币"也是这一时期批评者所关注的问题（Parguez and Seccareccia，2000；Rochon and Vernengo，2003；Febrero，2009）。对于这些理论问题，现代货币理论的支持者作出了回应（Fullwiler et al，2012；Tymoigne and Wray，2013）。在政策层面，批评者主要针对就业保障计划的宏观经济效应和可行性提出了批评（Aspromourgos，2000；Lopez-Gallardo，2000；O'Hara and Kadmos，2001；Seccareccia，2004；Sawyer，2003，2005）。对于这些政策问题，现代货币理论的支持者同样作出了回应（Mitchell and Wray，2005）。

总体来看，这一时期非主流经济学界的批评者没有全盘否定现代货币理论，很多批评者都肯定现代货币理论在理论和政策上的进步意义。这些批评也客观上推动了现代货币理论的研究者进一步完善理论表述和政策设计。但是，批评者之中也不乏态度激烈者。托马斯·I. 帕利对现代货币理论提出了激烈的批评（Palley，2015a，2015b）。但是，帕利的批评甚至招来了其他批评者的反对（Fiebiger，2016），这是帕利与后凯恩斯主义经济学之间理论分歧的结果。①

---

① 帕利是异端经济学界对现代货币理论的重要批评者。他的批评内容肤浅且逻辑混乱，却又产生了一定的影响。因此本书仅在此注释处简单举几个例子。例如，帕利直接将现代货币理论等同于绿色新政，试图用绿色新政的问题来论证现代货币理论的错误。显然，两者之间不能画上等号，本章的余下部分会对此进行说明。并且，帕利对此的论证显得有些漫不经心。例如，帕利是这么计算绿色新政的支出额的：因为有人将它比作新的马歇尔计划，那就按照马歇尔计划占 GDP 的比重将绿色（转下页）

非主流经济学界的争论的第二阶段从 2019 年开始一直持续到现在。在这一阶段，越来越多非主流经济学的研究者参与对现代货币理论的讨论中，现代货币理论的批评者不再局限于后凯恩斯主义经济学内部。这一阶段争论的代表性文献是 2019 年《真实世界经济学评论》(*Real-World Economics Review*) 题为"现代货币理论及其批

(接上页)新政的支出额假定为 GDP 的 2%（Palley，2019）。

又例如，帕利一个主要观点是："……现代货币理论是新旧事物的混杂，其中旧的东西是正确的并且已经为人们所充分理解，而新的东西则基本上是错的。"（Palley，2015b）帕利认为，现代货币理论中的合理成分只不过是在重复他所说的存量流量一致的 IS-LM 模型中已有的内容。因此，他称现代货币理论是在"重新发明轮子"（Palley，2015b）。对于征税驱动货币的说法，帕利认为在旧理论中同样可以找到相同的说法。他列举了存量流量一致的 IS-LM 模型中的恒等关系来说明这一问题。经过简单的推导，该模型中存在这样的恒等关系：上一期货币存量 H_{-1} + 政府支出 G - 政府卖出的国债数量 β + 中央银行买入的国债数量 γ = 货币需求 Hd + 税收 T。由此，帕利认为，由于等式右边表示的是货币需求，右边第二项税收 T 会增加等式右边的总量，从而也就带来了左边的货币供给量的增加，所以旧理论中同样包含了税收驱动货币的说法。但很显然，帕利偷换了概念。这个式子中的货币需求是 Hd，不是 $(Hd + T)$，T 是货币供给的变化量的一部分。这个式子根本就得不出征税驱动货币的结论。

至于所谓的新东西，帕利指的是通过财政政策来对总需求进行微调（Palley，2015a）。帕利认为现代货币理论是这样一种不同于现行政策的政策主张而已。他进而认为，这种政策会带来通货膨胀等一系列的问题，因此是错误的。但正如本章余下部分将要说明的，现代货币理论反对帕利所说的总需求微调政策。问题出在帕利对财政政策的认识仍然是旧东西，他尚未充分了解他所指的新东西新在何处。并且，他的论证也存在问题。简单来说，帕利的存量流量一致的 IS-LM 模型和一般的 IS-LM 模型的区别在于，前者引入了财政政策对货币供应量的影响和财富效应。这使得财政赤字不仅会通过增加当期收入来增加消费，而且财政赤字会带来居民财富的增加，这也会导致居民消费的增加。因此，帕利认为，持续的财政赤字会不断扩大财富效应，直到财富效应足以实现充分就业。因此，在模型处于充分就业的稳态时，财政会处于平衡状态，而非现代货币理论所说的赤字状态。这种说法的问题在于，首先，现代货币理论不主张财政必须一直处在赤字状态，这显然不符合功能财政的主张。其次，考虑到经济的动态增长，如果财政政策目标是充分就业，那么非平衡的财政政策反而更有可能出现。例如，戈德利和拉沃构建了一个具有相机抉择的财政政策规则和主流菲利普斯曲线的存量流量一致性模型，他们的结论说明了这一点（Godley and Lavoie，2007b）。最后，帕利的模型依据的仍然是外生货币理论，这一点遭到了后凯恩斯主义学者的尖锐批评（Fiebiger，2016）。

评"（Modern Monetary Theory and Its Critics）的专刊。这期专刊包含了 12 篇批评性文章（Bonizzi et al, 2019；Colander, 2019；Davidson, 2019；Kregel, 2019；Lavoie, 2019；Lawson, 2019；Mayhew, 2019；Murphy, 2019；Palley, 2019；Rochon, 2019；Sawyer, 2019；Toporowski, 2019）。此外，杰拉尔德·A. 爱泼斯坦（Gerald A. Epstein）专门出版了一本小册子以批评现代货币理论。他在书中主张，（他所认为的）现代货币理论的政策会导致发展中国家的资本外逃和汇率波动，加剧这些国家的金融不稳定状况，因此现代货币理论是错误的（Epstein, 2019）。爱泼斯坦的批评在非主流经济学界很有代表性（Vernengo and Caldentey, 2019；Bonizzi et al, 2019）。对于这一时期的批评，现代货币理论的支持者也作出了回应（Wray, 2019a, 2019b, 2019c）。

与上一阶段相比，这一阶段的争论出现了两个新特点。首先，争论中出现了和主流经济学界的争论类似的趋势，那就是出现了大量对现代货币理论的误解。许多原本不了解现代货币理论的研究者加入到了这场争论中，这使得这些误解在所难免。其次，一些批评者开始转向调和非主流经济学界的争论双方的矛盾，他们认为双方有着共同的理论基础，因而可以协作推进理论的发展（Lavoie, 2019；Rochon, 2019）。但是，由于误解等因素，非主流经济学界的争论陷入到了停滞的状态，一些建立在误解之上的理论分歧迟迟得不到澄清。

第三节 对现代货币理论的常见误解

一 现代货币理论不等于一种政策主张

第一种对现代货币理论的误解是认为"现代货币理论是一种政策主张"。这种政策主张可能是积极的财政政策，可能是财政赤字货币化，可能是取消独立的中央银行，可能是绿色新政，但是无论是哪种具体的主张，这种误解首先将现代货币理论理解成了一种政策而非理论。例如，克鲁格曼认为，现代货币理论"和阿巴·勒纳的'功能财政'是一样的东西"（Krugman，2019a），因此，克鲁格曼完全把现代货币理论当成了一种扩张性财政政策来加以批判。例如，爱泼斯坦和帕利都将现代货币理论等同于绿色新政，他们认为因为绿色新政的项目设计存在问题，所以现代货币理论就是错误的（Epstein，2019；Palley，2019）。在国内有关现代货币理论的讨论中，我们经常可以见到参与者对某种政策发表意见，却很少深入讨论现代货币理论的理论分析，而在这样的讨论中，某种特定的政策主张也就变成了现代货币理论的化身（例如，闫坤、孟艳，2020；陆磊，2022；徐奇渊，2022；管涛，2022）。出现这种误解的原因是，很多时候人们是出于对宏观经济政策的新动向的关注而对现代货币理论感兴趣的。这使得人们首先关心的是政策层面而非理论层面的问题。

然而，现代货币理论首先是一种理论体系，不能简单等同于某种政策主张。如本书第三章所述，现代货币理论包括五部分：国家货币理论、财政的货币理论、对财政和中央银行的制度分析、部门收支分析方法、政策主张。在这个理论体系中，前四个部分都不是政策主张，而是对经济现实的实然分析，只有最后一部分才涉及政策的应然问题。并且，和许多对现代货币理论的解读不同，现代货币理论的政策主张主要是以下三点：功能财政、就业保障计划、稳定的低利率政策。脱离了理论基础，我们是无法理解现代货币理论的。现代货币理论首先是对市场经济条件下货币金融系统的客观分析。脱离了这些分析，我们既不能理解政府财政活动的实质，也不能理解货币主权的重要性；既不能理解部门间的资金流量分析，也不能理解中央银行的货币政策操作。并且，脱离了这些理论分析，现代货币理论的政策主张就会显得是无源之水、无根之木。

那么，我们能否说美国、日本或者其他国家"实践了"现代货币理论呢？这取决于"实践"的含义。首先，如果"实践"指的是这些国家遵循了现代货币理论的政策主张（功能财政、就业保障计划、稳定的低利率政策），那么显然没有一个国家严格实践了现代货币理论。相反，平衡财政仍然是这些国家政界高举的意识形态标语。其次，如果"实践"指的是现代货币理论的理论分析（而不是政策主张）符合这些国家的制度现实，那么按照现代货币理论的观点，这些国家确实实践了现代货币理论。现代货币理论分析了具有货币主权的国家的财政金融系统的现实运行状况，这些国家的财政金融制度是现代货币理论赖以成立的制度基础。最后，如果"实践"指的是这些国家的某些财政支出计划可以从现代货币理论当中获得理论支持，那么现代货币理论确实能够为其提供一定程度的理论支持。现代货币理论认为，对于具有完全货币主权的国家，政府总是可以负担起以主权货币计价的支出，这一命题可以在理论上支持政府的财政支出计划，使其摆脱财政平衡的政治约束。但是，现代货币理论不一定支持这些政策的具体做法，我们不能简单地将现代货币理论等同于西方国家实行的某种财政支出计划。

总之，要正确理解现代货币理论，首先需要理解现代货币理论的理论体系和理论渊源，而不能将它的理论与政策相互割裂，或者将它等同于某种不属于它的政策主张。如果我们抛开理论来讨论政策，那么这样做只会有一种结果：我们会默认地使用主流经济学的框架来解释这些政策，最后又回到主流经济学原有的结论。更何况，正如后文所要说明的，许多被等同于现代货币理论的政策主张实际上并不是现代货币理论。

二 现代货币理论认为政府支出会面临多方面的限制

第二种对现代货币理论的误解是认为"现代货币理论等于让政府无限制地增加支出"。批评者认为，政府支出的增加会面临通货膨胀等限制，而现代货币理论没有考虑到这一点，所以现代货币理论是错误的（Mankiw，2019；Summers，2019；Mehrling，2000；Palley，2019；张晓晶、刘磊，2019；孙国峰，2020）。这种误解实际上是对现代货币理论的过度引申。现代货币理论的观点是，具有完全货币主权的国家的财政支出不会面临融资约束。批评者由此将现代货币理论引申成了"政府支出不会有任何约束",进而将现代货币理论描述成了一种主张政府不负责任地随意支出的理论。这实际上是典型的"滑坡谬误"。

现代货币理论主张实施功能财政,而功能财政不等于无限制的财政支出。功能财政的意思是,财政活动有很多目标,这些目标可以包括充分就业、物价稳定、经济发展、环境保护等许多内容,但是不应该包括财政的决算结果(无论是赤字还是盈余)。现代货币理论认为,具有完全货币主权的政府不会面临融资上的约束,但是它在进行支出的时候仍然需要考虑资源、环境、生产能力、通货膨胀、汇率波动等多方面的问题。实际上,现代货币理论的研究者几乎会在所有可能的场合反复强调这一点。例如,在现代货币理论的一本科普读物中,L. 兰德尔·瑞(L. Randall Wray)简要列举了若干种政府支出的约束性因素:"太多的支出会导致通货膨胀;太多的支出会影响汇率;太多的支出会使得私人部门可以获得的资源减少,从而影响私人部门的利益;不应该所有的事情都交给政府——对激励的影响可能是负面的;预算是一种管理和评价政府项目的工具。"(Wray,2015:194)

这种误解继而衍生出一种对现代货币理论的批评(李翀、冯冠霖,2021;梁捷等,2020)。尽管意识到了这种误解,但这种批评还是认为,因为现代货币理论没有为通货膨胀的成因提供理论解释,所以现代货币理论和功能财政仍然是错误的。但是,熟悉非主流经济学的人都知道,后凯恩斯主义经济学对定价问题和通货膨胀问题有一套不同于主流经济学的理论解释,现代货币理论对通货膨胀的理论解释是存在的。相关问题将在第十章进行说明。即使暂且抛开这些事实,这种批评仍然存在逻辑问题:现代货币理论揭示了功能财政的可行性,打破了平衡财政的教条;尽管批评者看到了功能财政的重要意义,也看到了功能财政需要考虑通货膨胀问题,但是批评者仍然坚持认为,只要我们不知道怎么应对通货膨胀问题,功能财政就仍然是不可接受的，我们应该退回到平衡财政当中去。然而，科学的态度不应该是在功能财政的基础上去探寻通货膨胀的原理和应对方法吗？这就好像一位医生告诫人们一天可以吃三顿饭，这时批评者却说，只要我们还不知道如何保持营养均衡，不知道每顿饭应该吃多少肉和多少菜，那么医生的话就仍然是错的，我们要做的不是去进一步思考膳食营养的问题，而是选择不去吃饭。这实际上是一种理论探讨上的因噎废食。这种矛盾逻辑是对原有误解的路径依赖，因为只要我们把原来的命题——"现代货币理论会让政府不顾通货膨胀地随意支出"——添加进去，那么这种批评的逻辑问题就会明显减轻。

总之，现代货币理论对财政支出的限制有着清醒的认识。如果批评者能够意识到这一点，那么争论双方本可以讨论的一个更有价值的问题是，在具体的社会历史条件下，政府应该如何进行支出才能更好地实现它的政策目标。

三 现代货币理论不等于总需求微调的财政政策

第三种对现代货币理论的误解是将现代货币理论完全等同于总需求微调的财政政策。这里的总需求微调的财政政策指的是，政府通过改变财政收支的规模来影响总需求，从而实现价格稳定和充分就业。持这种观点的不仅有现代货币理论的批评者（Krugman，2019a；Palley，2015a；闫坤、孟艳，2020；李翀、冯冠霖，2021），而且还有一些对现代货币理论持积极态度的学者和金融家（Shiller，2019；Dalio，2019）。尽管现代货币理论能够给总需求微调的财政政策提供一定的理论支持（这就回到了对第一种误解的解释），但是现代货币理论反对总需求微调政策。

现代货币理论认为，总需求微调的财政政策不是实现充分就业和价格稳定的好办法，因为这一政策忽略了经济的结构性问题。在这一点上，现代货币理论受到了其他非主流经济学理论传统的影响。正如本书第六章说明的，充分就业的宏观经济政策需要考虑经济的结构问题，这包括总需求的结构、财政政策的结构和失业者的结构。如果经济政策忽略了结构问题，那么我们可以设想到这样一种事与愿违的情况：新增的需求流向了过热的经济部门而没有流向萧条的部门，结果是前者的价格上涨和后者的非自愿失业并存的滞胀局面。

现代货币理论反对大水漫灌式的宏观调控政策，主张通过就业保障计划来实现充分就业。现代货币理论认为，为了实现充分就业，政府不能够大水漫灌地增加总需求，然后让总需求自发地扩散到经济体各处来增加就业岗位，因为这既不能保证总需求流向失业者所处的部门和地区，也不能使得新增的岗位适应失业者的具体状况。现代货币理论主张通过就业保障计划来实现充分就业，主张政府应该直接地为失业者提供就业岗位，要让新的岗位去适应失业者，而不是让失业者去适应岗位的需要。

四　现代货币理论不主张废除独立的中央银行制度

第四种对现代货币理论的误解是认为"现代货币理论主张废除独立的中央银行制度"（Febrero，2009；Rogoff，2019；张晓晶、刘磊，2019；孙国峰，2019a，2019b，2020；张明、刘瑶，2020）。这种观点认为，因为现代货币理论旨在主张通过创造货币进行支出，而独立的中央银行制度能够限制政府通过创造货币进行支出，所以现代货币理论"必然"就是主张废除独立的中央银行制度。例如，罗格夫将与现代货币理论的争论称为"下一场为了中央银行的独立性而进行的战斗"（Rogoff，2019）。这里所说的独立的中央银行制度指的是这样一种制度安排：主权货币是中央银行的债务，中央银行是主权货币的垄断供给者；财政部在中央银行开设账户，财政收支通过这个账户来完成；中央银行不能为财政部的账户提供透支，财政部只有在账户余额为正的时候才能进行支出；中央银行不能在一级市场上购买国债，也就是说财政部不能将国债直接卖给中央银行。

然而，现代货币理论不主张废除独立的中央银行制度。相反，现代货币理论认为，在独立的中央银行制度下，财政部和中央银行已经形成了一种保证政府顺利地创造货币进行支出的协同机制。在澄清对现代货币理论的误解时，现代货币理论的代表人物埃里克·蒂莫尼指出，现代货币理论分析了现实中财政部和中央银行的协同机制，而"这不意味着我们需要剧烈地改变财政部和中央银行的交互方式。实际上，我们不需要去改变它，因为世界各国的财政部和中央银行已经在例行公事地协作了"（Tymoigne，2021）。本书的下一章会详细分析中央银行制度，这里简要说明其要点。

中央银行和财政部的协同机制依赖于两个制度事实：财政活动会产生准备金效应，中央银行采取的是利率目标制。后者是现代货币理论的理论渊源之一，后凯恩斯主义的内生货币理论的重要观点。在这种制度环境下，中央银行和财政部之间存在协同关系。例如，当财政部拍卖国债时，由于国债的拍卖会导致市场上准备金的减少，从而会导致市场利率偏离中央银行的利率目标，中央银行会将国债拍卖日视为高支付流量日，并会在市场上投放足够的准备金。在这种情况下，虽然中央银行没有在一级市场买入国债，但是它为了钉住目标利率会在二级市场上买入国债（或者逆回购国债），这使得国债拍卖和政府支出能够顺利进行。这种协同不是现代货币理论提出的改革建议，而是它揭示出的西方国家的制度现实。需要强调的是，现代货币理论和内生货币理论认为，中央银行这样做并不是因为中央银行丧失了独立性，而是由中央银行的职责以及它在一国货币系统中的特殊地位决定的。中央银行作为银行的银行，承担着维护支付系统稳定性的职责。商业银行之间每天都发生着大量的交易，这些交易最终的清偿需要通过商业银行存在中央银行账户上的准备金来完成。对于国内整个金融系统而言，在不考虑财政活动和国际资本流动的情况下，中央银行是私人部门获取准备金的唯一渠道。为了维持支付系统的稳定性，中央银行会按照商业银行的需求提供准备金，因为如果它不这么做的话，金融系统就可能会发生流动性危机，而这意味着中央银行的失职。在这种情况下，中央银行真正能够外生控制的不是准备金数量，而是目标利率水平。

另外，这种误解的产生还与对"合并命题"之争的错误诠释有关。这一争论发生在非主流经济学界。马克·拉沃认为，现代货币理论将中央银行与财政部合并的表述方式存在问题，拉沃将这一问题称为"合并命题"（Lavoie，2013，2019）。国内学界误将这种批评意见当作了现代货币理论不成立的论据（梁捷等，2020；李翀、冯冠霖，2021）。但实际上，拉沃是认同现代货币理论的基本观点的，因为他本人就是内生货币理论的代表人物。他既理解现代货币理论的理论基础，又承认现代货币理论是后凯恩斯主义的重要发展。他提出批评的原因是，他不认同在理论宣传中采取简化的表述方式（将中央银行与财政部合并在一起论述），因为这种简化的阐述方式（"合并命题"）没有对中央银行进行细致的说明。换句话说，"合并命题"争论的是宣传策略或者说语言表达的问题，而不涉及理论正确与否的问题，也正是因为如此，拉沃将他的批评称为"友善的批评"（Lavoie，2013）。

总之，尽管后凯恩斯主义经济学对主流经济学的货币政策主张有很多批评，但是现代货币理论没有主张废除独立的中央银行制度。这种误解造成的不良后果是，现代货币理论被架设到了中央银行的对立面，并进而被这样一种误解裹挟而遭到抵制。

五　现代货币理论不等于财政赤字货币化

第五种对现代货币理论的误解是认为"现代货币理论等于财政赤字货币化"（姜超等，2019；张晓晶、刘磊，2019；陈道富、尚昕昕，2020；刘尚希，2022c；余永定，2022；徐奇渊，2022；管涛，2022；张明，2022）。例如，张明列举了十条反对财政赤字货币化的理由，其中之一是："财政赤字货币化目前依据的理论是 MMT，但迄今为止，国际上严肃的宏观经济学家大多数都是反对这一理论的。"（张明，2022）财政赤字货币化这一概念囊括了一系列对财政金融系统的认识，这些认识包括：政府需要通过国债、征税等途径为财政支出融资，财政赤字货币化是政府可以选择的途径之一；如果中央银行在一级市场上（或在二级市场上）买入了国债，那么政府就通过货币化的方式完成了融资，尽管中央银行在二级市场上买入国债的做法是否属于财政赤字货币化还存在争议；这一过程需要中央银行的配合，而独立的中央银行制度能够阻止财政赤字货币化。

然而，现代货币理论不仅不主张财政赤字货币化，而且认为这一概念是对货币金融系统的错误认识。其中包括的第一种错误认识是，如果政府要创造货币进行支出，那么它就必须改变现有的制度，特别是独立的中央银行制度。但正如前文所说，现代货币理论不仅不主张废除独立的中央银行制度，而且认为在独立的中央银行制度下，财政部和中央银行已经形成了一种保证政府顺利地创造货币进行支出的协同机制。

第二种错误认识是，财政赤字货币化是政策选择的结果。按照这种观点，财政赤字货币化是一种政策选项，政府能够决定让赤字是变成新增的货币还是新增的国债，或者说，中央银行是否买入国债取决于政府的选择。然而，现代货币理论和内生货币理论认为，中央银行是否会买入国债并不取决于政府部门，而是取决于私人部门的选择。在利率目标制下，如果私人部门对货币的需求上升，那么市场利率就会上升；为了维持利率目标，中央银行就会买入国债（逆回购国债），从而满足私人部门对货币的需求。反之亦然。实际上，这一观点不是现代货币理论独有的，而是后凯恩斯主义经济学的理论共识。例如，在一本存量流量一致模型的教科书中，拉沃和戈德利得到了一样的分析结论，他们指出："因此，赤字不能在一开始就被'货币化'，这和最近被称为新货币国定论的后凯恩斯主义者的观点一致。"[①]（Godley and Lavoie，2007a，53）

总之，现代货币理论不仅不是一种支持财政赤字货币化的政策

[①] 此处的新货币国定论指的就是现代货币理论。这也印证了前文的观点，拉沃是认同现代货币理论的基本观点的，"合并命题"是理论宣传策略的问题。

主张，而且认为财政赤字货币化这一概念是对货币金融系统的错误认识。另外，这种误解仍然是将现代货币理论等同于一种政策。这种误解不仅割裂了现代货币理论的理论和政策，而且经由财政赤字货币化这一概念将它与滥发货币、恶性通货膨胀等负面标签挂钩。

六 三部门恒等式不代表一种因果联系

第六种误解认为三部门恒等式曲解了现实中的因果关系，或者更通俗地说，认为三部门恒等式意味着"政府部门的赤字会导致的私人部门的盈余"（孙国峰，2020；陈道富、尚昕昕，2020）。这种误解的错误在于，三部门恒等式只是一种核算关系，它本身不代表任何因果联系。[1]

依据核算原理，在不考虑国外部门的情况下，政府部门的净金融资产减少（赤字）对应着私人部门的净金融资产增加（盈余）。作为一种核算关系，这种对应是客观存在的，但是，核算关系不是一种因果联系。我们不能依据核算关系认为，政府部门的赤字决定了私人部门的盈余，抑或是，私人部门的支出决策决定了政府部门的财政决算结果。如果我们要在理论上说明因果联系，那么我们就必须在核算关系的基础上增加行为假定。例如，如果我们假定政府能够外生地控制其赤字规模，假定私人部门的支出是其收入水平直接决定的，那么在不考虑国外部门的情况下，我们可以说政府部门的赤字规模决定了私人部门的盈余。但是，这样的因果联系需要建立在新增的行为假设上，而且现实中的因果联系要更加复杂。赤字很多时候不是政府可以外生控制的，例如，社会保障支出和税收收入都依赖于经济运行状况，而不是由政府直接决定的。

虽然核算关系不代表因果联系，但这不意味着核算原理没有意

---

[1] 这里要强调的一点是，这一恒等关系不是现代货币理论的新发现。熟悉国民经济核算或者存量流量一致模型的人都知道，这是资金流量核算中的常识。然而，当前国内对三部门恒等式的讨论很少将它和资金流量核算联系在一起，甚至将它当作新奇理论而加以批判（孙国峰，2020；李翀、冯冠霖，2021）。

义。现代货币理论最新的教科书是这样说明这一问题的:"资金流量框架……使得我们可以追踪每个部门的资金来源和使用情况。需要强调的是,资金流量方法依据的是国民经济核算原理,这不是理解这些流量为什么会如此的行为(理论)框架。虽然我们无从得知各部门净金融资产变化是如何决定的,但这一缺陷不应成为批评该方法的理由,而仅仅是发现了它的一个限制条件。"(Mitchell et al, 2019, 95-96)例如,正如现代货币理论经常指出的,如果一位经济学家主张政府盈余是有益的,这时基本的核算原理会告诉我们,在不考虑国外部门的情况下,这意味着私人部门的赤字。那么,我们就有必要询问这位经济学家,私人部门持续赤字的情况为什么能够持续下去。尽管核算原理不能直接提供对因果联系的说明,但是我们在探究经济活动时也不能违反基本的核算原理。

需要说明的一点是,三部门恒等式将经济体划分成政府部门、私人部门和国外部门,这种划分只是为了说明问题所采取的一种形式。根据研究的需要,我们可以进一步划分这些部门。例如,我们可以把私人部门再划分成金融部门和非金融部门,把金融部门再划分成商业银行部门和非银行金融部门。三部门恒等式只是部门收支分析方法采取的一种形式。

第四节 本章小结:对争论的科学社会学分析

除了以上六种流行的对现代货币理论的误解,还有两种误解需要在这里简要说明。第一种误解流行于非主流经济学界,这种误解认为现代货币理论必须包治百病。在非主流经济学界争论的第二阶段中,一种批评意见认为,现代货币理论应该为所有经济问题提供答案,如果现代货币理论不能做到这一点,那么现代货币理论就是错误的。批评者关心的经济问题包括金融稳定和外贸稳定等问题(Epstein, 2019; Bonizzi et al, 2019; Vernengo and Caldentey, 2019;

Palley，2015b）。① 这种批评的错误一望可知。现代货币理论不是万能的，只能为解决复杂的现实问题中的某些方面提供思路。按照这种批评的评判标准，世界上没有任何理论是正确的。这些批评不仅阻碍了人们客观地认识现代货币理论，而且阻碍了学界从理论交流中推动非主流经济学的总体发展。除了满足个别批评者宣传自身理论成果的虚荣心，这些批评实在没有什么价值。

第二种误解是认为现代货币理论只关注主权货币，忽视了银行货币以及其他私人部门发行的货币。批评者认为，现代货币理论没有认识到货币系统中不仅有主权货币，而且有更大数量的银行货币（Mehrling，2000；孙国峰，2019a，2019b，2020）。这种误解甚至被进一步引申，批评者认为现代货币理论是要用主权货币来取代私人银行系统的货币创造地位（孙国峰，2019a，2019b，2020）。这种批评的错误同样很明显。现代货币理论分析了主权货币体系的等级结构，其中不仅包括主权货币，而且包括不同类型的私人货币。现代货币理论的思想来源，后凯恩斯主义经济学的内生货币理论深入分析了商业银行和中央银行的运行机制。

在非主流经济学界，这个误解还涉及不同种类货币需求的问题。批评者认为，现代货币理论将缴税当作人们接受一种货币的唯一原因，忽视了其他重要的原因，如流动性偏好（Parguez and Seccarec-

---

① 例如，爱泼斯坦认为，现代货币理论的政策主张没有考虑到金融稳定的问题，因此现代货币理论是错误的（Epstein，2019）。他认为，这是一个奇怪的现象，因为现代货币理论的研究者很多都是明斯基思想的研究者，但是他们却对金融稳定问题熟视无睹（Epstein，2019：65）。显然，奇怪的是爱泼斯坦的批评。既然现代货币理论的研究者对金融稳定问题的论述已经见诸他处（如 L. 兰德尔·雷，2016），那么为什么一定要在现代货币理论的论著中重复论述呢？

又例如，批评者无法从现代货币理论当中为发展中国家的外汇短缺、资本外逃等问题找到现成的解决办法，所以他们认为现代货币理论是错误的（Bonizzi et al，2019；Vernengo and Caldentey，2019；Palley，2015b；Epstein，2019：35 - 44）。批评者显然不愿意看到现代货币理论更有价值的一面。现代货币理论能够解放发展中国家的财政政策，由此后发国家应该通过产业政策形成自身的技术能力，从而迈向国际生产的价值链高端，并从根本上扭转外贸的不利地位。这是从现代货币理论中引申出的有益因素。

cia, 2000; Rochon and Vernengo, 2003; Febrero, 2009; Davidson, 2019)。但是，现代货币理论从来都不认为缴税是人们接受货币的唯一原因。"征税驱动货币"强调的是主权货币存在的根本原因。如果人们还未接受一种货币，这种货币显然无法作为应对不确定性的工具。那么流动性偏好也就无从谈起。在一种根本性的因素促使人们接受这种货币之后，这时就会有更多的因素促使人们接受这种货币，如投机需求、谨慎需求、交易需求。因此，使得人们接受货币的原因是多样且有层次的，这些衍生原因依附于根本性原因。现代货币理论认为，缴税是人们接受货币的一种根本原因，尽管在日常经济活动中它的作用被掩盖在批评者所列举的其他因素之下。

在澄清以上误解的基础上，这一节试图探讨对现代货币理论的误解长期存在的社会历史原因。前文已经说明了，国内外学界存在着对现代货币理论的误解。并且，对现代货币理论的大范围关注开始于2019年，至今已经持续了许多年。在笔者于2021年完成博士论文时，笔者曾认为对现代货币理论的误解是理论传播过程中在所难免的现象。然而，时隔多年，大部分误解自始至终没有被消除。对比引介其他理论的一般情况，这些误解的长期存在是一种反常现象。因此，本书对误解的澄清引出了一个更深入的问题：为什么对现代货币理论的误解会长期存在？为了解释这种反常现象，我们有必要引入科学社会学和经济学学界史的研究视角。前文已经说明了，现代货币理论的兴起是特定国际经济环境和社会历史发展阶段的产物。对现代货币理论的误解同样是社会历史的产物。

本书认为，特定的科学社会学结构造成了对现代货币理论的误解的长期存在。如果我们将在学术共同体外部影响学科发展的社会历史称为"外部史"，将学术共同体内部的变迁历史称为"内部史"，那么我们会发现，在现代货币理论传播的外部史和内部史中分别存在着两股相互对抗的历史趋势。这两股历史趋势存在于国内外的主流经济学界。

在现代货币理论的外部史中，重构财政政策的诉求将现代货币理论推向了舞台中央。这一点本书的第二章已经探讨过了。这种重构财政政策的诉求直接来源于西方国家的宏观经济困境。国际金融危机之后，西方国家普遍复苏缓慢，货币政策主导的宏观经济政策框架的局限性逐渐暴露。在这种情况下，政策舆论界重新将目光转向了财政政策。同时，经济问题也催生了民间以"绿色新政"为代表的社会改良方案，这些改良方案要求得到政府的财政支持。但是，这些诉求无一不受到了平衡财政观念的阻碍，"钱从哪里来"的问题是这些改革诉求面对的头等难题。在这样的社会历史环境下，我们就不难解释现代货币理论为什么会受到左翼学者、政客和民众的热捧了，因为它直接破除了平衡财政的教条，从而回应了这种重构财政政策的诉求。这股热议现代货币理论的浪潮首先在国外兴起，随后带动了国内对它的讨论。并且，随着国内宏观经济调控难度加大，各级政府的财政压力显著增大，国内也产生了类似的重新认识财政政策的呼声，国内对财政赤字货币化的大讨论就是这种呼声的重要体现。这是现代货币理论在中国热度不减的重要原因。

在现代货币理论的内部史中，理解现代货币理论的尝试缺乏非主流经济学的基础。在国内外经济学界，主流的学术平台、新闻媒体和政策舆论都是由主流经济学掌控的。国内外主流经济学界对现代货币理论的热议是"自下而上"推动的，它来源于外界刺激，而不是原本主流经济学的理论兴趣。因此，主流经济学界优先关注的是现代货币理论的主要结论和政策主张，而不是其理论基础。更重要的是，非主流经济学长期处于学科边缘地位，学界在诠释现代货币理论的时候没有别的选项，只能选择占据支配地位的西方主流经济学。这不是个人情感的仇视或者敌意的结果，而是特定科学社会结构的结果。借用科学社会学家哈里·柯林斯的说法，问题在于争论的核心层中缺乏现代货币理论的代表。柯林斯认为，科学争论一般会形成一种核心层的结构，它由争论的特定支持者和反对者构成。参与者的理论观点是被他们长期接受的科学训练和进行的科学实践所塑造的，而到了核心层中，他们的行为进一步取决于参与者的个人目标和谈判策略。由此,"核心层像漏斗一样漏过所有相竞争的科学家的雄心和所偏爱的共识,最后产生了在科学上得到确认的知识。这些相互竞争的雄心和共识因此而意指来自其余的概念网络和我们其余的社会建制的影响或'反馈'"(哈里·柯林斯,2007,128)。尽管我们或许可以相信核心层的参与者可以秉持公心来评判现代货币理论,然而这些评判在此之前就已经被既有的理论范式塑形了。一个典型的现象是,许多讨论现代货币理论的文章既没有引用现代货币理论的论著,也没有引用非主流经济学的专业论文。这样一种核心层结构所生成的对现代货币理论的主流认识,正如前文所说明的,不可避免地会误解现代货币理论。

这两股相互对抗的历史趋势造成了误解的长期存在:外部历史中重构财政政策的诉求使得关注现代货币理论的热潮具有长期性;内部历史中非主流经济学的边缘地位使得对现代货币理论的误解在所难免;误解的长期存在是这两股历史趋势共同作用的结果。这样一种科学社会学结构最终也将影响乃至决定这股现代货币理论的思潮的最终走向,现代货币理论可能会演变成下一场凯恩斯主义革命,也可能会在重重误解中销声匿迹。为了充分发掘现代货币理论的思想价值,我们有必要立足于非主流经济学理论传统来驱除误解,正确认识现代货币理论。

第五节 附录:马克思的国家货币理论

马克思主义是我们研究货币理论和宏观经济理论的科学指引。一些国内学者基于马克思主义政治经济学评析了现代货币理论的理论价值。研究者没有直接否定现代货币理论,而是认为深化对现代货币理论的研究有助于发展马克思主义政治经济学的货币金融理论(袁辉,2021b;裴宏、游宣浩,2021)。如果要基于马克思主义全面地评析现代货币理论,那么这至少需要深入比较双方的货币理论、宏观经济理论、财政理论、政策主张、方法论基础、理论发展脉络，这一话题值得单独写成一本书，本书不能轻率地对此下结论。在这个附录处，本书试图进行一项有建设性的理论探索。笔者认为，吸收借鉴现代货币理论和其他西方非主流经济学的合理成分，有助于我们发展马克思主义政治经济学。对此，这一节将从马克思的经典著作和手稿出发，分析马克思对国家货币的相关论述，说明在马克思主义货币理论中有国家货币理论的一席之地，从而为两种理论的相互借鉴提供理论接口。

国家货币理论处在马克思的货币理论的特殊位置，这是相关研究的难点所在。按照马克思"六册计划"的研究思路，马克思将遵循从抽象到具体的方法，分成《资本》《土地所有制》《雇佣劳动》《国家》《对外贸易》《世界市场》这六册来对资本主义经济进行分析，而《资本论》只是《资本》册的第一篇《资本一般》（汤在新，1995；刘明远，2016）。对于货币理论的研究，根据"六册计划"的研究思路，《资本论》重点研究的是货币的一般形式以及由此衍生出的信用等货币资本的特殊形式，这也是现有马克思主义货币理论研究的研究重点（赵准，2000；伊藤诚、考斯达斯·拉帕维查斯，2001）。而如果要将国家引入到货币理论的分析框架中，那么全面系统的研究应该包含在马克思未完成的《国家》册中。在《国家》册中，"前三册分析的三大阶级在这里结合成为统一的有机整体，由国家概括起来。且在上升到国家这个阶段时，加入了新的'收获物'，比前三册原来的规定性更丰富更具体"（汤在新，1995，61）。国家货币很有可能就是这样一种尚待发掘的新"收获物"。以上分析说明：首先，货币的国家形态不是政治经济学研究的禁区，而是马克思的政治经济学研究计划中有待后人探索的既定内容；其次，相关理论的研究难点在于，我们无法从现有的对货币一般形态的研究中得到现成答案，而必须首先从马克思的理论论述中发掘和探究其国家货币理论的基本线索。

主权货币是货币的一种特殊形态。在马克思的著作和手稿中，对主权货币的论述包含在他对两个范畴的分析当中：一是对国家发行的货币符号（铸币和纸币）的分析，二是对具有中央银行性质的英格兰银行发行的银行券的分析。国家货币理论的基本问题是，主权货币的存在基础是什么。特别在今天的货币实践中，主权货币一般都是脱离了与金银的固定联系的纸币。那么，这些基本不具有价值的主权货币为什么能够充当货币呢？对于主权货币的存在基础问题，马克思的回答可以拆分为两个子问题：一是国家为什么想要发行国家货币（发行货币的动力）；二是国家为什么能够让它发行的货币成为本国货币（推行货币的能力）。接下来将分别讨论马克思对这两个问题的论述。

对于第一个问题，马克思认为，国家发行货币的原因在于国家与货币权力之间的辩证统一关系。这里有必要首先讨论马克思的国家概念和货币权力概念。马克思认为，国家是私有制产生之后，统治阶级为维护自身利益进行阶级统治的工具。在《德意志意识形态》中，马克思和恩格斯就已经科学地指出："由于私有制摆脱了共同体，国家获得了和市民社会并列并且在市民社会之外的独立存在；实际上国家不外是资产者为了在国内外相互保障各自的财产和利益所必然要采取的一种组织形式。"（卡尔·马克思、弗·恩格斯，2009，584）在阶级社会，国家的经济职能具有双重性，它一方面具有管理公共事务的经济管理职能，另一方面又具有维护统治阶级利益的阶级统治职能。为了达成国家的职能，国家需要通过其权力的各种形式对经济社会运行进行干预，而国家的货币权力就是这些权力中的一种特殊形式。

另一个理解主权货币的重要概念是货币权力。马克思对货币权力的论述贯穿于马克思的经济学著作。在《1844年经济学哲学手稿》中，马克思就已经产生了货币权力的观点。马克思指出，货币权力是货币具有的购买其他一切东西的能力。"货币，因为它具有购买一切东西的特性，因为它具有占有一切对象的特性，所以是最突出的对象。货币的特性的普遍性是货币的本质的万能。因此，它被当成万能之物。"(卡尔·马克思、弗·恩格斯，2009，242)在之后的经济学手稿中，马克思进一步论述了货币权力的概念，并指出货币权力产生的社会基础是劳动分工和交换，并且这种权力随着生产力的发展和生产的社会化得到了扩张。"交换的需要和产品向纯交换价值的转化，是同分工按同一程度发展的，也就是随着生产的社会性而发展的。但是，随着生产的社会性的增长，货币的权力也按同一程度增长，也就是说，交换关系固定为一种对生产者来说是外在的、不依赖于生产者的权力。"(卡尔·马克思、弗·恩格斯，1997，95)马克思对货币权力的论述延续到了《资本论》中。在《资本论》的第一卷中，马克思指出："自从有可能把商品当作交换价值来保持，或把交换价值当作商品来保持以来，求金欲就产生了。随着商品流通的扩展，货币——财富的随时可用的绝对社会形式——的权力增大了。"(卡尔·马克思，2004a，154)

主权货币是国家权力与货币权力相互结合的产物。为了达成国家的职能，国家需要通过其权力的各种形式对经济社会运行进行干预，而国家的货币权力就是这些权力中的一种特殊形式。这就是为什么国家有动力去发行主权货币。对于国家和货币权力的对立统一关系，我们需要从两个层面去认识。首先，国家和货币权力是相互独立的，而不是天然地结合在一起的。国家可以通过劳役、指令、计划等非货币的方式管理和干预经济活动，而不是只有货币途径；货币权力也不是首先表现为主权货币，而是产生于商品交换当中。其次，国家和货币权力之间又具有相互结合的趋向。一方面，随着经济活动的货币化进程的不断深化和货币权力的不断增长，国家产生了越来越多的借助货币手段管理和干预经济活动的需求。另一方面，商品经济的发展增加了货币制度的复杂性，这有可能需要一个第三方权威机构对货币制度进行管理。

马克思的主权货币理论的一个显著特征是，国家和货币权力的对立统一被视为一个历史的过程。在商品经济还不发达的原始社会，货币权力局限于尚未成熟的商品交换中，国家权力也就不会急切地渴望取得货币权力。对于原始社会的共同体而言，货币权力在一开始只是一个外部的，发生在共同体之间的现象。国家和货币权力的结合只有等到私有制和商品经济得到充分发展之后才开始变成一个显著的经济现象。马克思指出："物本身存在于人之外，因而是可以让渡的。为使这种让渡成为相互的让渡，人们只须默默地彼此当做那些可以让渡的物的私有者，从而彼此当做独立的人相对立就行了。然而这种彼此当做外人看待的关系在原始共同体的成员之间并不存在，不管这种共同体的形式是家长制家庭，古代印度公社，还是印加国，等等。商品交换是在共同体的尽头，在它们与别的共同体或其成员接触的地方开始的。但是物一旦对外成为商品，由于反作用，它们在共同体内部生活中也成为商品。"（卡尔·马克思，2004a，106 - 107）在资本主义生产方式产生之后，货币权力得到了飞速地拓展，也正是在这一时期，国家对于货币权力的渴望变得日益迫切，因为能否获得这一权力关系到了国家权力的正常行使。例如，在论及面临资产阶级革命的君主专制国家时，马克思写道："君主专制本身已经是资产阶级财富发展到同旧的封建关系不相容的阶段上的产物，它应当有能力在境内的一切点上运用同一形式的一般权力，为了适应于这一点，它需要拥有这种权力的物质杠杆，这就是一般等价物，处于时刻准备战斗的形式上的财富，而在这种形式上，财富完全摆脱了地方的、自然的、个人的特殊关系。君主专制需要货币形式的财富。实物租和实物贡赋制度按照自身的特殊性质，使自身的使用也具有特殊性质。只有货币才能直接转化为任何一种特殊的使用价值。因此，君主专制力求使货币转化为一般的支付手段。这种转化，只有通过强制性的流通，使产品低于产品价值进行流通，才能实现。对君主专制来说，把一切税收都变为货币税是一个性命攸关的问题。"（卡尔·马克思、弗·恩格斯，1998，315 - 316）

既然在一定的历史阶段，货币权力对国家变得尤为重要，那么为什么国家有能力掌握这种权力呢？对于前文所述的第二个子问题，即国家使得居民接受本国货币的能力问题。根据马克思的观点，国家掌握货币权力依靠的是一种强制力。这种强制力具体表现为法律法规、行政干预、暴力手段等形式。即使主权货币只是基本不具有价值的纸币,通过这种强制力,国家也能使得它所发行的主权货币成为公认的货币。在这个意义上,国家掌握货币权力所依靠的强制力是国家权力的特殊形式。

马克思科学地论述了强制力在主权货币制度中的作用。在经济学手稿中,马克思已经指出,主权货币成为一种价值符号的前提条件是国家的强制力。《1857—1858年经济学手稿》中写道:"货币在这种职能中自行分立并能升华为纯粹的价值符号,而这种价值符号本身需要法律承认和可依法强制的承认。"(卡尔·马克思、弗·恩格斯,1998,325)《1859—1861年经济学手稿》中写道:"因为纸票有强制通用的效力,所以谁也不能阻止国家任意把大量纸票硬塞到流通中去,并在它们上面印上任意的铸币名称,如一镑、五镑、二十镑。"(卡尔·马克思、弗·恩格斯,1998,513-514)而到了《资本论》,马克思指出,这种国家的强制力通常只会在一国范围内发挥作用,在这种情况下,国家发行的货币符号只能在一国范围内流通:"……货币符号本身需要得到客观的社会公认,而纸做的象征是靠强制流通得到这种公认的。国家的这种强制行动,只有在一国范围内或国内的流通领域内才有效,也只有在这个领域内,货币才完全执行它的流通手段或铸币的职能,因而才能在纸币形式上取得一种同它的金属实体在外部相脱离的并纯粹是职能的存在形式。"(卡尔·马克思,2004a,152)另外,尽管马克思没有完全将英格兰银行发行的银行券等同于主权货币,但是马克思同样指出了,英格兰银行发行的银行券是由国家力量支撑的。英格兰银行发行的"……银行券只是因为国家的支持才具有信用。它能把这些银行券由纸变为货币,然后贷给国家,也是国家给予它的权力"(卡尔·马克思,2004b,454)。后来的历史表明,英格兰银行演变成了现代意义上的中央银行,它发行的货币也就变成了今天一般意义上的主权货币。

马克思不仅论述了主权货币的存在基础，而且分析了主权货币的双重职能。根据马克思的国家理论，国家具有经济管理和阶级统治的双重职能。在《资本论》第三卷中，马克思指出："这完全同在专制国家中一样，在那里，政府的监督劳动和全面干涉包括两方面：既包括由一切社会的性质产生的各种公共事务的执行，又包括由政府同人民大众相对立而产生的各种特有的职能。"（卡尔·马克思，2004b，431－432）与国家的双重职能相对应，国家货币权力同样发挥着经济管理和阶级统治的双重职能。一方面，国家的货币权力具有经济管理职能。这具体表现为国家对主权货币的发行和管理，保障货币和商品流通体系的正常运行，调动实际资源和干预经济活动。另一方面，国家的货币权力具有阶级统治职能。统治阶级可以利用基于国家货币权力的一系列制度安排建立并巩固其阶级统治。

第 九 章

前沿争论（二）：对中央银行独立性的争论

第一节 引论

本章将讨论对现代货币理论的争论的一个重点问题——中央银行独立性的问题。这里所说的独立的中央银行制度指的是这样一种制度安排：主权货币是中央银行的债务，中央银行是主权货币的垄断供给者；[①] 财政部在中央银行开设账户，财政收支通过这个账户来完成；中央银行不能为财政部的账户提供透支，财政部只有在账户余额为正的时候才能进行支出；中央银行不能在一级市场上购买国债，也就是说财政部不能将国债直接卖给中央银行。一种对现代货币理论的批评意见认为，现代货币理论的基本结论只有在中央银行不独立的情况下才能成立。在上一章里，我们将对现代货币理论的争论划分成两个战场，即主流经济学界的争论和非主流经济学界的争论。中央银行独立性问题在两个战场上有不同的讨论重点。

在主流经济学界，批评者认为，如果现代货币理论的基本观点

[①] 现实中不只有中央银行能发行主权货币，如美国财政部有权发行硬币。

要成立，那么政府就必须先废除独立的中央银行制度，因为独立的中央银行制度能够阻止国家通过创造货币的方式进行支出。批评者由此推定，现代货币理论是在主张废除独立的中央银行制度（Rogoff，2019；张晓晶、刘磊，2019；孙国峰，2019a，2019b，2020；张明、刘瑶，2020；闫坤、孟艳，2020）。例如，罗格夫将与现代货币理论的争论称为"下一场为了中央银行的独立性而进行的战斗"（Rogoff，2019）。在缺乏独立的中央银行制度下，批评者认为，由此而来的财政赤字货币化不可避免地会带来严重的危害，乃至货币制度的崩溃（孙国峰，2019a）。

在非主流经济学界，批评者对现代货币理论的认识经历了由浅入深的过程。早期的一些批评者和主流经济学界的批评者类似，他们同样认为现代货币理论是在主张废除独立的中央银行制度（Van Lear，2002；Febrero，2009）。这种批评后来被整合成了对"合并命题"的批评（Gnos and Rochon，2002；Fiebiger，2012；Lavoie，2013）。批评者认为，在现代货币理论的理论论述中，研究者将中央银行和财政部（或者说其他政府部门）的资产负债表合并为政府部门的资产负债表，这种做法导致中央银行在货币体系中的地位和作用被忽视了。

显然，无论是在主流经济学界还是在非主流经济学界，中央银行独立性都是争论中的关键问题。现代货币理论是否只有在不存在独立中央银行的条件下才能成立？这个问题是本章讨论的重点。对此，我们需要分析中央银行和财政部在现实经济中是如何运行的。本书的第三章中已经对这个问题做了简单的说明，本章的第二节会引入更多的制度事实，这主要涉及两类制度设计：一是现实中的中央银行是如何钉住利率目标的，二是现实中的财政部是如何配合中央银行管理财政活动的准备金效应的。前者主要来自内生货币理论已有的研究。本书的第五章介绍了内生货币理论的基本原理。后者则主要来自现代货币理论对财政活动的研究（Bell，2000；Bell and Wray，2002；Fullwiler，2007；Tymoigne，2014，2016）。拉沃认为，这一点是现代货币理论对内生货币理论的重要发展（Lavoie，2019b）。基于这些制度事实，现代货币理论分析了在独立的中央银行制度下的财政活动（Fullwiler，2007；Wray，2015，90-101）。这是本章第三节的内容。在这些分析中，现代货币理论将政府部门划分为财政部与中央银行，从而提供了非"合并命题"版本的对财政活动的分析。这些分析说明了3个重要问题：首先，在独立的中央银行制度下，现代货币理论对财政活动的基本观点仍然成立；其次，基于财政活动对利率影响的挤出效应是不存在的；最后，财政赤字货币化是对货币系统运行的一种错误认识。本章的第四节会对相关争论进行总结和评价。

第二节 中央银行和财政部的协同机制

一 中央银行实现利率目标的现实机制

本书的第五章研究了内生货币理论的基本内容。内生货币理论认为，中央银行在实践中能够外生控制的是利率。这是因为主权货币是中央银行的债务，作为主权货币的垄断供给者，中央银行总是可以按照固定的利率向市场提供货币，从而钉住利率。中央银行可以选择钉住短期利率，也可以选择钉住中长期利率；中央银行可以选择钉住一种利率，也可以选择钉住多种利率。例如，在正常的时期，美联储一般选择钉住联邦基金利率。但在一些情况下，美联储同样可以选择钉住长期利率。例如，在两次世界大战期间，为了配合国债的发行，美联储都选择钉住了国债的长期利率。具体利率目标的选择取决于中央银行所面临的社会历史条件。目前来看，在各国中央银行中比较流行的做法是钉住一种短期利率，通过这种短期利率来影响整个利率期限结构。接下来所讨论的利率目标一般指银行同业拆借市场的短期利率。

为了实现利率目标，中央银行会按照特定的利率向市场提供准备金。在不存在法定准备金和超额准备金的情况下，商业银行的准备金需求是高度利率无弹性的。如果市场上的准备金数量超出了商业银行的需求，那么利率就会急剧下降；如果市场上的准备金数量低于商业银行的需求，那么利率就会急剧上升。这是因为，在这种情况下，商业银行需要准备金的原因只有一个，那就是完成结算。在一个交易日结束时，支付系统中不同交易主体会进行结算，商业银行之间结算最终必须通过主权货币来完成。为了避免违约，商业银行会千方百计地寻求主权货币来完成结算，而结算所需要的准备金数量不会随着市场利率的变动而发生变化。在这种情况下，如果中央银行提供的准备金数量少于结算所需要的准备金数量，那么随着商业银行在同业拆借市场上为了获取准备金而竞价，市场利率会不断上升；如果中央银行提供的准备金数量多于结算所需要的准备金数量，那么随着商业银行在同业拆借市场上为了抛售准备金而竞价，市场利率会不断下降。

因此，要实现中央银行的利率目标，中央银行就需要准确地满足商业银行的准备金需求。但是，现实中要准确预测商业银行的准备金需求是很困难的。为此，一系列制度设计减少了这种困难。这里重点说明三种制度设计：利率走廊制度、法定存款准备金制度和国库现金管理。[①] 其中，第三种制度我们会在下一小节中详细说明。

在利率走廊中，中央银行会设定两个利率，一个利率是从中央银行贷款（或者其他获取准备金的政策工具）的利率，商业银行总是可以按照规定的利率从中央银行获取准备金，这个利率设定了利率走廊的上界；另一个利率是商业银行在中央银行账户中持有准备金的存款利率，商业银行总是可以按照规定的利率从持有准备金中获取利息，这个利率设定了利率走廊的下界。如果市场利率上升到了利率走廊的上界，由于商业银行总是可以按照规定的利率从中央

[①] 还有其他重要的制度设计。例如，中央银行与市场进行信息沟通，使得市场能够清楚地知道中央银行利率目标的位置。

银行获取准备金,没有机构会按照更高的利率去借取准备金;如果市场利率下降到了利率走廊的下界,由于商业银行总是可以按照规定的利率从持有准备金中获取利息,没有机构会按照更低的利率将准备金借出;由此,利率走廊就设定了市场利率的上下界。我们在前文中说过,中央银行总是在被动地满足市场的准备金需求,这一点在利率走廊中体现得很明显。通过利率走廊,中央银行直接根据商业银行的准备金需求向市场提供准备金。需要说明的是,在不同的国家,这两种利率的名称和具体操作会有所不同。中央银行的贴现窗口利率可以作为利率走廊的上界。但是,商业银行使用贴现窗口时会面临所谓的"皱眉成本",也就是中央银行对该商业银行的监管变得更加严格所带来的成本。这使得贴现窗口所设定的利率上界不止包含名义上的贴现利率,还会包含这部分"皱眉成本"。在实践中,如今美联储等中央银行已经淡化了"皱眉成本",将贴现窗口作为一种常态化的货币政策工具。

为了将市场利率维持在目标利率水平,中央银行可以选择将利率走廊的上下界缩窄,甚至规定上下界都等于目标利率。例如,加拿大的中央银行就选择将利率走廊的上下宽度保持在 50 个基点,这使得它能够精准地钉住目标利率(Lavoie,2019a)。但是,很多国家会选择更加宽的利率走廊,从而使得市场利率在更大范围里波动。这时,它们就需要采取其他的办法来进一步钉住目标利率。一种办法是将目标利率设定在利率走廊的下界,并且向市场提供超出市场需求的准备金,从而将市场利率压低到利率走廊的下界,如日本。另一种办法是通过公开市场操作等货币政策工具,在利率走廊中进一步调控利率,如美国和中国。

但是,正如前文所述,由于商业银行的准备金需求是高度利率无弹性的,如果中央银行要通过公开市场操作来满足商业银行的准备金需求,从而将市场利率固定在利率走廊中,那么中央银行就需要及时准确地知道并满足商业银行的准备金需求。在这种情况下,法定存款准备金和超额存款准备金的存在降低了中央银行在实现目标利率时所面临的困难。

如今，法定存款准备金一般采取的是滞后计算法。在滞后存款准备金计算法中，对商业银行持有准备金数量的计算分为两个阶段。第一个阶段是计算期，中央银行根据这一时期商业银行的平均存款数量来确定商业银行应该持有的法定存款准备金数量。第二个阶段是保持期，中央银行要求商业银行在这一时期的平均准备金数量要满足在计算期确定的法定存款准备金数量。这意味着，商业银行不需要每天都满足法定存款准备金的要求；在保持期结束之前，商业银行可以选择在一定时间内将准备金数量降低到法定存款准备金要求以下。在这种情况下，即使中央银行对市场的准备金需求作出了错误的判断，没有提供足够的准备金，这时商业银行仍然可以通过动用一部分现有的准备金来缓解流动性不足的问题。除了法定存款准备金，商业银行还可能会持有超额存款准备金。超额存款准备金同样降低了中央银行在实现目标利率时所面临的困难。需要说明的是，在存在法定存款准备金制度的情况下，商业银行对准备金的需求除了取决于结算的需要，还取决于法定存款准备金的要求。

由于法定存款准备金和超额存款准备金的存在，即使在某个时期中央银行没有及时准确地满足市场的准备金需求，利率也不一定会马上出现大幅度的波动。在这种情况下，准备金需求有更大的利率弹性。并且，尽管商业银行的准备金需求最终取决于结算和满足法定存款准备金要求的需求，但是公开市场操作可以暂时性地影响准备金的盈缺，从而引导市场利率走向目标利率。

二 财政部管理准备金效应的现实模式

本书的第三章讨论了财政活动的准备金效应：财政支出会增加私人部门持有的准备金，财政收入（税收和国债发行收入）会减少私人部门持有的准备金。由于准备金效应的存在，财政活动会对中央银行利率目标的实现产生直接的影响：财政支出会对市场利率造成向下的压力，财政收入则会对市场利率造成向上的压力。考虑到财政活动的规模,财政活动的准备金效应是中央银行在货币政策操作中不可忽视的一个因素。例如,每天美国财政收支的净变化量可以达到60亿美元,而这一度能占到商业银行准备金总量的12%(Bell,2000)。另外,财政活动还具有季节性波动大和波动难以预测等特点,这进一步加大了中央银行在货币政策操作中应对财政活动的准备金效应的难度。

在不同的制度条件下,中央银行和财政部采取了多种方法来应对财政活动的准备金效应。一些国家的中央银行与财政部会建立定期的沟通机制,加强双方在货币政策上的协作。一方面,财政部集中收支的日子是所谓的高支付流量日,中央银行会做好货币政策操作上的准备。例如,中央银行常常在税款上缴或者国债发行之前,事先在市场上投放准备金,从而避免在高支付流量日支付系统出现准备金不足的问题。另一方面,财政部在财政收支中会尽量减少准备金效应的影响。比如,美国的国债发行的制度设计将准备金效应作为考虑的重要因素,美国国债的到期偿付日被设置在税款到账日(Garbade,2008)。

在这些应对措施中,很重要的一项是国库现金管理。许多国家的财政部会在商业银行开设账户来管理国库现金。尽管按照独立中央银行制度的要求,财政部不能通过这些账户进行支出,但是,财政部可以通过将资金在中央银行和商业银行之间转移来影响私人部门所持有的准备金数量。例如,如果财政部将1亿元资金从它在商业银行的账户转移到在中央银行的账户,这时三方的资产负债表会发生如下变化。

表9-1 **国库现金管理的示例**
财政部的资产负债表

资产变化	负债变化
财政部在商业银行的存款 -1亿元	
财政部的准备金 +1亿元	

中央银行的资产负债表

资产变化	负债变化
	商业银行的准备金 −1 亿元
	财政部的准备金 +1 亿元

商业银行的资产负债表

资产变化	负债变化
商业银行的准备金 −1 亿元	财政部在商业银行的存款 −1 亿元

在这里，财政部在商业银行的存款和在中央银行的存款是不同的货币。财政部在商业银行的存款是商业银行的负债，是商业银行发行的货币；财政部在中央银行的存款是中央银行的负债，是中央银行发行的货币（准备金）。当财政部将资金转移到中央银行时，财政部实际上是要求商业银行将商业银行发行的货币兑换成中央银行发行的货币。最终财政部在商业银行的存款减少的同时，商业银行持有的准备金（商业银行的资产）也会减少。反之，当财政部将资金从在中央银行的账户转移到在商业银行的账户时，商业银行持有的准备金数量随之增加。

由此，财政部就可以通过国库现金管理来影响商业银行持有的准备金数量。这实际上可以看作是货币政策操作的一部分。例如，美国财政部在私人金融机构开设了财政部税收和贷款账户（Treasury Tax and Loan Account，TT&L 账户）。在日常操作中，美国财政部每天会将其中央银行账户的余额保持在接近 50 亿美元的水平（Bell，2000）。假如在一天里，财政部的支出比收入多了 1 亿美元，这意味着私人部门持有的准备金数量会增加 1 亿美元。为了将账户余额维持在 50 亿美元的水平，财政部会从 TT&L 账户中转移 1 亿美元的资金到中央银行的账户中，这时私人部门持有的准备金数量会减少 1 亿美元。由此，维持 50 亿美元余额的国库现金管理规则抵消掉了这一天财政活动的准备金效应。又例如，在加拿大，中央银行基本不执行公开市场操作，中央银行主要通过国库现金管理的方式来抵消财政活动的准备金效应（Lavoie，2019a）。

总之，在不同的制度环境下，中央银行会通过不同的方式来实现利率目标。由于财政活动的准备金效应的存在，中央银行在货币政策操作中常常会与财政部相互配合，其中国库现金管理是货币政策操作的重要组成部分。一些批评者误解了财政部和中央银行在货币政策中相互配合的含义，将这一点引申为要合并财政部和中央银行（如张晓晶、刘磊，2019）。这种批评误解了现代货币理论。实际上，财政部和中央银行的相互配合本来就是许多国家货币政策操作中的重要内容，这和这些国家的中央银行是否独立无关。

第三节　独立中央银行制度下的财政活动

一　更加复杂的财政活动流程

这一节将详细分析独立中央银行制度下的财政活动过程。本书的第三章曾简要地将其概括为四个步骤。这一节将引入更多的制度细节，从而使得对财政活动的分析在变得更加烦琐的同时变得更加贴近现实。这里的例子来自 Wray（2015），他所依据的是美国的制度环境。美国的制度设计具有代表性，上一节对相关的内容进行了说明。从中不难看出，在其他国家的制度设计下这里的分析具有适用性。本书的第十一章将对中国的财政部和中央银行进行制度分析。在这个示例中，我们假定美国财政部要增加支出，它计划购买价格为 1 亿美元的飞机，这个过程将会涉及 4 个部门：美国财政部、美联储、美国的商业银行和美国的私人非银行部门。如果财政部在中央银行账户的余额不足，那么财政部的支出会经过如下 6 个步骤。

第一步，为了应对即将到来的国债拍卖，美联储会进行国债的逆回购操作，从而保证支付系统中有足够的准备金。这是因为国债拍卖会带来私人部门的准备金减少，这会给联邦基金利率带来向上的压力。为了维持利率的稳定，美联储会事先向私人部门注入流动性。

表9-2　　　　　美国中央银行和财政部的协同示例（1）

中央银行的资产负债表

资产变化	负债变化
中央银行持有的商业银行债权 +1 亿元	商业银行的准备金 +1 亿元

商业银行的资产负债表

资产变化	负债变化
商业银行的准备金 +1 亿元	中央银行持有的商业银行债权 +1 亿元

第二步，财政部进行国债拍卖。商业银行是国债的承销商，由商业银行组成的国债承销团参加国债拍卖，然后将国债在二级市场上进行销售。为了简化说明，我们假定这些国债最后全部由私人非银行部门买入。

表9-3　　　　　美国中央银行和财政部的协同示例（2）

中央银行的资产负债表

资产变化	负债变化
	商业银行的准备金 -1 亿元
	财政部的准备金 +1 亿元

财政部的资产负债表

资产变化	负债变化
财政部的准备金 +1 亿元	国债 +1 亿元

商业银行的资产负债表

资产变化	负债变化
商业银行的准备金 -1 亿元	私人部门的银行存款 -1 亿元

私人非银行部门的资产负债表

资产变化	负债变化
国债 +1 亿元	
私人部门的银行存款 -1 亿元	

第九章 前沿争论（二）：对中央银行独立性的争论

随着国债拍卖结束，财政部在中央银行的账户余额增加了1亿元。人们可能会问，如果国债拍卖失败了怎么办？如果人们不愿意购买国债怎么办？然而，对于具有完全货币主权的国家来说，这是很难发生的。在这个例子中，国债承销商不会拒绝接受国债，因为国债相比于准备金来说提供了更高的利率，并且它们总是可以很方便地通过中央银行（如贴现窗口）和二级市场（如银行同业拆借市场）将国债转换成准备金。在国债拍卖的时候，中央银行钉住目标利率，国债利率在目标利率基础上形成。如果市场对国债的需求下降从而市场利率上升，那么为了钉住目标利率，中央银行就会买入国债（或者逆回购国债），从而维持利率的稳定。

第三步，在需要进行支付的日期到来之前，为了维持财政部在中央银行账户的余额稳定，财政部会先将资金从中央银行账户转移到 TT&L 账户。结果是私人部门持有的准备金数量的增加。

表9-4　　　　　**美国中央银行和财政部的协同示例（3）**

财政部的资产负债表

资产变化	负债变化
财政部的商业银行存款 +1 亿元	
财政部的准备金 -1 亿元	

中央银行的资产负债表

资产变化	负债变化
	商业银行的准备金 +1 亿元
	财政部的准备金 -1 亿元

商业银行的资产负债表

资产变化	负债变化
商业银行的准备金 +1 亿元	财政部在商业银行的存款 +1 亿元

第四步，美联储执行之前的逆回购协议的第二步，即将国债卖回给商业银行。这一步也可以通过新的回购操作来完成。这样做的

原因是,在第三步中财政部增加了私人部门持有的准备金数量,这会给利率造成向下的压力。美联储在这一步中操作的结果是,市场上的准备金数量减少了。这一步刚好和第一步相反。

表9-5　　　　美国中央银行和财政部的协同示例(4)

中央银行的资产负债表

资产变化	负债变化
中央银行持有的商业银行债权 -1亿元	商业银行的准备金 -1亿元

商业银行的资产负债表

资产变化	负债变化
商业银行的准备金 -1亿元	中央银行持有的商业银行债权 -1亿元

第五步,在财政部进行支出的日子,财政部首先将资金从TT&L账户转移到中央银行账户。这一步刚好和第三步相反。

表9-6　　　　美国中央银行和财政部的协同示例(5)

财政部的资产负债表

资产变化	负债变化
财政部的商业银行存款 -1亿元	
财政部的准备金 +1亿元	

中央银行的资产负债表

资产变化	负债变化
	商业银行的准备金 -1亿元
	财政部的准备金 +1亿元

商业银行的资产负债表

资产变化	负债变化
商业银行的准备金 -1亿元	财政部在商业银行的存款 -1亿元

第六步,财政部通过它在中央银行的账户进行支付,向私人部

门购买飞机。

表 9-7　　　　　美国中央银行和财政部的协同示例（6）

中央银行的资产负债表

资产变化	负债变化
	商业银行的准备金 +1 亿元
	财政部的准备金 -1 亿元

财政部的资产负债表

资产变化	负债变化
财政部的准备金 -1 亿元	
飞机 +1 亿元	

商业银行的资产负债表

资产变化	负债变化
商业银行的准备金 +1 亿元	私人部门的银行存款 +1 亿元

私人非银行部门的资产负债表

资产变化	负债变化
飞机 -1 亿元	
私人部门的银行存款 +1 亿元	

经过这六个步骤，财政部如愿进行了支出，并且财政支出的准备金效应被抵消了。在现实中，这六个步骤不一定是顺次进行的，有些步骤的顺序可能是相反的。其他的财政活动（例如征税）的原理是类似的，这里就不多赘述了。通过对美国财政部的例子的考察以及第三章的相关考察，我们不难得出以下三点结论。

二　对财政活动分析的三点结论

第一个结论是，在独立的中央银行制度下，现代货币理论对财政活动的分析的基本结论仍然成立。这包括以下三个方面。首先，政府通过支出创造货币，通过征税回收货币。这里说的政府部门包括财政部和中央银行在内。在上面的例子中，如果我们观察经过这六个步骤之后不同部门的资产负债表的总变化，我们会发现政府部门的支出带来了私人部门持有的准备金数量的增加。征税的情况刚好与此相反。

其次，对于具有完全货币主权的国家，政府部门总是能够通过创造货币进行支出。独立的中央银行制度不能限制政府部门通过创造货币进行支出。现有的国债制度提供了一种绕开中央银行独立性限制的手段。中央银行不能在一级市场买入国债，但是它在二级市场上买卖国债从而钉住目标利率，这使得国债拍卖和政府支出能够顺利进行。[①] 中央银行在这六个步骤中的操作没有违反中央银行独立性的制度设定。在独立中央银行制度下，中央银行和财政部已经形成了协同机制，保证了政府通过创造货币进行支出的顺利进行。中央银行的相关操作不是因为它接受了财政部或者其他政府部门的命令，而只是在之前论述过的中央银行的货币政策框架下的自主行为。

需要说明的是，国债不是绕开独立中央银行制度的唯一办法。例如，按照美国的制度规定，美国政府还有其他办法绕开独立中央银行制度（Tymoigne，2014）。美国财政部可以发行其他的金融工具用于支出，例如大面额的铂金币和税券。税券是一种国债，财政部在支出中发行税券，并承诺接受用税券支付税款（这种做法持续到

---

① 国债发行制度的不完善有可能导致国债发行的失败。这可以通过逐步完善国债发行制度或者采取替代性制度来解决。例如，美国在1935年和1963年都曾尝试建立长期国债发行制度，然而，在这两次尝试中，美国政府都只成功完成了第一次发行，其后几次的国债发行量都远低于计划。其失败的原因在于，首先，由于采取固定价格制度而非我们今天采用的拍卖制度，财政部要负责确定国债的发行收益率。这增加了财政部发行国债的难度：如果确定的收益率过高，那么这就会导致过量申购；如果确定的收益率过低，那么这就会导致申购数量不足。其次，当时的国债发行计划向市场通知得过于仓促，也没有让市场形成这一制度会长期延续的预期，这加大了市场对可能存在的风险的忧虑。20世纪70年代以后，美国财政部改用拍卖的方式确定长期国债的发行收益率，并且改善了国债发行的信息发布机制，由此逐步建立了今天的国债发行制度（Garbade，2004）。

了 20 世纪 50 年代）。上面所说的六个步骤也可以改变。例如，美国政府可以允许国债承销商不用准备金来购买国债，而通过直接增加财政部在商业银行的存款的方式来购买国债（这种做法持续到了 20 世纪 80 年代末）。总之，在美国的制度环境下，有很多办法可以绕开独立中央银行的制度约束，美国选择发行国债只是因为就目前来看国债发行制度是比较成熟的办法。又例如，我们可以设想这样一种制度设计：财政部不发行国债，中央银行可以直接给财政部提供透支；中央银行开设不同期限的准备金存款账户，设定对应不同期限的利率，同时保证市场上有非常充裕的准备金，从而将目标利率钉在利率走廊的下限。尽管这一模式只是一个思想实验，但是我们可以从中更清楚地看出，对于政府的财政支出来说，财政部发行的债券不是必需的，它只是在某些制度环境下财政部绕开中央银行独立限制的工具和中央银行实现利率目标的工具。

最后，国债的作用不是为政府提供融资，而是为了实现利率目标。正如本书第三章说明的，国债为中央银行提供了一种利率支持手段。它的作用是用一种有利息的主权债务取代了一种无利息的主权债务，这就类似于商业银行的定期存款和活期存款的区别。对于政府部门整体来说，国债不是它获得融资的手段。没有经济主体可以通过收回自己的负债来获得融资。国债的发行意味着政府部门用一种债务（国债）换取了另一种自己发行的债务（准备金），在这个过程中，政府部门没有取得融资。在上面的例子中，政府部门被划分成了两部分，政府部门的一部分（中央银行）为另一部分（财政部）提供了融资。在这种情况下，从财政部和中央银行的资产负债表变化中可以看到，中央银行通过发行自己的负债（准备金）持有财政部的负债（国债），这就类似于商业银行通过发行自己的负债（商业银行存款）持有私人非银行部门的负债（贷款）。对于财政部来说，中央银行为财政部提供了融资，国债是它的融资手段。在独立的中央银行制度下，财政部的支出需要通过更加曲折的方式来完成，这使得除了实现利率目标的作用，国债的另一个作用是财政部完成这些复杂步骤的手段。另外，国债不是实现利率目标的唯一手段。财政部的国库现金管理同样在实现利率目标上发挥着重要作用。

第二个结论是，基于财政活动对利率影响的挤出效应并不存在。一种对现代货币理论的批评意见认为，增加财政支出会导致利率上升，从而挤出私人投资，因此，增加财政支出的做法只有在诸如市场处于"流动性偏好陷阱"的特殊时期才有效。例如，克鲁格曼认为："财政赤字确实挤出了私人支出，因为减税或者政府支出的增加将会带来更高的利率。"（Krugman，2020a）对于挤出效应，流行的 IS-LM 模型是这样论证的：在正常时期，LM 曲线是向上倾斜的，政府支出的增加（IS 曲线的右移）会带来总收入的增加，而这会使得货币需求上升；在货币供给不变的情况下，利率随之上升；由于利率上升会抑制投资，结果政府支出挤出了私人投资。当市场面临水平的 LM 曲线时，也就是处在所谓的"流动性偏好陷阱"时，IS 曲线的移动不会带来利率水平的上升，从而也就不会带来挤出效应。另外，在政策辩论中流行着一种更加简单的说法，这种说法同样基于可贷资金理论。这种说法认为，一定时期内的可贷资金数量是外生给定的；利率决定于对可贷资金的供给和需求；政府部门支出的增加伴随着增发国债，这相当于政府要与私人部门从有限的资金池当中争夺资金；在给定货币供给的情况下，对货币的需求增加了，结果是利率上升，私人投资受到抑制。

然而，从以上对财政活动的分析中，我们可以看到两个基本事实与挤出效应的逻辑相悖。第一个事实是，政府部门增加支出的结果是私人部门持有的货币数量的增加而不是减少，这会给利率带来下降的压力而非上升的压力。并且，按照相关的制度设定，这个压力最终会被中央银行或者财政部中和。第二个事实是，中央银行是利率目标制的。如果市场利率偏离了中央银行的利率目标，那么中央银行就会动用各种货币政策工具，将利率重新钉在目标利率的位置。因此，基于财政活动对利率影响的挤出效应的逻辑存在问题。这种观点对货币系统的假设和现实不符。需要说明的是，现实中可能有其他机制造成挤出效应，这些机制不在这里的讨论范围内。

第三个结论是，财政赤字货币化是对货币系统运行的一种错误认识。按照普遍流行的看法，财政赤字货币化是政府的一种政策选择，或者说，是否财政赤字货币化取决于政府的意志。具体来说，如果中央银行买入了国债，这种行为可以被视为财政赤字货币化;[①] 财政赤字货币化是否会发生取决于政府对融资方法的选择，如果政府要求中央银行买入国债从而为支出融资，那么财政赤字货币化就会发生；独立的中央银行制度能够阻止政府作出这种选择，因为这样的制度安排可以使得中央银行不受政府的影响。

从上面的例子中我们可以看到，财政赤字货币化不取决于政府的选择，而是取决于私人部门的选择，并且，独立的中央银行制度不能阻止中央银行买入国债。如果私人部门对国债的需求减少，对主权货币的需求上升，那么市场利率就会有上升的压力，这时为了维持目标利率，中央银行就会在市场上买入（逆回购）国债；如果私人部门对国债的需求增加，对主权货币的需求下降，那么市场利率就会有下降的压力，这时为了维持目标利率，中央银行就会在市场上卖出（回购）国债；显然，对于利率目标制的中央银行来说，是否买入国债取决于私人部门对国债和主权货币的需求，而不是政府的主动选择。并且，这些操作和独立的中央银行制度没有关系。无论中央银行是否独立，中央银行都会这样进行货币政策操作。因此，财政赤字货币化是错误的概念，这一概念建立在对货币系统的

[①] 学界对财政赤字货币化的定义存在一定分歧。学界一般认为中央银行在一级市场上购买国债属于财政赤字货币化，但是，对于中央银行在二级市场上购买国债是否属于财政赤字货币化，学界还存在分歧（何增平、贾根良，2022）。概念分歧的原因在于，我们的理论假定与现实经验出现了矛盾：在理论上，我们假定中央银行买入国债是一种主动的选择，因此，所有此类行为，无论发生在一级市场还是在二级市场，都应该被视为政府有意识进行的财政赤字货币化；但在实践中，中央银行的货币政策操作一般不是出于财政部的要求，因此，中央银行买入国债的行为又不能等同于财政赤字货币化。这样一种矛盾就造成了概念界定的混乱。基于本书的分析，我们可以看到问题不在于要以什么样的标准来判断财政赤字货币化，而在于这一概念本身就是错误的。

错误认识之上。

第四节 本章小结

本章分析了独立中央银行制度下财政部和中央银行的协同操作，说明了即使在独立的中央银行制度下现代货币理论的基本结论仍然成立。这一节将在此基础上重新审视对现代货币理论的相关争论。由于在主流经济学界和非主流经济学界的相关争论的侧重点有所不同，对相关争论的评价也依此分成两个角度。

在主流经济学界的争论中，现代货币理论被误认为是要废除独立的中央银行。产生这种误解的原因在于，批评者认为，现代货币理论的结论只有在不存在独立中央银行制度的情况下才能成立。然而，如前文所述，像美国这样具有独立中央银行的国家，政府依然是在通过创造货币的方式进行支出。独立中央银行制度所带来的变化是，政府的财政支出需要通过财政部和中央银行之间复杂曲折的步骤来完成。因此，主流经济学界的相关批评是一种对现代货币理论的误解，我们没有必要为了维护中央银行独立性而反对现代货币理论。另外，这里只是考虑了独立性问题的一个方面。在财政约束方面，中央银行独立性没有起到预想的效果。但是，我们不能由此认为独立的中央银行制度没有任何作用。[①]

[①] 范方志（2005）和孙凯、秦宛顺（2005）总结了西方经济学界对中央银行独立性的讨论。由于动态不一致性和政治周期等因素的存在，支持中央银行独立性的学者认为，良好的组织制度设计有利于提高货币政策的效果。在这个意义上，中央银行作为一个公共机构和其他政府部门面临着类似的问题，那就是如何设定组织制度来更好地实现公共目标。对于这个问题，后凯恩斯主义经济学界同样进行了讨论。有关的讨论参见《后凯恩斯主义经济学杂志》（*Journal of Post Keynesian Economics*）第18卷第2期的专栏文章，以及 Sawyer（2006）。要对中央银行独立性问题给出最终的答案超出了本书的研究范围，对于这个问题的研究需要建立在对中央银行制度的正确认识的基础上。

第九章　前沿争论（二）：对中央银行独立性的争论

在非主流经济学界的争论中，尽管批评者也在质疑现代货币理论的基本结论在独立中央银行制度下是否成立，但是在争论的一开始，循环学派的学者就准确指出了问题所在："水平主义者与新货币国定论者之间的理论矛盾可能是由于这个事实：后凯恩斯主义经济学家一般只有中央银行的理论而没有国家的理论。"（Parguez and Seccareccia，1999，120）随着理论交流的深入，越来越多的批评者都意识到了，即使在独立的中央银行制度下，现代货币理论的基本结论仍然成立。并且，非主流经济学界的批评者开始肯定现代货币理论的理论贡献。例如，拉沃认为，现代货币理论丰富了内生货币理论对国家财政活动的认识（Lavoie，2019b）。

在这种情况下，所谓的"合并命题"本质上是修辞框架的问题。双方争论的实质问题是什么样的论述方式能够更好地传播理论，使得人们能够正确认识货币制度。反对者认为，合并的做法掩盖了中央银行在货币体系中的作用，掩盖了中央银行和财政部之间的复杂关系。因此，拉沃认为合并的做法是"适得其反的"（counter-productive）（Lavoie，2013，1）。在理论传播过程中，理论的论述方式和修辞框架显然是重要的。现代货币理论的研究者认为，合并的论述方式提供了一种更具现实意义的隐喻（Connors and Mitchell，2017）。在政策舆论中，一种流行的隐喻是将政府比作一户家庭，因此政府需要和家庭一样维持预算的平衡。对此，合并的论述方式提供了一种替代性隐喻。在这个隐喻中，政府部门作为货币的发行者，处在和家庭住户不同的位置，从而不会面临金融上的约束。批评者所主张的非合并的论述方式能够传达相同的理论含义，但是这种论述方式不能直接提供一种替代性隐喻，因为正如本章所反映的，对中央银行和财政部复杂的制度分析显然不如简化的方式那样容易让人理解。换句话说，如果非主流经济学要在舆论中和主流经济学竞争，那么它不仅需要夯实理论基础，而且需要讲好故事的能力。在这一点上，现代货币理论取得的舆论热度说明合并命题的论述方式是有可取之处的。

总之,"合并命题"与是否要废除独立的中央银行没有关系,它本质上是修辞的问题,是理论宣传方法的问题。就目前来看,现代货币理论的修辞框架对于理论宣传确实起到了推动作用。同时,我们需要避免走向过度简单化的极端。现实是由各种制度复杂性构成的,理解这种复杂性是理论研究的重要任务。

第 十 章

前沿争论（三）：对通货膨胀的争论

第一节 引论

本章将讨论对现代货币理论的争论中的另一个重要问题——通货膨胀的问题。一种流行的批评认为，现代货币理论必然会造成恶性通货膨胀（Palley，2015a，2015b，2019；Mankiw，2019；Summers，2019；Krugman，2019a，2019b；Curran，2019；Sawyer，2019；孙国峰，2019a；张晓晶、刘磊，2019）。例如，耶伦在一次采访中说："那是一种非常错误的理论，恶性通货膨胀由此产生。"（Curran，2019）帕利认为，现代货币理论本质上是总需求微调政策，在菲利普斯曲线非水平的情况下，这种政策会面临充分就业和价格稳定之间的权衡取舍（Palley，2015a，2015b），绿色新政这种大规模的政府支出势必会带来严重的通货膨胀（Palley，2019）。张晓晶和刘磊（2019）认为，现代货币理论主张的是政府支出无约束，但事实上政府支出会面临通货膨胀的约束，因此，现代货币理论是有缺陷的。

本书的第八章讨论了对现代货币理论的常见误解。不难看出，在通货膨胀问题上同样存在类似的误解，这些误解包括将现代货币理论等同于一种政策主张，等同于无限制地扩大财政支出，等同于总需求调控政策和等同于进行财政赤字货币化。前文已经讨论过这些误解，这里不再赘述。

本章将从理论和政策两个角度讨论通货膨胀问题。在理论层面，本章将讨论对通货膨胀形成机制的理论解释。批评者均未关注到后凯恩斯主义经济学的定价理论和通货膨胀理论，这些理论是现代货币理论分析通货膨胀问题的理论基础。货币数量论是批评者的重要理论依据，也是后凯恩斯主义经济学长期批判的理论。因此，本章的第二节将首先讨论货币数量论的理论缺陷，随后研究后凯恩斯主义经济学的定价理论和通货膨胀理论。

在政策层面，本章将讨论现代货币理论的就业保障计划的价格稳定机制。在非主流经济学界，批评者主要从可行性和通货膨胀两个方面批评了就业保障计划（Aspromourgos，2000；Lopez-Gallardo，2000；O'Hara and Kadmos，2001；Seccareccia，2004；Sawyer，2003，2005，2019）。对此，现代货币理论的支持者作出了回应（Mitchell and Wray，2005）。本章的第三节将首先简要讨论就业保障计划的可行性问题，随后基于后凯恩斯主义经济学的定价理论和通货膨胀理论重点分析就业保障计划的价格稳定机制。后凯恩斯主义经济学为非主流经济学界的争论双方提供了共识基础。本章的第四节将对相关争论进行总结和评论。

第二节　通货膨胀理论：货币数量论与后凯恩斯主义经济学

一　货币数量论：理论与历史

货币数量论促使人们从直觉上反对现代货币理论。稍有（主流）经济学常识的人们一听到政府创造货币进行支出的说法，就会立刻反应到滥发货币、恶性通货膨胀、魏玛共和国和津巴布韦。因此，我们有必要讨论货币数量论对通货膨胀的解释。

货币数量论是一种对价格和货币数量之间因果关系的认识。货币数量论的核心观点是，在其他条件不变的情况下，价格变化是货币数量变化的结果。货币数量论立足于一个简单的核算恒等式：

货币数量（M）×货币流通速度（V）=价格水平（P）×实际产出水平（y）

在此基础上，货币数量论假定实际产出水平和货币流通速度都是外生给定的，货币数量是由货币当局外生控制的自变量（外生货币理论），价格水平是因变量，由此货币数量论就将这个恒等式转变成了一种因果关系，即 M 是原因，P 是结果。对此，熊彼特在《经济分析史》中这样总结经济思想史上货币数量论的理论内涵："第一，货币数量是一自变量——特别是，它不受价格和实际交易额的影响而变化；第二，流通速度是一种制度上的已知数，它变化得很缓慢或者根本不变化，但不管怎样，是不受价格和交易额影响的；第三，交易——或者让我们说产出——与货币的数量无关，只是由于巧合，两者才会一道变动；第四，货币数量的变化，除非由同一方向的产出变化所吸收，否则会机械地影响所有的价格，而不问货币数量的增加额是怎样使用的，亦不问它首先冲击的是哪一个经济部门（即谁得到它）——货币数量的减少也是一样。"（约瑟夫·熊彼特，2010，505）

然而，货币数量论并不是解释通货膨胀的好理论。首先，货币数量论与大量现实经验不符。例如，在 2008 年国际金融危机之后美国大规模的量化宽松没有带来明显的价格上涨。货币的流通速度在现实中是不稳定的（Mitchell et al, 2019, 264），中国也出现了货币数量论失灵的情况（陈彦斌等，2015）。在魏玛共和国的通货膨胀过程中，货币流通速度的波动非常明显（Balderston, 2002, 41）。

其次，货币数量论依据的是外生货币理论。在货币数量论的逻辑中，货币数量是外生可控的自变量。然而，本书第五章介绍的内生货币理论认为，货币数量是内生的，相关的内容这里不再重复。根据内生货币理论，现实中的因果联系不是从货币数量到价格水平，而是从产出和价格到货币数量。例如,如果价格水平上升,生产成本随之增加,那么企业为了组织生产就需要从银行获取更多的贷款,货币数量也就增加了。在这个例子里,价格变动是原因,货币数量是结果。

最后,货币数量论以萨伊定律为前提假定。如果一个经济体没有剩余产能,没有非自愿失业,那么政府创造货币进行支出的做法实际上是在与私人部门争夺有限的实际产出。对有限产出的竞价会导致价格水平上升。但是,在市场经济条件下,产能过剩和非自愿失业是常态,萨伊定律是错误的。一系列现实因素都与货币数量论和萨伊定律的认识相去甚远:企业总是会保持一部分剩余产能;充分就业的情况很少出现;不同的收入群体可能会作出妥协;产能不足的问题可能通过新的投资得到解决;政府可以通过税收政策和收入政策来限制私人部门支出和价格上涨。这些因素都使得货币数量论所设想的价格水平上升不会出现。

人们经常将魏玛共和国作为恶性通货膨胀的典型案例。通过对这个案例的经济史考察,我们会发现对于通货膨胀,特别是恶性通货膨胀,具体的社会经济状况而非货币数量变化是决定性因素。这些社会经济状况使得限制通货膨胀的因素全部失灵了。在第一次世界大战结束之后,魏玛共和国面临着极端恶劣的政治经济环境。在国际上,魏玛共和国负担着1320亿金马克[①]的战争赔款压力。这对魏玛共和国的财政而言是异常巨大的负担,"与和约有关的赔款占国家税收收入的50%—65%"(尼尔·弗格森,2012,208)。尽管魏玛政府可能有能力削减一部分政府支出,"但是,要让国家有足够的盈余来支付巨额赔款,而且周期如此漫长,政府就要采取过度从紧的政策,其严苛程度令人难以想象"(尼尔·弗格森,2012,235)。在长期外贸逆差、缺乏外汇黄金储备的情况下,魏玛政府只能通过

---

① goldmark,与黄金挂钩,1金马克等于358毫克黄金。

在外汇市场用纸马克①买入外汇和黄金从而偿付赔款，这导致了马克的贬值。

在魏玛共和国内，第一次世界大战造成了德国领土和劳动力的损失，生产能力的缩减带来了进口需求的增加。同时，在这一时期，魏玛共和国的政治局势很不稳定，国内不同群体处在尖锐的矛盾对立当中。工会力量不断壮大，工会的人数达到新高，工人的实际工资基本上处在上升的状态（尼尔·弗格森，2012，226）。除了赔款，魏玛政府还负担了如士兵抚恤和返乡、支持萧条产业等支出。但是，由于新政府的政治基础薄弱，为了争取不同政治派别的支持，税收和收入政策很难推行。尽管增加税收能够一定程度上抑制通货膨胀，但是，为了获得政治支持，新的税收计划到了1923年通货膨胀已经变成恶性通货膨胀的时候才得以实施（James，1986，42）。

在这样的社会历史条件下，魏玛通货膨胀的根源不在于货币数量的增加，而在于当时的政治局势和经济局势：国内生产能力受到了破坏；政府对外承担了巨额的国际赔款；国内政治动荡，阶级对立严重；国内外不同群体对有限国内产出的争夺激烈。在这种情况下，不同群体对有限产出的争夺带来了恶性通货膨胀。魏玛政府随后陷入了通货膨胀的恶性循环当中：由于实际税收难以增加，价格越是上涨，它越是通过增加货币支出来维持它能够支配的产出份额；魏玛政府越是增加货币支出，对有限产出的争夺就越激烈，价格就会进一步上涨。对于认识魏玛共和国的恶性通货膨胀而言，理解当时极端的政治经济环境要比观察货币数量变化更加重要。

二 后凯恩斯主义经济学的定价理论和通货膨胀理论

后凯恩斯主义经济学以及其他许多非主流经济学流派认为，企业的本质是持续经营（going concern），而持续经营以及利润流目标的实现是通过许多的制度规则来实现的（Lee，2013）。企业的定价

---

① papiermark，不与黄金挂钩。

程序就是这样一种制度规则。后凯恩斯主义经济学认为，企业是通过成本加成的方式制定价格的。在下一期的生产开始之前，企业会首先依据过去的经验对未来的市场状况进行预测，依据现有的信息和对未来的预测来计算产品的单位成本，然后，在单位成本的基础上加上一定比例的利润份额从而形成价格：

价格 =（1 + 加成比例）× 单位成本

按照这一价格，企业制作价格目录、发布广告、接收订单，在订单到来之后，企业按照既定的价格进行生产。不同企业采取的加成方法可能会有所差别：它们对未来产量的判断可能是居于较长的经济周期的平均水平，也可能只是近期的产量水平；它们对单位成本的核算可能只包括原材料、工资等直接成本，也可能还包括广告、运输等间接成本；它们对加成比例的设定可能主要依据的是阶级之间的力量对比，也可能还包括未来投资的内部融资需要、市场结构、产品的生命周期等因素。尽管存在这些差别，但总体来看，企业普遍采取的都是成本加成的定价程序。

历史时间和根本的不确定性是成本加成定价程序的重要特征。市场活动不是在一瞬间完成的。生产需要时间，企业需要在订单到来之前确定价格。在制定价格时，它需要对未来进行预测。但是，未来的市场状况具有不确定性，企业只能依据过去的经验和习惯进行预测。一般来说，企业对未来的需求、价格对需求的影响、竞争对手对价格变动的反应缺乏可靠信息，而对生产的技术条件、成本状况有着更加充分的信息。由于未来市场需求的不确定性，企业不能确定某一时期需求的增加是持续性的还是暂时的，也不能确定企业价格变动会对需求产生什么样的影响。如果企业变动价格，它不能确定竞争对手会作出什么样的反应；如果竞争对手没有追随涨价，那么企业可能会损失市场份额；如果竞争对手追随降价，那么企业可能无法增加市场份额。另外，企业希望能够保持稳定的价格，从而与客户保持稳定的关系，或者说产品忠诚度。最后，重新制定价格还会带来所谓的菜单成本。这些因素使得企业普遍采取成本加成规则来确定价格。

在这种情况下,企业总是会保留一部分剩余产能。这是因为企业希望在市场上出现它未预期到的需求增加时能够有足够的产能来满足需求,避免破坏现有稳固的业务往来。另外,企业保留剩余产能还有其他一些原因,如技术原因(工厂和生产线不是可以无限细分的,在建设时就固定了最大产能)和市场竞争的原因(避免新的竞争者进入市场)。因此,假设我们在单位成本当中只计算直接成本,并且原材料、工资等要素价格稳定的话,那么在产量上升时,企业的边际成本曲线是水平的,而非上升的。只有在产量超出正常产能范围后,由于加班费增加和设备加速耗损等原因,企业的边际成本才会开始上升。

因此,按照成本加成的定价程序,当市场需求发生变化时,企业的反应主要是产量调整而非价格调整。换句话说,企业的定价对市场的需求变化是不敏感的。在正常的产能利用水平范围,如果原材料和工资成本保持稳定,那么企业会按照既定的价格生产并满足市场需求。[1]

后凯恩斯主义经济学的定价理论来源于对企业行为的观察。弗雷德里克·S. 李(Frederic S. Lee)梳理了成本加成定价原理的思想史,其中牛津经济学研究小组(Oxford Economists' Research Group)的研究具有代表性(Lee,1999,83-138)。他们通过与企业家进行访谈来了解现实中的定价行为,他们的研究结论为成本加成定价提供了现实依据。肯·J. 库茨(Ken J. Coutts)和内维尔·诺曼(Neville Norman)梳理了近年来对企业定价行为的经验研究,这些研究普遍支持成本加成定价原理。例如,他们总结了近年来一些中央银行

---

[1] 在不同的加成定价程序中,企业的定价决策对需求的反应会略有不同。例如,如果我们将固定成本纳入到单位成本的计算中,那么随着产量的上升,固定成本会被摊薄,单位成本就会随之下降。拉沃考察了不同的加成定价程序,他得出的结论是,首先,价格随着需求在各个方向上的变化都是有可能的;其次,这些变化都是不显著的,企业对需求变化的主要反应是产量调整(Lavoie,2015,167)。

对定价行为的调查，这些调查得到了以下结论：

在经济周期中，企业通常通过这些方法来满足变化的需求：改变现有产能的产出水平、变动存货数量、堆积或者减少订单数量——价格变化相对来说不重要。

在推高价格的因素中，工资、原材料、能源等成本的增加要比短期需求波动更重要。

一些证据说明，价格上升和下降有不对称性，比起推高价格，需求因素更能降低价格。

市场竞争的程度确实影响了企业对竞争对手的定价的考虑程度，但是，即使在高度竞争的市场里，加成定价仍是普遍的实践。

尽管在不同的产业和时期里，操作方法在细节上会有所不同，但是成本加成定价是非常普遍的，无论是在服务业还是在制造业。

尽管后凯恩斯主义的定价理论为这些经验发现提供了理论支持，并且这些事实支持了后凯恩斯主义的理论，但是这些经验研究似乎没有注意到后凯恩斯主义的理论。（Coutts and Norman，2013，353）

后凯恩斯主义经济学的定价理论为接下来对通货膨胀问题的讨论提供了微观理论基础。后凯恩斯主义经济学认为，通货膨胀问题的核心是收入分配（Lavoie，2015，541–573）。在经济运行过程中，不同的收入群体为了获取更多的实际资源而相互斗争，通货膨胀是这种资源分配斗争的表现。收入分配的斗争表现在工人阶级和资产阶级之间、不同产业的工人阶级之间、食利者阶级与其他阶级之间、国内收入群体与国外收入群体之间等许多方面。这里，我们不妨以工人阶级和资产阶级之间的斗争为例。

后凯恩斯主义经济学认为，经济系统具有阶层化的结构特征。一方面，在劳动力市场，工人阶级有实际工资的目标，他们的实际工资目标取决于一定的社会历史条件下劳动力再生产的要求、阶级力量的对比和劳动生产率等诸多因素。但是，在劳动力市场，劳动者能够争取的只有名义工资水平。另一方面，在产品市场，如前文所述，资产阶级按照他们希望获得的利润水平设定加成比例，在单位成本的基础上进行加成定价，从而形成名义价格。在名义价格水平形成之后，劳动者的实际工资水平最终确定。

假设在一定时期名义价格和名义工资恰好与劳动者的实际工资目标一致，那么不同收入群体都会对收入分配的结果表示满意，而不会去寻求名义价格和名义工资变动。但是，假设因为某些原因，例如进口的能源价格上涨，企业的单位成本就增加了。为了维持原有的利润份额，企业会在新的成本水平上进行加成定价，价格水平也就随之上升。价格水平的上升使得劳动者的实际工资减少，为了维持原有的实际工资，劳动者会要求提高名义工资水平。然后，企业会重新在新的成本水平上进行加成定价，价格水平也就再次上升。如果双方都不愿意作出妥协，都不愿意接受由于能源价格上升带来的实际收入减少，这个过程会持续进行下去。持续性的价格上升，即通货膨胀也就发生了。

由此可见，通货膨胀的核心机制是不同收入群体之间的收入分配斗争。引发一次性价格上升的原因可能有很多，但是一次性的价格上升不等于持续的通货膨胀。一次性价格上升要转变成通货膨胀需要经过持续的分配斗争过程。例如，进口能源的价格上升会带来企业成本的上升，但是，假设资本家和劳动者愿意分担由此而来的实际收入减少，那么价格尽管有可能会一次性地上升，但却不会持续性地上升。

收入分配是一个历史的制度的问题，它取决于阶级力量、社会历史条件、政策等诸多因素。首先，产业后备军会限制工人阶级的涨薪要求。在市场经济条件下，由于失业者会竞争现有的工作岗位，失业者的广泛存在使得劳动者的实际工资要求受到抑制。其次，工会制度、意识形态等社会历史因素影响着收入分配斗争的状况，劳动力再生产所需要的实际工资水平取决于社会历史条件。另外，人们对未来通货膨胀的预期也受到社会历史条件的影响。在价格稳定时期人们常常不会考虑通货膨胀的因素。在持续通货膨胀时期人们则可能会将名义收入指数化。最后，政府的劳动力市场政策和收入政策同样会影响收入分配的斗争状况。

总之,后凯恩斯主义经济学形成了一套不同于主流经济学的定价理论和通货膨胀理论。这些理论可以作为非主流经济学界争论双方的共识基础。接下来,我将以此为基础讨论就业保障计划的价格稳定机制。

第三节 就业保障计划与通货膨胀

一 对就业保障计划可行性的争论

在讨论与就业保障计划相关的通货膨胀问题之前,这里有必要先讨论与其可行性相关的争论。相关的探讨参见贾根良和楚珊珊(2020)。作为非主流经济学界对就业保障计划的重要批评者,马尔科姆·索耶(Malcolm Sawyer)认为,就业保障计划主要存在以下几点可行性上的问题(Sawyer,2019):就业保障计划不能提供足够多的工作岗位,并使得这些工作岗位带来有价值的产出;就业保障计划不能提供足够多的满足高技能劳动者需求的就业岗位,因为就业保障计划提供的都是劳动技能简单的就业岗位;[①] 由于就业保障计划内的劳动者数量会不断波动,这使得就业保障计划的工作项目会间歇性中断;就业保障计划会产生生产资料等资本品支出,这会给一个国家的生产能力和(如果进口资本品的话)汇率造成压力;由于就业保障计划能够提供比公共部门更低的工资,这会导致政府用就业保障计划来替代原有公共部门的服务,原有公共部门劳动者的工资会下降,岗位数量会减少。

现代货币理论的研究者认为,这些问题可以通过合理的项目设计和管理来解决(Mitchell and Wray,2005)。第一,就业保障计划可以在每个社区设立社区工作银行,用来保存事先设计好的可以在

[①] 持此观点的还有 O'Hara 和 Kadmos(2001)。

短时间内开展的工作项目。这些工作项目根据当地实际需求设计，被保存在社区工作银行中等到必要时再启用（Tcherneva，2018）。第二，就业保障计划不是对原有的社会保障体系的废除，失业者仍然可以得到失业保险等补助，他们可以选择在有失业保险的时期重新寻找工作。第三，就业保障计划同样可以提供需要高技能劳动者的工作岗位。并且，如果劳动者的技能状况难以使得他们在私人部门找到工作机会，那么他们可以通过就业保障计划提供的工作机会优化他们的劳动技能。第四，就业保障计划需要合理安排两种类别的工作项目的比重，一部分工作项目是常年向社会提供稳定产出和服务的；另一部分工作项目则是间歇性的或者短期的，这一部分工作项目发挥了应对就业保障计划内劳动者数量波动的作用。第五，就业保障计划和公共部门对劳动者的需求是不同的，工作性质也是不同的，就业保障计划不能够替代原本公共部门的工作岗位。第六，在设计就业岗位的时候，就业保障计划应该考虑它对资本品的需求，在可能的情况下，减少资本品的使用。

总之，对就业保障计划可行性的批评基本得到了现代货币理论的回应。这些批评实际上也推动了现代货币理论不断完善和具体化就业保障计划的制度设计。目前来看，尽管存在一些短时间小范围的公共就业计划，但是，历史上还没有出现真正意义上的为所有失业者提供就业岗位的就业保障计划，这些可行性的问题最终还需要实践来检验。在这个意义上，就业保障计划仍然是一个开放的、不断完善中的政策主张，这一政策主张仍有待于到具体的政策实践中去发展和检验。

二 就业保障计划的价格稳定机制

根据以上对后凯恩斯主义经济学的定价理论和通货膨胀理论的讨论，总体来看，就业保障计划起到的作用是在实现充分就业的目标的同时减少对价格水平的影响。批评者认为，经济体可能会面临来自多方面的通货膨胀压力，例如，国外能源价格上升的压力，因为就业保障计划不能消除通货膨胀的全部可能性，所以，这一政策主张是错误的（Lopez-Gallardo，2000；Aspromourgos，2000）。但实际上，就业保障计划的价格稳定机制主要针对的是工资水平的稳定。在这一点上，我们不能将它看作是维持价格稳定的万能药。

另外，就业保障计划在实施之初会带来一次性的价格上涨或者通货膨胀率的上升。这是因为，随着就业保障计划的实施，许多原本没有收入的失业者获得了收入，收入的上升带来了支出的增加。在这些支出流向的部门，随着需求的增加，该部门的就业人数会上升，就业形势的改善可能会使得劳动者提出更高的实际工资目标，这带来了名义工资和价格水平的上升。需求的增加还可能会增加能源、原材料等进口的生产投入的需求，这可能会带来进口的生产投入的价格上升。如果需求的增加超出了这个部门的潜在产出水平，那么这个部门的产出就不会再上升，取而代之的是价格的上升。因此，对于就业保障计划实施之初价格上升的可能性，现代货币理论是明确认同的（Fullwiler，2013）。这一效应取决于就业保障计划的规模，基于实证模型检验研究者认为，这可能没有批评者所想象的那样大（Kaboub，2013）。

但是，这不意味着就业保障计划对于价格稳定毫无帮助。对此，我们需要明确我们的比较对象。虽然严重的经济萧条可以遏制通货膨胀，但很显然，争论的正反双方都不会接受这种做法。因此，我们需要比较的是不同的充分就业政策对通货膨胀的影响，或者说不同的宏观经济政策中充分就业和价格稳定的权衡取舍关系。接下来，要比较的是就业保障计划和前文已经提及的总需求管理政策。相较于后者，就业保障计划中的两种机制使得它能够在实现充分就业的同时更好地维持价格稳定。①

---

① 埃米利奥·卡尔内瓦利（Emilio Carnevali）和马特奥·德莱迪（Matteo Deleidi）通过他们构建的存量流量一致性模型批评了就业保障计划（Carnevali and Deleidi，2020）。但是，他们构建的模型没有反映就业保障计划的价格稳定机制，只是将就业保障计划处理为财政支出的增加。

第一种价格稳定机制是就业保障计划用劳动力缓冲储备取代了产业后备军,这提供了可持续的价格稳定机制。在市场经济中,总需求的减少会导致失业者的增加,由于就业者这时会面临着更多失业者的竞争,产业后备军的扩大会抑制工人阶级的实际工资要求。就业保障计划用劳动力缓冲储备取代了产业后备军。劳动力缓冲储备指的是在就业保障计划中工作的劳动者。总需求的减少会增加就业保障计划内的劳动者数量;由于就业保障计划的工资被设置在最低工资水平上,私人部门的工资会高于就业保障计划的工资,这为就业保障计划中的劳动者提供了与私人部门的劳动者竞争工作岗位的激励;私人部门的劳动者会面临来自就业保障计划中的劳动者的竞争,劳动力缓冲储备从而发挥了与产业后备军相似的作用。

批评者马里奥·赛卡雷西亚(Mario Seccareccia)就此认为,劳动力缓冲储备和产业后备军没有本质区别(Seccareccia,2004),但事实并非如此。在传统的总需求调控政策中,产业后备军的存在抑制了价格上升,与此对应的失业率也就成了所谓的非加速通货膨胀的失业率。然而,无论是主流经济学还是非主流经济学,很多的经济学家都注意到,非加速通货膨胀的失业率不是稳定的,它会受到当前市场状况的多重影响(Freedman et al,2016;Fontana and Palacio-Vera,2007;Hein,2008,144-149;袁东明,2003)。很重要的一点是,长期失业会使得劳动者的劳动能力、劳动意愿减退。在经济核算中,这些劳动者会转变成非劳动力而非失业者,从而从失业率的统计口径中消失,因为失业率只统计有在持续寻找工作的失业者。[①] 尽管有大规模的产业后备军,但是会和在岗的劳动者竞争工作岗位的只有其中那些具备劳动能力和意愿的失业者,而这些失业者又会随着时间的流逝逐渐失去劳动能力和意愿并转变为非劳动力。

---

① 例如,2008年国际金融危机后,虽然随着经济复苏美国的失业率(失业人口数量/劳动力数量)下降了,劳动参与率(劳动力数量/适龄人口数量)却没有随之明显上升。这说明失业率下降的一部分原因不是失业者找到了工作,而是他们不再去寻找工作,从而不再被统计到失业率当中(Dantas and Wray,2017)。

这意味着，要维持价格稳定，传统的总需求调控政策就必须不断创造并维持足够多的有劳动意愿的失业者。虽然人口的自然增长和移民等因素可以一定程度地缓解这一问题，但是如果这种政策没有创造出足够的"合格的"产业后备军，那么价格稳定就难以持续。

在这个问题上，就业保障计划能够更好地实现价格稳定的目标，因为劳动力缓冲储备取代了产业后备军。劳动力缓冲储备不仅能够发挥和产业后备军类似的作用，而且能够提供持续的价格稳定机制。失业者能够在就业保障计划当中获得生活保障和技能培训，并且维持劳动技能和劳动积极性。① 这一政策使得法定最低工资水平成为事实上的最低工资水平，并且政府可以根据社会发展的需要逐步提高工资水平，缩小收入差距。

第二种价格稳定机制是，就业保障计划不依靠私人部门的需求扩张来间接地解决失业问题，而是直接向失业者提供工作岗位从而实现充分就业，从而缓解新增需求流向过热部门的问题。这种做法与传统的总需求调控政策有很大的不同。传统的总需求调控政策忽略了经济结构问题，本书的第六章讨论了相关问题。考虑到总需求、政府支出、劳动力市场的结构，如果政府支出流向的是劳动者竞争激烈且剩余产能充足的部门，那么价格水平上升的程度就会小于流向劳动力短缺且产能不足的部门的情况。② 如果政策使得需求集中于

---

① 有的批评者指出，失业能够更有效地限制实际工资要求，因为丢掉工作的收入损失要比参加就业保障计划的收入损失更大（Kriesler and Halevi, 2016）。在逻辑上，如果我们下调就业保障计划提供的最低工资水平，那么劳动者显然会更有激励去私人部门谋求工作。这取决于政府在不同目标之间的权衡取舍，取决于政府更愿意维持一个更高的最低生活水平，还是为工资和价格的稳定提供更多的约束力。同时，最低生活水平是有下限的，这个下限取决于特定历史条件下劳动力再生产的要求和社会道德等因素。对此，人道主义作为目的本身应该比价格稳定更加重要。

② 在这种情况下，新古典经济学的总需求调控政策所设想的菲利普斯曲线是不稳定的。有关菲利普斯曲线的理论史参见 Gordon（2011）。按照这一曲线，在短期，失业率和通货膨胀率之间可能存在反向关系，因此，宏观经济政策就可以通过对总需求的微调来使得失业率和通货膨胀率的组合处在一个合意的范围。但是，考虑到结构问题，为了实现同样的就业水平，不同的经济政策相对应的通货膨胀率是不同的。

劳动力短缺且产能不足的部门，那么总需求调控政策就呈现出走走停停的态势。随着总需求的增加，失业状况稍有好转，过热部门的价格上升就会迫使政府转向紧缩政策，非自愿失业的问题也就没有办法得到彻底解决。

因此，政府可以通过让支出流向特定的部门来减少充分就业政策对价格水平的影响。那么，这个部门应该具有什么样的特征呢？假设经济体中存在这样一个产业部门，这个部门基本不会面临产能不足的问题，工资水平是固定的从而不会随着需求增加而上升，所有劳动者可以自由地流入到这个部门中，那么对于实现充分就业和价格稳定来说，最优的选择是让政府支出流向这个部门。但是，私人部门中基本不可能存在这样的部门。就业保障计划的作用实际上是由政府创造与之类似的一个新部门。在这个部门中，政府按照最低工资水平雇佣所有失业者，并且使得就业岗位去适应失业者，从而让失业者都有机会进入这个部门。

第四节 本章小结

总体来看，在通货膨胀问题上，大部分对现代货币理论的批评停留在一个误解上，这些批评将现代货币理论等同于主张政府支出没有任何约束。这种误解是没有必要的。现代货币理论一直强调财政支出应该考虑通货膨胀因素。本章对通货膨胀问题的分析没有停留在这种误解上，而是从理论和政策两个层面更深入地探讨了通货膨胀问题。

在理论层面，本章认为，后凯恩斯主义经济学的定价理论和通货膨胀理论是解释通货膨胀现象的替代性理论。主流经济学界的批评者倾向于认为，现代货币理论没有为通货膨胀提供充分解释。本章的研究说明，造成这种印象的原因是双方的理论背景差异。现代货币理论产生于非主流经济学界，后凯恩斯主义经济学的定价理论和通货膨胀理论早已深入人心，因此，现代货币理论主要是对这些理论进行了通俗化解读。这种解读难免会给主流经济学界的研究者留下错误的印象，让人误以为这些理论是肤浅且不成熟的。但实际上，后凯恩斯主义经济学的定价理论和通货膨胀理论是源远流长的替代性理论。在批判货币数量论为代表的主流经济学理论的基础上，后凯恩斯主义经济学形成了以加成定价过程为核心特征的定价理论和以收入分配过程为核心特征的通货膨胀理论，这是接下来讨论就业保障计划的价格稳定机制的理论立足点。

在政策层面，本章探讨了就业保障计划的可行性问题和价格稳定机制。相关的争论主要发生在非主流经济学界。本章认为，后凯恩斯主义经济学的定价理论和通货膨胀理论为争论双方提供了理论共识基础。在这些理论基础上，就业保障计划具有两种价格稳定机制：就业保障计划用劳动力缓冲储备取代了产业后备军；就业保障计划通过直接向失业者提供工作岗位来实现充分就业。这使得相较于传统的总需求调控政策，就业保障计划能够在实现充分就业的同时减少对通货膨胀的影响。但是，在历史上还没有出现真正意义上的就业保障计划，因此，就业保障计划仍然有待于具体的政策实践去发展和检验。

第十一章

中国经验（一）：对中国人民银行与财政部的制度分析

第一节 引论

接下来的两章是正文的最后一部分。这一部分的主题是基于中国的现实经验对现代货币理论进行研究。第十一章将对中国人民银行和财政部进行制度分析。分析的目的是讨论现代货币理论在中国的制度环境下的适用性。第十二章将研究中国的地方政府债务问题。中央政府和地方政府之间的财政关系是现代货币理论尚未系统研究的问题，本书将结合中国经验对现代货币理论的原理进行拓展。

本章的主题是基于中国的中央银行制度和财政制度讨论现代货币理论在中国的适用性。如前文所说明的，现代货币理论分析了西方国家中央银行和财政部的协同机制，这种协同机制保证了政府能够顺利地通过创造货币进行支出。基于此，现代货币理论为它所论证的财政活动的货币本质提供了制度基础。那么，在中国的现行制度环境下，中央银行和财政部之间是否存在协同机制呢？现代货币理论的制度分析是否适用于中国呢？这些问题的重要性在于，只有在制度基础相似的情况下，我们才有可能进一步探讨现代货币理论的政策主张对中国是否有借鉴意义。

本章的第二节会首先讨论中国人民银行利率目标制的货币政策框架。尽管名义上中国人民银行的货币政策中介目标目前仍然是货币数量指标,但实际上中国人民银行已经基本完成了从数量型到价格型的货币政策框架的改革。本章将回顾这一改革背后的历史和逻辑。第三节将讨论财政活动的准备金效应。考察的重点是中国的国库集中收付制度。与西方国家相比,中国的制度设计在财政活动和货币政策操作的协作上还存在改进空间。第四节将结合以上制度分析讨论现代货币理论在中国的一般性与特殊性。

第二节 中国人民银行的货币政策框架

一 中国人民银行与内生货币理论

外生货币理论至今仍是主流宏观经济学的理论基础,对中国人民银行的货币政策操作的认识通常也基于这一理论。然而,中国人民银行的官方报告为从内生货币理论来认识它的货币政策操作提供了直接证据。在2020年第三季度的《中国人民银行货币政策执行报告》中,中国人民银行以专栏的形式讨论了这个问题,这个专栏言简意赅地陈述了中国人民银行的内生货币观。

这篇专栏首先总结了金融市场上流行的外生货币理论和相关观点。这种观点认为,我们可以通过观察基础货币数量变化和中央银行的资产负债表变化来判断货币当局的货币政策取向。报告明确否定了这种观点:"但事实上,广义货币M2增长与央行资产负债表规模、基础货币之间并无固定关联。"(中国人民银行,2020,7)

中国人民银行对此解释是:"广义货币创造的直接主体是银行而非央行,现实中的广义货币M2由银行通过贷款等信用扩张创造而来,是由银行自主实现的,并不需要用到基础货币。中央银行通过调节基础货币为银行货币创造提供支持和约束,银行贷款创造存款货币时，要根据央行的要求将数量上等同于新增存款货币一定比例的超额存款准备金转存为法定存款准备金，但中央银行并不是货币创造的主体。"（中国人民银行，2020，7）这也就是内生货币理论所说的贷款创造存款的逻辑。商业银行的贷款和货币创造不取决于它所持有的准备金数量。现实中的因果关系是，商业银行依据它对风险的判断发放贷款，在贷款时创造出银行货币，然后再考虑如何满足自身的准备金需求。

随后，中国人民银行进一步批评了货币乘数概念："需要强调的是，货币乘数是广义货币 M2 和基础货币之间的恒等式比例。广义货币 M2 的创造取决于银行行为，而银行贷款创造存款后所产生的缴纳法定准备金的需求，央行既可以通过缩表的降准对冲，也可以通过扩表的再贷款工具提供，这意味着货币乘数其实是一种事后的恒等式结果，并不存在分子和分母之间的直接逻辑关联。传统货币乘数观点反映了对货币创造的机械式观察，未充分认识到商业银行才是货币创造的主体，已不适用于对货币的现实分析。"（中国人民银行，2020，7-8）从中我们不难发现内生货币理论的另一个内容，那就是存款创造准备金的逻辑。商业银行首先通过贷款创造存款，中央银行则通过货币政策操作来满足商业银行的准备金需求。

总之，从中国人民银行的直接表态来看，内生货币理论是对货币系统运行更正确的描述。内生货币理论认为，中央银行不能外生地控制货币数量，但是，它能够外生地控制目标利率。如前文所述，在不同的国家和制度环境下，中央银行实现利率目标的做法有所不同。中国人民银行同样形成了利率目标制的货币政策框架。对此，我们有必要回顾中国人民银行利率目标制改革的历史。

二 从数量目标制到利率目标制

21 世纪后，中国人民银行进行了货币政策框架的改革。这项改革的一个主要目的是为利率目标制的货币政策框架奠定制度基础。尽管名义上中国官方的货币政策中介目标仍然是货币数量，但是，利率目标制的货币政策框架已经基本成型。2018年的政府工作报告首次停止公布货币政策的数量指标（中华人民共和国国务院，2018），这可能标志着中国人民银行的货币政策框架改革已经来到了最后阶段。

但是，这项改革不是一蹴而就的。自1998年以来，中国的货币政策中介目标一直都是货币数量。货币数量通过特定指标来衡量，如广义货币（M2）。2011年，"社会融资规模"作为一种新的指标加入其中，作为对原有数量指标的补充。中国的货币政策框架最开始是数量目标制的，这一定程度上是计划经济的遗留物（周小川，2004）。在计划经济中，金融活动直接由中央计划控制。"在1998年以前，中国人民银行货币政策的实施是通过信贷计划来完成的，信贷计划按产业和地方的金融需求自下而上地编制完成。"（Leung and Lu，2011，287）尽管信贷计划在1998年后被正式废止，但是，我们仍然能从中央银行直接控制货币数量的做法当中看到它的影子。另外，金融市场的价格形成机制在这一时期还不成熟，许多利率仍然处在政府的直接控制之下，这也使得中国人民银行更加偏好数量目标制而非利率目标制。

但是，随着中国金融市场的市场化进程推进，数量目标制的货币政策框架变得越来越不适合货币政策操作。

首先，数量目标在实践中难以实现。内生货币理论认为，中央银行在实践中不能外生地控制货币数量，因为中央银行的职责使得它总是要满足市场的准备金需求。在中国，货币总量指标一般由中央政府决定。如果我们比较M2的增速目标和实际增速，不难发现二者经常有较大偏差。

表11-1　　　　　　　M2的增速目标和实际增速　　　　　　单位：%

年份	2009	2010	2011	2012	2013	2014	2015	2016	2017
M2增速目标	17.00	17.00	16.00	14.00	13.00	13.00	12.00	13.00	12.00
M2增速	28.42	18.95	17.32	14.39	13.59	11.01	13.34	11.33	8.17

资料来源：《政府工作报告》和中国人民银行网站。

其次，市场利率的波动变得更加剧烈。由图 11-1 可以看到，在 2015 年以前，也就是在新的货币政策框架成型之前，中国的市场利率经常处在剧烈的波动中。这种状态显然不利于金融市场健康有序地运行。①

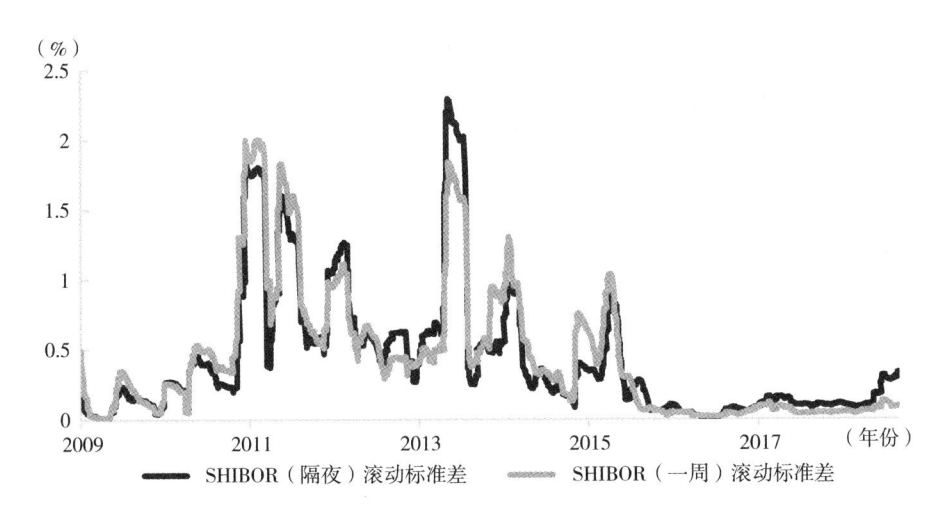

图 11-1　60 个工作日的上海银行间同业拆放利率（Shibor）滚动标准差

资料来源：中国货币网。

最后，随着金融市场的发育以及金融创新的出现，M2 作为数量指标的有效性下降了。金融机构逐渐适应了市场化环境，逐利动机驱使它们进行金融创新来规避利率管制和其他监管措施。这使得 M2 指标难以准确反映金融活动状况，M2 指标与其他经济指标的关联性也变得不稳定了。尽管在 2018 年，中国人民银行调整了 M2 的统计口径，但是，中国人民银行认为，这不能从根本上解决数量指标存在的问题："随着市场深化和金融创新发展，影响货币供给的因素愈加复杂，M2 的可测性、可控性以及与实体经济的相关性都在下降。

---

① 需要说明的一点是，由于中国人民银行没有明确说明货币数量目标是如何决定的，也没有说明中国人民银行在多大程度上坚持了这一目标，我们不能准确地判断中国人民银行实现货币数量目标的操作多大程度上造成了市场利率的波动。

修订 M2 统计口径亦难以从根本上解决数量型指标有效性下降这一问题。为体现高质量发展要求，宜顺应经济金融发展规律，转变调控方式，逐步淡化数量型指标，更多关注利率等价格型指标。"（中国人民银行，2018b，1）

总之，数量目标制的货币政策框架面临着给快速发展的金融市场所带来的挑战。中国人民银行在许多场合都表态认为："随着金融市场和金融产品更趋复杂，M2 的可测性、可控性及与实体经济的相关性都在下降，在完善货币数量统计的同时，可更多关注利率等价格型指标，逐步推动从数量型调控为主向价格型调控为主转型。"（中国人民银行，2018a，3）

三 中国人民银行实现利率目标的模式

本书的第九章讨论了中央银行实现利率目标的不同模式。在不同的国家和制度环境下，中央银行实现利率目标的方式各有不同。在进一步讨论中国人民银行对货币政策框架的改革之前，我们有必要根据改革后的货币政策框架，先概括性地说明中国人民银行实现利率目标的模式。

目前中国人民银行实现利率目标的模式和正常时期的美联储比较相近。在这种模式下，中央银行通过利率走廊设定市场利率的波动范围。利率走廊会设定两个利率：一个利率是从中央银行贷款的利率，商业银行总是可以按照规定的利率从中央银行获取准备金，这个利率设定了利率走廊的上界；另一个利率是商业银行在中央银行的存款利率，商业银行总是可以按照规定的利率从持有准备金中获取利息，这个利率设定了利率走廊的下界。在中国，利率走廊的上界是通过常备借贷便利（SLF）的利率设定的，利率走廊的下界是通过商业银行在中央银行的超额存款准备金利率设定的。

对于利率走廊的宽度，中央银行可以选择将其设置为零从而直接钉住目标利率。一些国家，例如加拿大就将利率走廊的宽度设置在 50 个基点的范围，从而将利率的波动维持在很小的范围内。在中国和美国的制度环境下,利率走廊的宽度被设置在一个相对较宽的范围。在此基础上,中央银行会通过公开市场操作等方式进一步地限制利率的波动,从而避免市场利率在利率走廊中大幅波动。为此,中央银行需要在公开市场操作中准确地预测和满足市场对流动性的需求。如果中央银行作出了错误预判,那么市场利率就可能会偏离中央银行的利率目标。如前文所述,在不存在法定存款准备金和超额存款准备金的情况下,市场的准备金需求是高度利率无弹性的。在中国和美国的制度环境下,法定存款准备金和超额存款准备金使得准备金需求在一定时期内有一定弹性。由于法定和超额存款准备金的存在,即使在某个时期中央银行没有及时准确地满足市场的准备金需求,利率也不一定会马上出现大幅度地波动。

总之,尽管存在一些制度差异,但是,中国人民银行实现利率目标的模式和美联储是比较接近的。在这种模式下,利率被限制在一个较宽的利率走廊中;在利率走廊中,中央银行能够多大程度上稳定利率取决于中央银行在公开市场操作中是否能够准确地预测并满足市场的准备金需求;法定和超额存款准备金一定程度上缓解了市场利率的波动。

四 中国人民银行的货币政策框架改革

中国人民银行的货币政策框架改革涉及很多方面,我们这里主要关注与利率目标制相关的改革。原有的货币政策框架要转向利率目标绝非易事。在原有的货币政策框架下,尽管商业银行的超额准备金利率提供了利率走廊的下界,但是,设定利率走廊上界的货币政策工具是缺失的。虽然中国人民银行提供再贴现工具,但是,通过再贴现工具获取准备金是不便利的。再贴现的商业票据有额度和种类的限制,可以使用再贴现工具的金融机构也有限制。商业银行也可以动用存款准备金,但是,如果商业银行没有达到法定存款准备金要求,那么它就会面临 21.6% 的惩罚性日利率。如果商业银行透支了它在中央银行的账户,那么惩罚将会更加高。总之,真正意义上的利率走廊上界是缺失的。

同时，公开市场操作也是受限的。在原有的货币政策框架下，公开市场操作一周只进行两次（周二和周四的早上）。公开市场操作的频率低，意味着公开市场业务操作室需要对更长时期市场的准备金需求进行预测，这加大了公开市场操作的难度。另外，由于金融创新和国际资本流入的波动，预测准备金需求的难度增加了。中国人民银行在《货币政策执行报告》中指出："只要商业银行贷款增加多、购买外汇多，M2自然也会比较多，因此以往运用贷款和外汇占款变化可以较为准确地预测货币总量变化。但近两年受同业业务快速发展的影响，货币创造渠道发生了一定变化，其背后掩藏的问题也较为复杂。"（中国人民银行，2013b，4）一方面，银行间同业业务（同业渠道）在快速发展，"由于商业银行同业业务易受季节性因素、流动性水平以及监管政策等影响，波动较大，导致M2的稳定性受到影响"（中国人民银行，2013b，5）。另一方面，在2012年人民币汇率形成机制改革之后，国际资本流入放缓，并且变得更加不稳定，这使得市场的准备金需求变得不稳定。

2013年之后，中国人民银行对货币政策操作进行了一系列的改革，引入了新的货币政策工具。这些改革可以概括为两个关键点：一是完善利率走廊机制，二是减少公开市场操作的难度。

2013年，中国人民银行设立了常备借贷便利，从而设定了利率走廊的上限。这个新的货币政策工具在2015年基本成熟。SLF按照事先设定的利率按需为金融机构提供准备金。SLF需要合格的抵押品，目前SLF接受的合格抵押品包括国债、中央银行票据、国家开发银行及政策性金融债、高等级公司信用债等债券资产。由此，SLF设定了利率走廊的上界。

同时，中国人民银行改革了公开市场操作。2014年，中国人民银行推出了短期流动性调节工具（SLO），它是对公开市场操作的补充，用以应对高支付流量时期。2014年的春节期间，中国人民银行运用SLO有效地缓解了市场利率的波动（中国人民银行，2013a）。

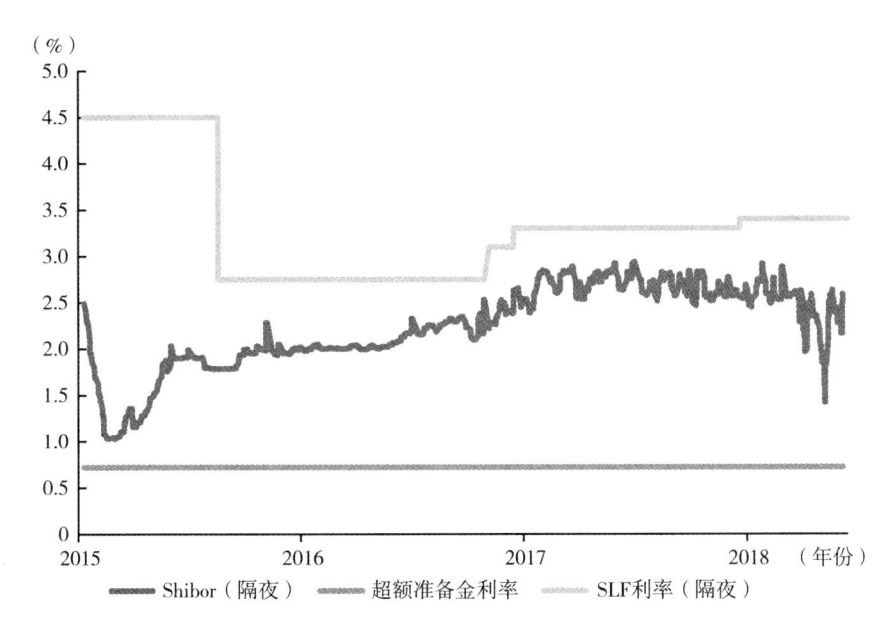

图 11-2 利率走廊与 Shibor

资料来源：中国货币网和中国人民银行网站。

SLO 的成功使得中国人民银行决定进一步改革公开市场操作。从 2016 年 2 月开始，公开市场业务操作室开始每天进行公开市场操作，SLO 也就没有必要再使用了。除了增加公开市场操作的频率，一些新的政策工具也降低了公开市场操作的难度。例如，在 2018 年，中国人民银行创立了临时准备金动用安排（CRA）来为高支付流量的时期提供准备金。按照 CRA 的设计，符合条件的金融机构可以在一定比例内按照它们的需要取出法定存款准备金来应对准备金不足的情况。在高支付流量的时期，公开市场操作为市场提供准备金的压力也就得到了缓解。

值得一提的是，中国人民银行还在《货币政策执行报告》中明确了公开市场操作的基本原则，这被概括为"削峰填谷"（中国人民银行，2017，12）。它的意思是，公开市场操作会在市场的准备金需求高的时候增加准备金供给，在准备金需求低的时候减少准备金供给。这个原则清楚地说明，公开市场操作是在日常操作中满足市场需求，而不是在控制货币数量从而实现某个货币数量目标。

另外，中国人民银行在 2015 年对法定存款准备金制度进行了改革，开始采取平均法考核法定存款准备金。在改革之前，法定存款准备金的计算采取的是时点法，这意味着金融机构是否持有足够的准备金取决于保持期当日结束时的准备金数量。在改革之后，平均法考核的是保持期平均的准备金数量。平均法使得金融机构在保持期（除了保持期即将结束时）可以不必急于调整持有的准备金数量。在准备金不足的时候，它可以将准备金数量暂时地降低到法定存款准备金要求的水平之下。这起到了在保持期稳定利率水平的作用。需要说明的是，根据美国的经验，这种制度也使得金融机构可以对未来的利率水平进行投机。"平均法使得银行通过调整它的准备金需求来对每天，甚至是每小时的联邦基金利率进行投机。市场会努力地预测未来目标利率的变化，预测联邦基金利率围绕着利率目标的变化。"（Lavoie，2005，703）这种预测可能会变成自我实现的预言（Krieger，2002）。这就使得公开市场操作需要考虑这种投机性的准备金需求，这一定程度上会增加公开市场操作的难度。

最后，中国人民银行推出了针对中期利率的货币政策工具。2014 年，中国人民银行推出了中期借贷便利（MLF），通过这个货币政策工具来调控中期利率。除了总量性的货币政策工具，中国人民银行还积极探索结构性的货币政策工具。其中不仅有以前就存在的再贷款、再贴现等工具，还有一些新的货币政策工具。例如，中国人民银行在 2019 年推出了定向中期借贷便利（TMLF），建立了"三档两优"的存款准备金框架。这些结构性的货币政策工具意在为金融机构提供激励机制，从而引导金融机构的行为，支持经济的结构调整与转型升级。

目前看来，这些制度改革成功地减少了银行间拆借利率的波动。这可以从图 11-1 中看出。春节期间，Shibor 波动的减小同样印证了这一点。在中国，春节期间通常是银行间拆借利率大幅度波动的时期：在春节之前，商业银行的准备金需求会显著上升，这会推升市场利率；在春节之后，现金会回流到银行系统，这会推低市场利率。在中国人民银行的改革之后，春节期间 Shibor 的波动状况有了明显的下降。

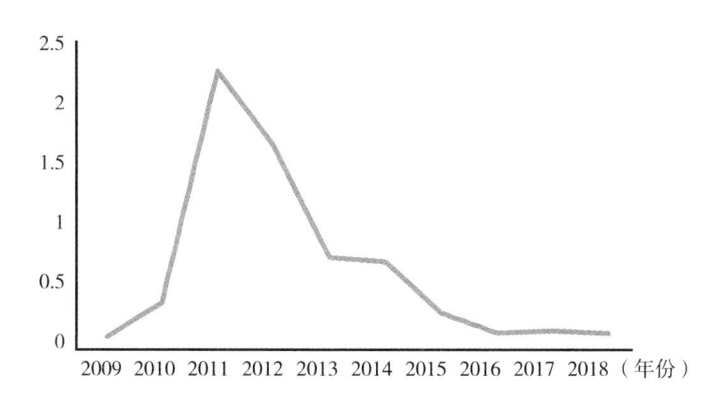

图 11-3 春节期间 20 个工作日 Shibor 的标准差

资料来源：中国货币网。

但是，一些问题仍然有待解决。中国人民银行至今没有明确在利率目标制下会选择什么利率作为目标。就国际经验来说，中央银行一般会选择银行间市场利率作为目标利率。如果依照国际经验，中国人民银行可以选择 Shibor，也可以选择银行间存款类金融机构以利率债为质押的 7 天期回购利率（DR007）或者其他市场利率作为目标利率。可以肯定的是，中国人民银行对于市场利率水平有一个合意的范围，但中国人民银行对目标利率的设置一直没有明确的声明。这就使得金融市场需要猜测中国人民银行所合意的市场利率，而中国人民银行则通过市场上准备金的短期盈缺来引导金融市场靠近它所合意的利率范围。中国人民银行正在试图寻找利率传导的最优路径，从而确定它认为最佳的货币政策框架。这是 2019 年中国人民银行对贷款市场报价利率（LPR）的形成机制进行改革的重要原因。此外，另一个有待解决的问题与财政活动的准备金效应有关。

第三节 国库单一账户体系

本书的第三章解释了财政活动的准备金效应：财政支出会增加私人部门持有的准备金，这会给利率带来下降的压力；财政收入会减少私人部门持有的准备金，这会给利率带来上升的压力。本书的第九章解释了中央银行会在货币政策操作中考虑对财政活动的影响。同时，财政部在财政活动中也会配合中央银行的货币政策操作。因此，不同国家的中央银行和财政部有不同形式的协同机制。在中国，这种协同机制尚未健全，财政活动的准备金效应主要通过中央银行的货币政策操作来应对。

国库单一账户体系是我们理解中国政府的财政活动的准备金效应的制度基础。2001年，财政部对国库管理进行了一次重大改革，建立了国库单一账户体系。在改革之前，财政部会按照当年的预算按期将一笔资金转移到不同政府部门在商业银行的账户上。政府的各个部门则通过它们在商业银行的账户向非政府部门进行支付。旧的体系是分散化的，不利于监督和管理。因此，财政部对原有的体系进行了改革。在改革之后，国库单一账户体系将财政收支集中到了财政部开设在中国人民银行的账户上，如图11-4所示。

国库单一账户体系包括两个部分（钟伟，2013）。第一部分是财政部在中国人民银行开设的单一账户。在2001年的改革之后，它不仅包括中央政府的账户，而且还包括地方政府的账户。第二部分是开设在商业银行的账户，它包括零余额账户和财政专户。

当政府进行支出时，支付是由开设在商业银行账户的零余额账户完成的。每一个政府部门都有各自的零余额账户，其中财政部的零余额账户被用于特定类型的大额支付。这些账户之所以被称为零余额账户是因为这类账户的支付是通过透支来完成的，在每一天结束时这些账户的余额都保持为零。具体过程是这样的：某个政府部

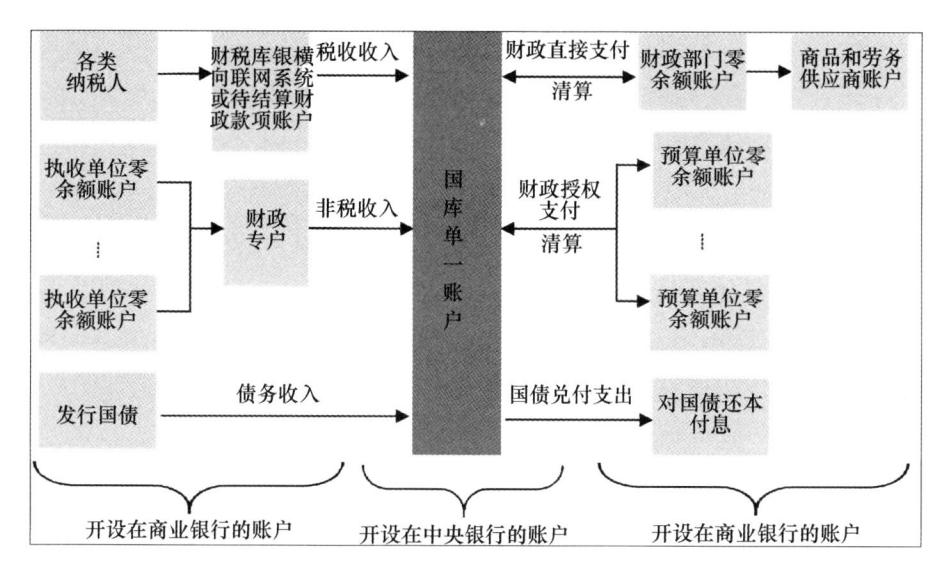

图 11-4 国库单一账户体系

资料来源：钟伟 (2013)。

门向它开设零余额账户的商业银行发送指令；商业银行贷记这个政府部门的零余额账户，借记对应的私人账户；商业银行向中央银行发出申请；中国人民银行将准备金从财政部开设在中央银行的单一账户转移到商业银行的账户上；商业银行将零余额账户上的赤字清零，零余额账户的余额回归到零。除了某些大额支付，准备金从国库单一账户转移到商业银行账户的过程一般是在工作日下午3点到4点完成的。这造成了一个问题。除非利率波动达到了利率走廊的上下界，否则财政支出所带来的准备金效应需要等到第二天早上的公开市场操作来消除。另外，国债的偿还是通过国库单一账户直接支付的。

当政府收取税款时，准备金会从商业银行转移到国库单一账户。如果纳税人是通过财税库银横向联网系统缴纳的税款，那么这个准备金转移的过程是实时完成的。如果不是的话，那么税款会首先转移到待结算财政款项账户，然后在一天以内转移到国库单一账户。至于零余额账户中的非税收入，它们首先会被转移到财政专户。在财政部对收入的相关信息完成核查之后，准备金会被转移到国库单一账户。当财政部发行国债时，国债发行收入会直接转移到国库单一账户。

国库单一账户体系直观地说明了财政活动的准备金效应。和前文介绍的国外经验不同，在中国的财政制度中还不存在灵活的工具和制度规则来处理财政活动的准备金效应。我们在前面讨论过，美国的财政部会在商业银行开设 TT&L 账户，财政部通过这些账户进行国库现金管理，目标是将它在中央银行的账户余额保持在一个稳定的水平上。相比之下，在中国的国库单一账户体系中，政府在商业银行的账户余额被保持在了一个稳定的水平上，这就使得这些商业银行账户起不到缓冲财政活动的准备金效应的作用。

财政部和中国人民银行在 2006 年共同建立了国库现金管理制度，但是，这个制度还没有起到配合货币政策操作的作用。国库现金管理的目的是"国库现金余额最小化和投资收益最大化"（中华人民共和国财政部，2006）。国库现金管理的操作有两种：商业银行定期存款和买回国债，其中商业银行定期存款是目前最主要的操作形式。国库现金管理操作室会每年举行数次拍卖。准备金会被转移到赢得拍卖的商业银行，财政部从而在这些商业银行持有对应数量的定期存款。由于这些国库现金管理操作的频率不高，无论是商业银行定期存款还是买回国债都很难充当管理财政活动的准备金效应的工具。另外，中央政府的国债拍卖由于频率不高，也无法充当管理准备金效应的工具。值得一提的是，因为在国库单一账户体系中地方政府同样通过在中国人民银行开设的账户进行收支，所以它们的财政活动同样有准备金效应。地方政府同样会进行国库现金管理和债务发行。但是，由于类似的问题，这些操作同样无法作为管理准备金效应的工具。

因此，目前中国的财政制度缺乏管理财政活动的准备金效应的工具。在中国的货币政策框架下，管理准备金效应的任务落在了中国人民银行身上。具体来说，如果利率的波动没有超出利率走廊的范围，那么中国人民银行就会通过公开市场操作来应对准备金效应。

按照"削峰填谷"的原则,公开市场操作在税收高峰期或者国债发行的时期向市场注入准备金,在政府集中支出的时期从市场抽出准备金。在《货币政策执行报告》中,中国人民银行将财政活动作为公开市场操作的重要考虑因素。例如,2019年第一季度的《货币政策执行报告》认为该时期货币政策操作的考虑因素是"春节现金投放、税收高峰、地方政府债提前发行"(中国人民银行,2019,11)。

但是,以公开市场操作来应对准备金效应存在一定的困难。首先,政府收支的不确定性增加了公开市场操作的难度。因为财政收支一定程度上取决于经济运行状况,而经济运行状况有很大的不确定性,所以,公开市场操作要准确预测财政活动状况需要一定的技巧和运气。其次,国库单一账户余额的季节性波动是非常剧烈的。这不仅是因为财政收支的规模大,而且是因为财政收入和支出的时机不相吻合。一方面,在很多时候,缴税的截止时期是在一个月的中旬,或者是在一个季度的第一个月的中旬。这个时期是税收的高峰期。另一方面,财政支出通常在月末和年末达到高峰。图11-5显示了财政收支和余额在不同月份的变动情况。最后地方政府的财政收支同样具有准备金效应。一般来说,地方政府财政收支的周期性波动和中央政府是类似的。相比于只有中央政府通过中央银行账户进行收支的情况,这使得财政活动的准备金效应被进一步放大了。

一些来自中国人民银行的学者和官员都指出了这个问题。例如,马骏和管涛认为:"财政大收大支和国库现金管理等问题增加了央行流动性管理和稳定短期市场利率的难度。"(马骏、管涛,2018,3)他们指出:"财政大收大支冲击了市场的流动性,增大了市场利率波动。"又例如,董化杰和王毅(2011,27)指出了国库现金管理和货币政策相互配合的必要性,他们认为:"财政收支的季节不平衡性更是凸显出财政收支与货币政策操作配合的重要性。"

总之,当前中国的财政制度缺乏管理财政活动的准备金效应的工具。在当期的货币政策框架下,公开市场操作是应对准备金效应的主要工具。财政活动的准备金效应加大了货币政策操作的难度。

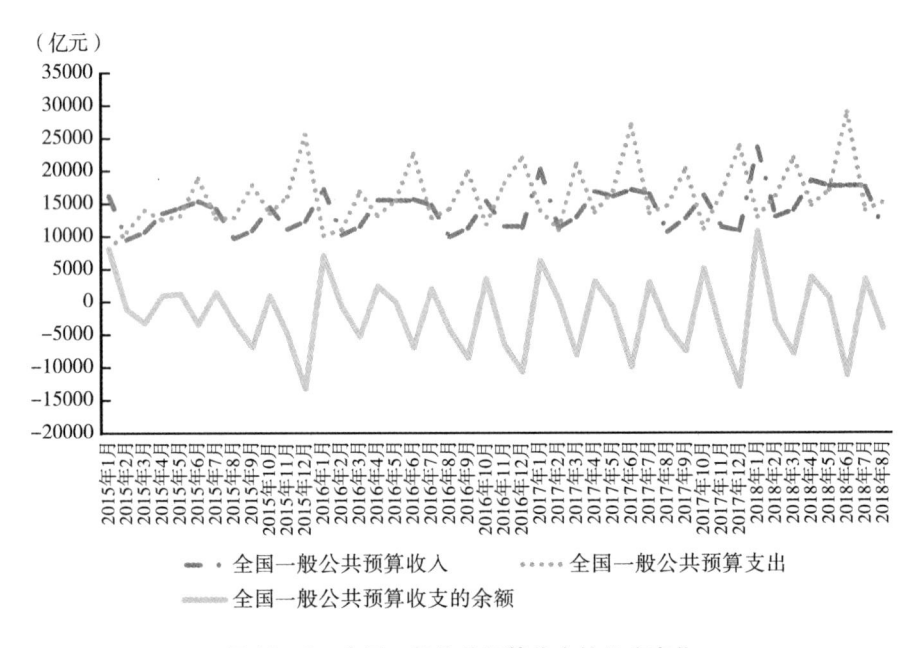

图 11-5　全国一般公共预算收支的月度变化

资料来源：中经网统计数据库。

在未来中国应该加强财政部和中国人民银行之间在相关问题上的信息沟通，并且可以尝试参考美国的 TT&L 账户制度，探寻国库现金管理的新方案。

第四节　本章小结

在货币理论层面，现代货币理论本质上是对现代货币金融系统的制度分析。作为一种制度分析，它的结论肯定具有一般性和特殊性两个方面。从中国的中央银行和财政制度的角度讨论现代货币理论的一般性和特殊性，这是本章所尝试进行的工作。

一方面，现代货币理论的制度分析具有一定的一般性。现代货币理论认为，西方国家的中央银行和财政部之间存在协同机制，这种协同机制依托于两点制度事实，即中央银行的利率目标制和财政

第十一章 中国经验（一）：对中国人民银行与财政部的制度分析

活动的准备金效应。由于这种协同机制的存在，现代货币理论认为，政府总是可以顺利地通过创造货币进行支出。本书的第九章已经讨论过与此相关的中央银行独立性问题。本章对中国人民银行和财政部的制度分析一定程度上印证了现代货币理论的观点。首先，中国人民银行已经基本形成了一套利率目标制的货币政策框架。这背后的逻辑和内生货币理论是一致的。其次，财政活动的准备金效应在现行的国库单一账户体系中得到了直观地展示。因此，在中国的制度环境下，现代货币理论的基本结论具有一定的一般性。

另一方面，现代货币理论的结论具有特殊性。在不同的国家和制度环境下，财政政策和货币政策会通过不同的制度设计来完成。这些区别可能反映了不同国家在发展阶段和内外部环境上的差别。因此，我们不能盲目套用现代货币理论的结论，需要基于制度特殊性对现代货币理论进行批判性思考。一个典型的例子是地方政府的财政活动。在国库单一账户体系中，地方政府在中央银行开设了单一账户。这样的制度设计使得地方政府的财政活动同样具有准备金效应。这和美国等西方国家的制度设计是不一样的。对于这一问题，现代货币理论还没有形成明确的理论认识。地方政府似乎和中央政府处在了类似的位置上。但是，基于本章的制度分析，这不意味着地方政府不会面临融资约束。这是因为，中央政府和中国人民银行限制了地方政府的财政活动。中央政府规定了地方政府债券的上限。即使地方政府通过金融创新绕开中央政府的限制从而增发债务（隐性债务），这些债务也不能作为合格的抵押品从中国人民银行那里获得流动性。没有了中央政府和中国人民银行的支持，这些债务能否成功发行取决于市场对地方政府偿付能力的评估。因此，地方政府仍然会面临破产和债务违约的问题，地方政府的支出能力也就在制度上受到了限制。

第十二章

中国经验（二）：地方政府债务与现代货币理论

第一节 引论

自 2008 年国际金融危机以来，中国各经济部门的宏观杠杆率（负债/GDP）明显上升。中国的明斯基时刻是否会到来成了很多研究者关心的话题（例如，Wray，2018b；Girón，2018）。虽然在中国同样存在金融不稳定动态，但是这种动态有其特殊性。地方政府债务问题就是这样一个具有中国制度特点的问题。

地方政府债务是中国的金融稳定的"灰犀牛"问题。所谓"灰犀牛"指的是很可能发生但是没有引起足够重视的金融风险。2018年，中国人民银行的《中国金融稳定报告》特别关注了地方政府债务问题。报告认为，尽管过去几年对地方政府债务的监管取得了一定成效，但是，地方政府的隐性债务仍然应该引起人们的高度重视（中国人民银行，2018c）。按照中国社会科学院国家资产负债表研究中心的估算，2022 年，中国政府部门的宏观杠杆率（政府债务/GDP）约为 50.4%，其中地方政府杠杆率约为 29.0%（张晓晶、刘磊，2023）。但是，如果算上地方政府的隐性债务，那么这个比重可能会大幅提高。图12-1展示了国际货币基金组织估算的中国广义政府部门的杠杆率。考虑地方政府的隐性债务之后，中国的广义政府部门杠杆率达到了76.9%，已经超过了一般认为的60%的警戒线。根据中诚信国际的估算，考虑隐性债务后，2020年，中国地方政府负债率已经攀升到了70%—76%，共有18个省份的地方政府负债率超过了60%（毛振华、闫衍，2022）。

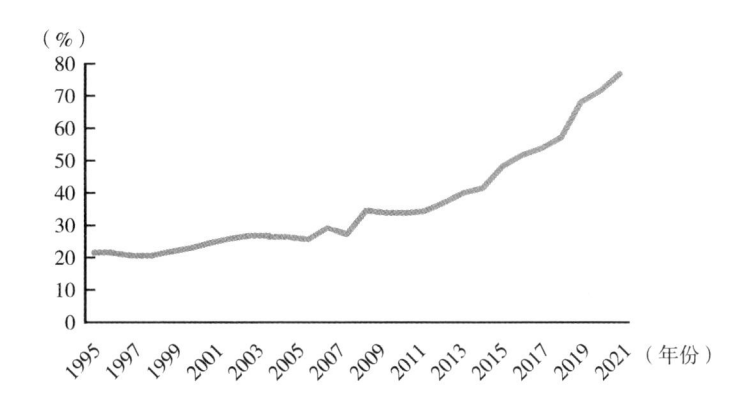

图 12-1 中国广义政府部门杠杆率

资料来源：国际货币基金组织。

贵州省独山县是中国地方政府债务问题的一个典型例子（周群峰，2019）。2018年，这个贫困县的人口为35.6万，年财政收入只有10.08亿元。然而，2019年，这个县的政府债务已经超过了400亿元。这些地方政府债务的形成过程具有典型性：地方政府为了促进当地经济增长而增加支出；这些支出通过隐性债务的方式来得到融资；大量的政府项目无法带来预期的收益；地方政府债务的利息支出的增长超过了地方政府的财政收入增长。2019年，独山县大部分政府债务的利率超过了10%，每年利息支出约有40亿元。独山县在2019年延期支付了约10亿元的债务。显然，独山县已经处在庞氏融资的状态。

中国的地方政府债务与一般的私人部门债务有诸多相似之处：

它们的融资结构有着从对冲融资走向投机性融资和庞氏融资的趋势；它们的制度环境处在动态变化当中，它们都借助金融创新来绕开监管；它们的债务都形式多样并且隐蔽。二者的不同之处在于：私人部门是由利润动机驱动的，而地方政府则是为了实现特定的政策目标；私人部门债务与资本主义生产方式有关，而地方政府债务则与央地财政关系有关。对于这一问题，现代货币理论的意义在于，它为我们思考央地财政关系提供了新的理论框架，从而为解决地方政府债务问题提供了新的思路。但是，现代货币理论的研究者尚未对地方政府债务问题作系统论述。因此，我们有必要基于中国的制度环境，对现代货币理论进行拓展，并在此基础上重新思考中国地方政府债务问题的解决措施。

本书认为，解决中国的地方政府债务问题需要中央政府在财政政策当中承担更重的责任。在中国的制度环境下，财政支出高度集中于地方政府。地方政府债务使得地方政府能够通过增加财政支出来实现当地的 GDP 增长目标。在强化对地方政府债务的监管的同时，中央政府需要承担由逆周期财政政策所产生的财政负担，否则经济下行的压力可能导致对地方政府债务的限制难以持续。解决地方政府债务问题的思想前提是认识到中央政府和地方政府在财政政策空间上的区别，而这需要我们基于主权货币制度重新认识中央政府和地方政府的财政活动。

本章的第二节将简要梳理中国地方政府隐性债务的历史。第三节将分析中国地方政府债务问题产生的制度原因。第四节将基于对现代货币理论进行拓展，重新认识中央政府和地方政府的财政关系。第五节将基于以上分析提出相关的政策建议。

第二节　中国地方政府债务的动态变化

金融创新不仅发生在私人金融活动中，而且还会发生在公共金融活动当中。中国的地方政府债务就是一个典型的例子。对此，我们需要首先明确显性债务和隐性债务的概念。显性债务是合法合规的并且受到监管的债务，而隐性债务则是不合法合规，并且可能不受监管的债务。目前，中国地方政府的显性债务只包括地方政府债券，而隐性债务则形式多样，如地方政府融资平台的债务。对于理解中国地方政府债务的成因，处在监管灰色地带的隐性债务更为重要。

一方面，隐性债务曾经增长迅速，规模巨大。中国人民银行（2018c）的调研显示，在2017年年底X省的省政府债务中，隐性债务比显性债务高出80%，而在2015—2017年新形成的银行涉政项目中，隐性债务占比超过了55%。

另一方面，也更为重要的是，隐性债务处在一个动态变化过程中，这使得隐性债务形式隐蔽、种类多样、难以监管。在这个动态变化过程中，中央政府与地方政府的关系类似于金融监管机构与金融机构的关系。中央政府作为监管者，力图通过规则的制定来监督和管理地方政府的举债行为。地方政府则为了实现政绩，在金融机构的配合下通过发明新的隐性债务手段来逃避监管并取得融资。因此，地方政府的隐性债务在历史上也就呈现出周期性变化的特点：在新的监管措施推出后的短时期内，由于旧的融资渠道受到限制，隐性债务的举借行为会有所收敛；而在更长的时期内，随着新的地方政府融资工具被发明出来，隐性债务又以新的形式死灰复燃。

地方政府融资平台是地方政府融资的重要渠道。融资平台是由地方政府设立和控制的公司。地方政府通过将土地、公共设施的股份等资产转移到这些公司，使得这些公司有足够的资产和收入流从而能够通过金融机构的信用资质审查。此外，地方政府还可能通过提供财政补贴的承诺等方式增强平台公司的信用资质。地方政府融资平台通过银行贷款、债券和影子银行来获得融资。所获得的资金被地方政府用于公共基础设施投资等用途。和很多债务危机一样，在一些案例中同样存在着欺诈问题。例如，地方政府可能会虚造项目来获取贷款，或者用同一块土地充当多笔贷款的抵押品。根据1994年的《中华人民共和国预算法》，在一般情况下地方政府不得发行债券。在这种情况下，地方政府融资平台成了地方政府变相取得融资的重要渠道。2008年，为了应对国际金融危机，中国推出了"四万亿"经济刺激计划，其中约70%的资金需要由地方政府提供。由于地方政府财政收入有限，这极大地刺激了地方政府融资平台的发展。审计署在2011年和2013年针对地方政府债务开展了两次排查。按照审计署公布的统计数据，2011年地方政府融资平台债务总量为31375.29亿元人民币，而到了2013年，它增长到了40755.54亿元人民币，占到了地方政府所有债务的37%（中华人民共和国审计署，2011，2013）。

除了地方政府融资平台，这一时期地方政府还借助其他渠道进行融资。例如，地方政府可以利用地方事业单位或者地方国有企业进行融资。Ong（2006）介绍了在20世纪90年代地方政府如何利用非正规的地方金融机构（农业互助基金和农村信用社）进行融资。由于在当时这些地方性金融机构主要受到地方政府而非中央政府的监管和控制，地方政府可以很便捷地从那里获得贷款。随着后来中央政府收回了对这些地方金融机构的监管权，这种现象才逐渐减少。①

2008年之后，地方政府融资平台债务的飞速增长引起了中央政府的注意。中央政府开始对融资平台进行清查和监管。2014年国务院发文要求剥离融资平台公司的政府融资职能，融资平台公司不得新增政府债务（中华人民共和国国务院，2014）。2014年新修订的《中华人民共和国预算法》允许地方政府在限额内发行地方政府债

---

① 一些中国的学者（如傅勇、李良松，2017）将这种地方政府干预地方金融市场的现象称为"金融分权"。他们认为，对于认识中国经济的增长和周期性变化，金融分权和财政分权同样重要。

券，发行的限额由中央政府规定。对于过去的隐性债务，中央政府决定用几年的时间将其置换为地方政府债券。

由于新的监管措施，地方政府利用融资平台融资的行为受到了遏制。地方政府债券的出现规范化了地方政府债务，使得地方政府债务变得更加公开透明。另外，和原来的融资渠道相比，地方政府债券提供了更低的利率（一部分原因是地方政府债券是免收利息所得税的），降低了地方政府的融资成本。但是，它不能解决偿付能力的问题。如果中央政府坚持不救助地方政府的原则，那么地方政府仍然面临着破产风险。同时，地方政府债券能否完全满足地方政府的融资需求也是一个问题。地方政府债券的发行量受到中央政府的限制，并且地方政府债券的一大部分是专项债券，它募集的资金只能用于专门的项目。

新的监管措施使得一些地方政府转向其他融资渠道。这些融资渠道有些之前就已经存在，有些则是随着近几年制度变化而产生的。例如，为了缓解地方政府的融资压力，中央政府开始支持和推广政府与社会资本合作（Public-Private Partnership，PPP）模式。标准的PPP项目一般不会带来地方政府隐性债务的增加。但是，在实践中出现了许多扭曲的PPP项目：一些地方政府向合作方承诺在未来按照规定的价格逐步回购股份；一些地方政府承诺保证最低的资本回报；一些地方政府还通过财政承诺函的形式为PPP项目提供融资担保。这些做法实际上增加了地方政府的隐性债务。此外，地方政府还利用政府投资基金、政府购买服务、融资租赁等做法获得融资。

隐性债务的动态变化增加了中央政府监管地方政府债务和限制地方政府支出的难度。新的监管措施改变了原有的制度框架，地方政府的行为也就随之发生变化。财政行为的创新使得新的监管措施失效，这和私人金融部门的情况很相似。私人部门的金融创新是由于利润动机的驱使，地方政府冒险通过隐性债务进行融资的动机是什么呢？这是下一节将回答的问题。

第三节 晋升锦标赛与财政体制

一 政府官员的晋升锦标赛

地方 GDP 增长率是中国地方政府财政活动的重要目标。周黎安（2007）首先提出，这种行为的制度基础是地方政府之间以地方 GDP 增长率作为官员政绩指标的晋升锦标赛。晋升锦标赛的机制来源于 Lazear 和 Rosen（1981）提出的"排名锦标赛"（rank-order tournaments）。在排名锦标赛中，"回报方案按照个体在组织中的序数排名而非他的产出水平来进行支付"（Lazear and Rosen, 1981, 841）。国内的学者使用这一概念来解释地方政府官员在晋升中的竞争行为，因为晋升锦标赛当中的激励机制和排名锦标赛是相似的。在当前中国的制度环境下，下级政府官员的任命主要由上级政府决定。地方政府官员为了晋升需要在与同级别官员的晋升锦标赛当中取得优胜。这场锦标赛的竞赛指标主要是地方的 GDP 增长率。它为晋升锦标赛提供了一个可衡量的客观标准。并且，随着在 1978 年之后中央政府权力的下放，地方政府掌握了管理地方事务的更大自主权，这使得地方政府能够影响地方经济发展。在这种制度设计下，晋升动机驱使地方政府官员为了获得更高的地方 GDP 增长率而动用手中掌握的各种资源，其中包括地方政府的财政支出。地方政府之间的竞争是很激烈的。在一次锦标赛的失利意味着官员需要等待一个任期的结束才有机会参加下一次锦标赛。

晋升锦标赛不仅使得地方政府有动力通过增加财政支出来推动当地的经济增长，而且使得地方政府有动力进行制度创新。在许多现行制度没有明确规定的灰色地带，地方政府会冒险进行新政策的实验。一种常见的现象是，如果实验成功了，地方政府能够提高当地的 GDP 增长率从而获得更高的政绩，并且它的行为会被中央政府所认可，在事后被追认为正式的制度；如果实验失败了，那么新的政策会被叫停。并且过去对实验失败的惩罚较为少见，中央政府实际上在默许地方政府进行实验。类似的制度创新同样发生在地方政府的财政行为当中。率先发明和使用新的融资渠道的地方政府能够增加地方财政支出从而带动当地 GDP 的增长，从而在晋升锦标赛当中获得优势。地方政府之间的竞争使得所有锦标赛的参与者竞相模仿和采用新的融资渠道。这使得创新所带来的竞争优势很快丧失。随着地方政府纷纷采取新的融资工具来增加财政支出，地方政府的隐性债务也就普遍上升了。

二 央地财政平衡目标

催生地方政府债务问题的另一个重要因素是央地财政平衡目标的矛盾。[①] 在当前财政体制下，上级政府能够很大程度上决定它与下级政府之间财政收入和支出责任的分配。为了减少本级政府的财政赤字，上级政府常常将财政收入更多地留存于本级政府，而将财政支出交由下级政府负责。具体来说，这种财政负担向下转移的趋势和以下制度安排有关。

首先，中国财政体制呈现收入相对集中，支出分权显著的特点。这种中央政府和地方政府的财政制度安排是改革开放后财政体制改革的结果。1978 年以前，中国的财政收支是高度集权的，财政活动服务于计划经济对资源配置的要求。1978 年之后，经济改革的重要内容是给予地方政府更大的财政自主权，也就是所谓的"分灶吃饭"。这一时期出现了形式多样的财政包干制度。在财政包干制度下，地方政府享有大部分的税收。中央政府和地方政府进行谈判，

[①] 实际上，这不是中国独有的现象，在许多国家的央地财政关系调整中都存在类似的现象。例如，里根政府时期美国减少了联邦政府对社会保障项目的支出，相关项目的支出责任转移到了州政府身上。同时，里根政府还减少了对州政府的财政支持。1986 年，联邦政府废除了尼克松时期创立的政府收入分享计划（General Revenue Sharing），以此来缓解联邦政府赤字。这些政策调整造成了州政府的财政困难（Zimmerman, 1991）。

按照一定的规则确定收入上缴比例。中央政府按照这个比例从地方政府获得财政收入。大量财政收入和支出责任被转移到了地方政府，调动了地方政府推动本地经济建设的积极性。但是，这也造成了在这一时期中央财政收入在全国财政收入中的占比持续下降。在当时的历史条件下，这造成了中央政府的财政压力，限制了中央政府的宏观调控能力（楼继伟，2019）。当时甚至还出现了两次中央政府向地方政府借钱并且不予归还的情况。因此，1994年的分税制改革按照税种对中央和地方政府的税收收入进行了划分。在分税制改革之后，中央政府财政收入不足的问题很快得到扭转，中央财政收入走上了快速增长的轨道。中央政府和地方政府之间收入集中、支出分散的财政关系就此稳定了下来。

具体来说，一方面，除了征收中央税，中央政府还在中央地方共享税种中占据了主导地位。2016年，中央政府占有了53.9%的增值税，64.9%的企业所得税和60%的个人所得税（王志刚，2018）。另一方面，多数类别的政府支出主要由地方政府承担。在2016年，地方政府负担了99.3%的卫生服务支出，95.9%的社会保障和就业支出，94.8%的教育支出，93.5%的节能环保支出和92.3%的交通运输支出（王志刚，2018）。这意味着，地方政府债务问题不仅威胁着金融稳定，而且威胁着公共服务的正常供给。债务的累积可能迫使地方政府将降低杠杆率作为它的主要目标，那么它将不得不牺牲在社会保障、教育、医疗等领域的公共支出。

其次，在收入集中、支出分散的财政关系下，地方政府的财政缺口需要中央政府的财政转移支付来弥补，但是政府间的财政转移支付没有形成稳定的制度规则，在很大程度上由中央政府与地方政府之间的谈判来决定。一般来说，中央政府在谈判当中处于优势地位，在很大程度上能够决定最终的分配结果。同样的情况也存在于各级地方政府之间。由于分税制改革在省以下地方政府进展缓慢，基层政府没有稳定的财政收入来源，更加需要依靠上级政府的财政转移支付。由于上级政府倾向于优先考虑本级政府的财政平衡，这

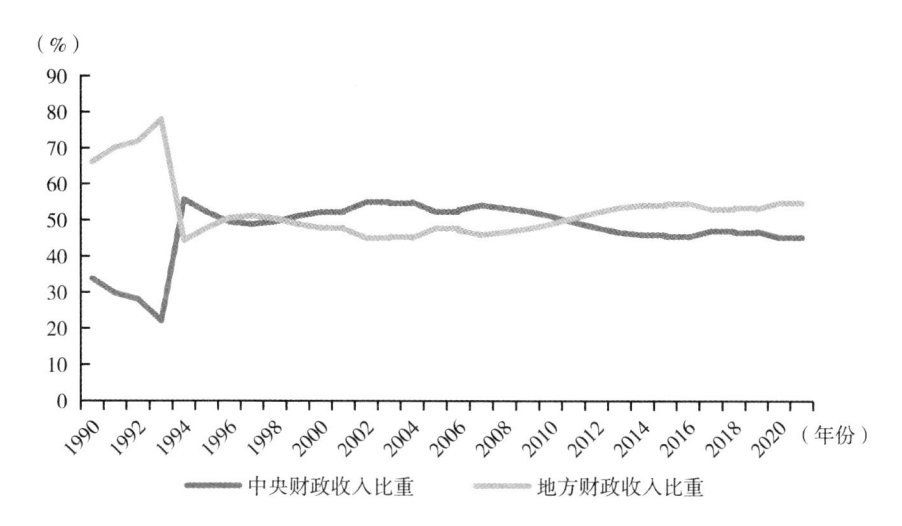

图 12-2 中央和地方的一般公共预算收入占比

资料来源：国家统计局。

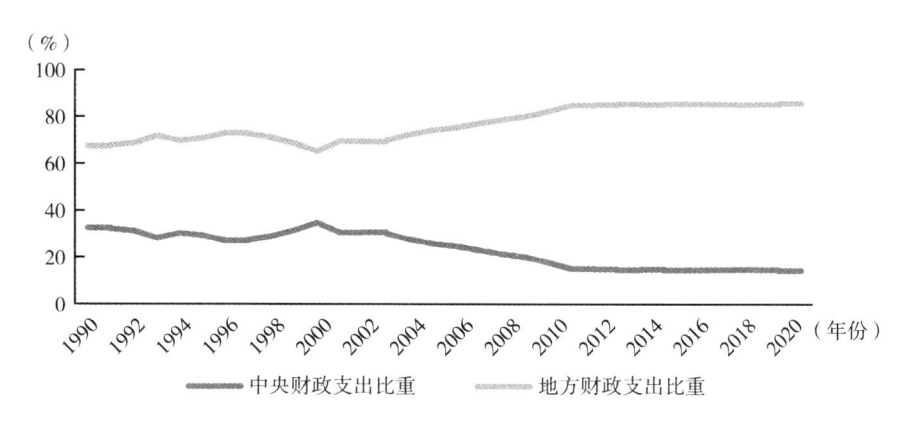

图 12-3 中央和地方的一般公共预算支出占比

资料来源：国家统计局。

就造成了财政收入的层层上移。

最后，中国存在财政支出责任和财政支出决策不相匹配的问题。一种典型的情况是中央政府"点菜"，而地方政府"埋单"。也就是说，中央政府要求地方政府完成某项任务，但却不给予对应的资金支持。这种情况同样出现在各级地方政府之间。由于上级政府能够将支出责任转移到下级政府，并且上级政府优先考虑本级政府的财政平衡,这就造成了财政支出责任的层层下移。

因此,现行财政体制使得上级政府在很大程度上能够决定政府间财政收入和支出的分配。由于上级政府倾向于优先考虑本级政府的财政平衡,这也就不难理解为什么地方政府债务集中于基层政府了。例如,中国人民银行(2018c)的调研结果显示,在 X 省的地方政府向银行借取的隐性债务总额中,区县级占到了 45%,市(州)本级占到了 40%,而省本级仅占约 15%,远低于市县两级。

三 地方政府债务的三难问题

总之,由于地方政府晋升锦标赛和中国财政体制的特点,地方政府的财政支出在扩张性财政政策中发挥了主要作用,这带来了地方政府债务的增长。在经济形势不佳的时候,地方政府为了实现自己的经济增长目标会增加它们的财政支出。在支出高度分权的财政体制下,地方政府的财政支出在全国财政支出中占了很高的比重。因为上级政府会优先考虑本级政府的财政平衡,这使得下级政府财政支出的需要难以通过税收和财政转移支付得到满足。在这种情况下,地方政府自然会寻求通过扩张债务来维持和增加财政支出。由此可见,地方政府债务的增加是一个三难问题的结果。如图 12-4 所示,中央政府债务率稳定、地方政府债务率稳定和经济增长构成了不可能三角。地方政府债务增长是中央政府在这三个目标中权衡取舍,并最终选择了中央政府债务率稳定和经济增长这两个目标的结果。

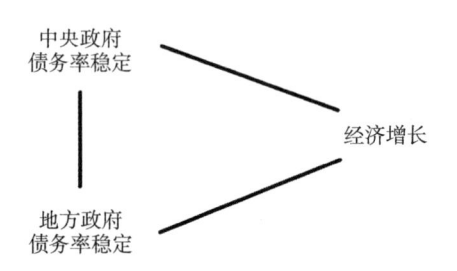

图 12-4 地方政府债务问题的不可能三角

限制地方政府债务的一个困难之处在于：在这个三难问题中，经济增长、中央政府的债务水平稳定、地方政府的债务水平稳定难以同时达到。首先，政府将保持经济增长作为目标。在经济不景气的时候，政府会通过增加财政支出来提振经济，但这可能会造成政府债务规模的上升。其次，政府将稳定债务水平作为目标。但是，在经济不景气的时候，这会限制政府使用财政政策来刺激经济。最后，债务负担必然要在中央政府和地方政府之间进行划分。由于这三个目标不能兼得，中央政府不得不在这些目标之间进行权衡取舍。这使得中央政府对地方政府债务的限制难以持续。在经济形势下行的时期，中央政府为了刺激经济同时为了避免中央政府债务的大幅上涨可能会重新放开对地方政府债务增长的限制。中央政府可能会提高地方政府债券发行上限，或者放松对地方政府隐性债务的监管。例如，2018年年底，中央政府提前上调了地方政府债券的上限。这个上限一般是在每年的3月进行调整的。这被视为当时应对经济下行的积极财政政策的重要内容。到了2019年3月底，新增的地方政府债券额度已经用掉了85%。又例如，2014年强化对地方政府融资平台的监管之后，一些地方政府项目一度陷入了信贷紧张，甚至停工的境地。2015年中国经济又恰好面临着下行压力。为了稳定经济形势，中央政府一定程度地放宽了限制，允许已有的地方政府融资平台项目继续从银行获得贷款。中央政府还给予了一部分融资平台参与PPP项目的资格，这一定程度上诱发了以伪PPP项目为形式的隐性债务增长。

因此，虽然解决地方政府债务问题需要强化监管，但是，强化监管并不能解决全部的问题。现代货币理论为解决地方政府债务的三难问题提供了理论参考。为了避免地方政府债务问题的死灰复燃，中央政府需要放宽中央政府的财政平衡目标，在财政政策当中发挥更加重要的作用。这是下一节将讨论的话题。

第四节　现代货币理论视角下的央地财政关系

基于对中国央地财政关系的考察，我们有必要对现代货币理论的原理进行拓展从而分析地方政府债务问题，这是此前现代货币理论的研究者尚未进行的工作。相关的理论拓展可以概括为四个主要命题。

第一个命题是：税收没有为中央政府提供融资，但为地方政府提供了融资。在主权货币体系下，主权货币是一国中央政府的负债。中央政府不能用税收来为它的支出进行融资，因为税收是回收它自己的负债。这和企业融资不同。当企业贷款的时候，企业的资产（银行存款）与负债（银行贷款）都增加了。企业可以用新增的资产来进行支付。但是，这样的过程没有发生在中央政府的资产负债表上。税收减少了政府的负债，没有增加政府的资产。中央政府总是在通过创造货币的方式进行支出，并且财政活动会产生准备金效应。按照同样的逻辑，国债也不能为中央政府提供融资。国债的发行是为了实现货币政策目标。本书的第三章已经说明了相关内容，这里不再赘述。

对于地方政府而言，税收和其他财政收入为它提供了融资，因为地方政府不是主权货币的发行者，在地方政府的资产负债表上，主权货币是地方政府的资产。税收会增加地方政府的资产，支出会减少资产。另外，地方政府的财政活动同样可能产生准备金效应，这取决于地方政府是否通过开设在中央银行的账户进行支出。[①]

---

① 如果我们将中央政府的财政部和中央银行分开来讨论，那么情况会复杂一点，但是结论是一样的。本书的第十一章说明了在我国的国库集中收付制度下，中央政府和地方政府的收支都会带来市场上准备金数量的变化。同时，中国人民银行逐步形成了利率目标制的货币政策框架。财政活动的准备金效应会带来市场利率的变（转下页）

第二个命题是：中央政府和地方政府的财政政策空间是不同的。对于一个拥有完全货币主权的中央政府而言，它总是可以负担任何以本国货币计价的支出。因此，中央政府不会因为无法支付本币计价的债务而违约。在这种情况下，中央政府的杠杆率高低不能反映中央政府违约的可能性。如前文所述，中央政府的财政政策空间取决于它的货币主权状况。

地方政府的财政政策空间则取决于财政收入。地方政府需要首先通过税收、中央政府转移支付或者发行债务来获取主权货币或者银行存款，然后才能进行支出。如果地方政府无法获得足够的收入，那么地方政府就有可能面临破产。当地方政府的融资结构被明斯基所说的庞氏融资主导时，大规模的地方政府债务违约乃至危机就有可能发生。

因此，将中央政府债务和地方政府债务相加来计算杠杆率，并以此来衡量政府债务的违约风险的做法是不正确的。为了判断政府债务是否处在合理范围，一种常见的做法是为政府杠杆率估算阈值。政府杠杆率是否超过了阈值被视为政府债务风险高低的评判标准。但是，这种做法是有问题的。一方面，中央政府的违约风险取决于它是否拥有货币主权。对于拥有货币主权的中央政府而言，政府的违约风险不会因为中央政府债务的增加而上升。另一方面，对于具备货币主权的国家而言，地方政府仍然可能违约。这种评估方法不仅忽视了中央政府的货币主权问题，而且忽视了中央政府债务和地方政府债务的区别。

（接上页）化。为了稳定市场利率，中国人民银行会通过货币政策工具来抵消这种影响。商业银行愿意持有中央政府债券，因为这些债券提供了比持有准备金更高的利率，并且它们总是可以用中央政府债券从中央银行获取准备金。如果国债利率大幅上升，那么中央银行就会在市场上逆回购国债，从而保证市场利率的稳定。在这种情况下，中央政府的国债拍卖很容易成功，中央政府总是可以通过创造货币来进行支出，这样的结果和直接向中央银行卖出国债没有本质区别。但是，正如上一章结尾谈到的，中国人民银行只接受高评级的地方政府债券，并且地方政府债券的发行数量受到中央政府控制，这使得地方政府进行支出的能力是受到限制的。

需要说明的是，这不意味着我们应该让中央政府承担所有支出。财政支出责任的分配取决于政府间实现公共目标的效率差别。对于某些类型的财政支出，地方政府会更加了解当地的具体状况，能够更加有效率地管理项目。

第三个命题是：财政收入的分配不是中央政府和地方政府之间的零和博弈。一种常见的观点认为，财政收入决定了政府运用财政政策进行宏观调控的能力；当中央政府和地方政府确定财政收入的分配比例时，双方处在竞争关系当中，一方政策空间的扩大意味着另一方政策空间的缩小。然而，这种观点只有一半正确。财政收入的分配不会影响中央政府的政策空间，只会影响地方政府的政策空间。对于具有完全货币主权的国家而言，地方政府的财政收入增加不会造成中央政府支出能力的下降，中央政府没有理由据此减少地方政府的财政收入。在这种情况下，中央政府的融资需求不是财政收入的分配能够实现或者应该实现的目标。

对于地方政府来说，由于它们需要获得财政收入才能进行支出，财政收入的分配就成为了对地方政府财政支出的一种约束。在中国的制度环境下，中央政府可以通过调整地方政府的财政收入，影响地方政府财政支出的政策空间。但是，这不足以完全限制地方政府的支出，因为地方政府可以通过举债来为自己融资。要使这种约束有效就需要限制地方政府债务的数量，并且让相关的责任人会为此受到惩罚。只有具备了必要的制度条件，中央政府才可能完全限制地方政府的支出。

第四个命题是：功能财政的财政负担应该主要由中央政府承担。对于具有完全货币主权的国家而言，功能财政是可行的，但是，我们需要考虑中央政府和地方政府的财政关系。假如存在非自愿失业，政府部门应该增加其支出，这时支出责任的划分有三种可能的情况：完全由中央政府增加支出；由地方政府进行支出，同时由中央政府对地方政府提供转移支付；完全由地方政府进行支出。在前两种情况下，政府违约的可能性并不会上升。在第三种情况下，如果地方政府税收收入保持不变，那么地方政府债务总额就会增加，债务违约的可能性就会上升。因此，功能财政需要主要由中央政府承担由此产生的财政负担。对于逆周期的财政支出项目，中央政府需要承担主要的支出责任，或者为地方政府提供专项财政转移支付。地方政府与此相关的支出责任应当与其财政收入相适应。

同时，功能财政需要合理安排地方政府的财政支出结构。考虑到地方政府的财政约束，假如地方政府想要促进地方经济增长并维持财政平衡，那么它们会优先选择在短期内可以带来收益的项目。但是，这些项目常常是私人资本涌入的领域。如果在这些领域没有足够的劳动力、自然资源和生产能力，那么地方政府的财政支出就可能会造成通货膨胀和挤出效应。因此，只是管理地方政府的支出总额和债务总额是不够的，中央政府有必要基于经济结构状况对地方政府的财政支出结构进行管理。

第五节　本章小结

由于地方政府官员的晋升锦标赛，地方政府会通过增加财政支出的方式来实现 GDP 增长。由于财政制度中存在着将财政负担向下转移的倾向，地方政府需要借助地方政府债务为支出融资。由于中央政府自身的财政平衡目标，中央政府依赖地方政府支出和地方政府债务来实施扩张的财政政策。由于地方政府债务的三难问题的存在，中央政府对地方政府债务的监管难以持续。解决中国的地方政府债务问题不仅需要加强对地方政府债务的监管，而且更重要的是要解决经济增长目标与财政可持续目标的相容性问题。

要解决目标冲突的问题有两种可能的办法。一种是祈求市场能够自发地实现充分就业，从而无须财政政策发挥作用。过去的历史经验表明，这是一种幻想。虽然贸易顺差可以增加国内就业，但随着中国经济的转型，贸易顺差的作用在未来可能会大大下降。另一种可能的方法则是放弃某个政策目标。根据对现代货币理论的理论拓展，最好的选择是放弃中央政府的财政平衡目标。这是因为，对于一个具有完全的货币主权的国家而言，中央政府总是能够偿还以主权货币计价的债务，而不存在违约风险。

为了解决中国的地方政府债务问题，中央政府需要在财政政策当中扮演更重要的角色。扩张性的财政政策所产生的财政负担应当主要由中央政府承担。在经济形势不佳的时候，中央政府应当更大规模地增加支出，或者为地方政府提供更多的财政补助，而不是放开地方政府债务约束来增加地方政府支出。这种做法依据的不是中央政府的收入水平或者资产数量，而是央地的财政活动在本质上的区别。总之，解决中国的地方政府债务问题的思想前提是打破财政平衡观念。只有打破了这些观念，财政政策才能大有可为。

第十三章

结　　论

第一节　现代货币理论的过去

作为对全书的总结，本章将从过去、现在和未来这三个角度评价现代货币理论。评价现代货币理论的第一个角度是经济思想史。本书的理论脉络部分回顾了现代货币理论的思想来源，这包括以克纳普和英尼斯为代表的国家货币理论、以后凯恩斯主义经济学为代表的内生货币理论、以勒纳为代表的功能财政思想、以明斯基为代表的就业保障计划和以戈德利为代表的部门收支分析方法。这一部分从经济思想史中深入挖掘了现代货币理论的底层逻辑和理论内核。经济思想史的考察结论认为，现代货币理论是在继承和发展以上非主流经济思想的基础上形成的一种货币理论和宏观经济理论体系。现代货币理论既不是陈旧理论的堆叠，也不是无来源的突发奇想，而是由多条非主流经济思想脉络汇集而成的理论体系。无论是在具体理论层面还是在理论体系层面，现代货币理论都作出了一定的理论贡献。相关的内容已在这一部分的结尾进行了说明。

本书考察的内容只是经济思想史的冰山一角。第一部分主要考察的是对现代货币理论产生直接影响的经济思想。如果我们将这一部分内容置于更加广阔的经济思想史视野中，那么这些经济思想有着更加源远流长的思想史脉络。以国家货币理论为例，在经济思想史上长期存在着商品货币论和信用货币论这两种货币理论传统，国家货币理论是对以信用货币论的继承和发展。商品货币论和信用货币论这两种货币理论传统在货币本质、货币流通机制和货币系统演化等问题上存在明显的分歧。在经济思想史上，这两大货币理论传统之间发生了三次著名论争，即英国 19 世纪初的金块论争、英国 19 世纪中期的通货学派与银行学派论争、美国 19 世纪后期的绿背纸币论争（贾根良、何增平，2018a）。相关的内容值得货币理论研究者进一步探究。这个例子要说明的是，经济思想史仍然是一座有待后人发掘的富矿，可以为我们今天发展经济理论提供思想营养。

本书试图通过经济思想史的考察为经济思想史的学科价值提供例证。在当今经济学界，经济思想史的学科价值备受质疑。尽管在过去马克思主义主导的重视"两史一论"的经济学课程体系中，经济思想史是经济学的核心课程，但如今经济思想史的不受重视已是公认的事实。这背后的一大原因是新古典主流经济学及其辉格主义历史观的侵袭（贾根良、贾子尧，2016）。这种西方主流经济学的历史观反对历史唯物主义，主张经济学史是一个直线上升的发展过程，从而为西方主流经济学的历史地位辩护。按照这种历史观，马克思主义经济学、后凯恩斯主义经济学等非主流经济学和经济思想史都是没有价值的，最新的西方主流理论是最正确的。然而，本书的思想史考察说明，至少在本书涉及的领域，经济思想史上长期存在着不同于当今主流经济学的经济思想演化脉络。尽管这些经济思想被打上了"非主流"的标签，但是这不意味着这些经济思想就必然是错误的。相反，这些经济思想中蕴藏着真知灼见，没有所谓的"判决性实验"证伪过这些经济思想。因此，主流和非主流经济学的划分不是由客观真理性判定的，而是由社会历史性决定的，是由社会历史环境和科学社会结构决定的。

因此，经济思想史研究力求摒弃一种经济学的傲慢。这种普遍认知认为，西方主流经济学范式代表着客观真理和探索客观真理的唯一正确方法。按照这种观点，无论是现代货币理论这种非主流经济学说，还是国际金融危机这种反常经济现象，都应该只通过这种范式加以诠释。这在当前学界对现代货币理论的误解上体现得淋漓尽致。然而，一旦人们试图放下这种自负，试图客观地了解替代性的经济思想，他们马上会遇到一个难题。既然人们只有接受了长时间的主流经济学的系统教育和学科训练才能读懂主流学术期刊上的论文，那么人们要如何获得必要的基础知识使得他们能够理解非主流经济理论呢？我们为什么能坚信在不具备基础知识的情况下我们就可以开始指摘非主流经济理论呢？实际上，在当今的经济学教育中，经济思想史几乎成为人们接受非主流经济学理论的唯一窗口。在这个意义上，经济思想史仍然具有不可替代的学科价值，直到对西方主流经济学的信仰将其吞噬。总之，本书强调经济思想史的研究方法，因为经济思想史使得我们可以理解不同于主流经济学的经济理论。

第二节　现代货币理论的现在

评价现代货币理论的第二个角度是当前现代货币理论的现状和争论。在广义上，这些内容也属于经济思想史的研究范畴。本书的第二章回顾了现代货币理论产生、发展、传播和兴起的过程。现代货币理论产生于20世纪90年代，但直到2019年之后才开始受到广泛关注。本书认为，现代货币理论的兴起是特定国际经济环境和社会历史阶段的产物。主流理论与经济现实的矛盾对抗是现代货币理论受到广泛关注的社会历史根源。

本书在前沿争论中解读了现代货币理论。本书的一条逻辑主线是，经济思想史使得我们能够正确理解现代货币理论，在此基础上，本书将这些认识与现代货币理论的前沿争论相互比照，从而探讨争论中的前沿问题。本书的前沿争论部分梳理了现代货币理论的相关争论，澄清了六种代表性误解，并深入探讨了争论的两个重点问题，即中央银行独立性问题和通货膨胀问题。本书认为，对现代货币理论的误解的长期存在是特定社会历史条件和科学社会学结构的结果。外部历史中重构财政政策的诉求使得关注现代货币理论的热潮具有长期性，内部历史中非主流经济学的边缘地位使得对现代货币理论的误解在所难免，误解的长期存在是这两股历史趋势共同作用的结果。

本书认为，现代货币理论的现状和争论具有社会历史性，其理论结构和社会结构是互为表里、相互支撑的。在理论结构层面，主流经济学和非主流经济学的理论范式相互对抗，主流经济学范式占据了主导地位。现代货币理论有着与主流经济学截然不同的理论基础，这阻碍了人们理解现代货币理论。科学哲学家托马斯·库恩曾指出，不同的研究范式之间存在"不可通约性"（托马斯·库恩，2012，166）。库恩认为，不同的研究范式有着不同的选择有效理论的规则系统，而"不可通约性"指的是，来自不同研究范式的科学家会用不同的方式来看待观察结果，这使得双方的沟通是不完全的。换句话说，来自一种研究范式的科学家难以充分理解来自另一种研究范式的话语。尽管能否将范式这一概念套用在经济学上还有待讨论，但是非主流经济学和主流经济学之间的确存在着类似的问题，对现代货币理论的误解就是例证。更为重要的是，尽管存在不可通约性，但是主流经济学占据了范式主导地位，这意味着这种理论范式具有解释经济理论和经济现象的优先权。除非有强烈的外生冲击撼动了主流经济学的解释，不然的话主流经济学的优先解释就会顺理成章地成为正确解释甚至唯一解释。对现代货币理论的误解及其长期存在就是例证。

在社会结构层面，科学社会学结构维持着理论结构的长期存在。本书的第六章探讨了争论中非主流经济学的边缘地位。这种边缘地位不是由客观真理性决定的，而是由种种科学社会制度决定的。除了第六章探讨过的内容，其中更广泛地还包括学科评估标准、学术期刊导向、学科课程设置、新闻媒体渠道等因素。这些因素使得主流经济学范式获得了解释经济理论和经济现象的优先权。在这个意义上，经济思想的理论结构和社会结构是互为表里、相互支撑的。并且，科学社会学结构是累积性的或路径依赖的。一旦特定经济学范式的科学社会学结构建立起来，它就会自我强化、迭代、更新。科学社会学结构生产了特定范式的新追随者，这些追随者从中获得社会权力，科学社会结构经由这些权力得到进一步强化，从而再生产出新的追随者。这种自我强化的趋向同样可以在对现代货币理论的争论中观察到。我们可以略带夸张地说，在社会学意义上，主流经济学已经取得了争论的胜利，因为一种自我强化的闭环已经形成了：首先，主流经济学生产了对现代货币理论的批评，这些批评虽然依据的是对现代货币理论的错误认识，但却具有优先解释权；随后，其他研究者、新闻媒体、普罗大众会依据这些权威的二手文献来认识现代货币理论，并以此为基础生产出新的评论；最后，随着新的评论和追随者被生产出来，对现代货币理论的误解和批评得到进一步强化。

因此，无论是在理论结构层面还是在社会结构层面，现代货币理论的现状都是一种反常现象。在理论结构层面，作为一种非主流经济学理论，现代货币理论本应是主流经济学无视的对象，却成功地迫使主流经济学对此发声。这背后的社会结构根源在于，一股自下而上的思潮冲击了原本封闭的科学社会学结构。对现代货币理论关注的热潮是自下而上的，它不是首先发源于某些经济学的顶尖学府和顶尖期刊，而是来自民间，来自主流经济学界的边缘。这股热潮的产生最初源于西方国家宏观经济困境的持续，这种困境动摇了普通民众对主流宏观经济理论和政策的认同。正是由于这股外生冲击，主流经济学原本自我闭合的理论结构和社会结构被打开了。这个观察窗口使得我们可以从中观测到主流经济学理论结构和社会结构，以及两者之间的某种断裂，这种断裂暴露了主流经济学范式主导地位的社会根源。这是考察现代货币理论现状和争论的深远意义。

第三节　现代货币理论的未来

评价现代货币理论的第三个角度是现代货币理论的未来发展。本书不认为现代货币理论等同于客观真理。本书的基本立场是，评析现代货币理论的前提是正确理解现代货币理论的本意。本书对其理论脉络和前沿争论的考察说明，现代货币理论的理论体系有一定的逻辑自洽性。作为一种不同于主流经济学的替代性理论体系，它可以作为我们立足于中国实践独立自主地实现经济理论和经济政策创新的理论参考。同时，现代货币理论的以下不足之处需要我们加以注意。

首先，现代货币理论的社会制度基础需要进一步检验。现代货币理论的基础是对西方国家的货币金融系统的制度分析，在此基础上，现代货币理论形成了一套宏观经济理论和政策体系。但是，这些分析是否适用于不同发展阶段的国家？是否适用于不同社会历史时期？我们需要对现代货币理论的制度基础加以检验，从而探究现代货币理论的适用范围。本书的中国经验部分基于中国的制度事实探讨了现代货币理论的一般性和特殊性，这是解答这些问题的初步尝试。更多的问题仍有待于未来进一步研究。

其次，现代货币理论的就业保障计划仍只是一种政策设想。尽管现代货币理论的研究者援引了美国罗斯福新政、阿根廷的公共就业计划以及其他案例作为就业保障计划的现实例证（Kaboub，2007），但是这些案例在项目规模、项目设计、运行机制等方面不能完全等同于现代货币理论的就业保障计划。因此，以下这些问题需要进一步的实践检验：大规模的就业保障计划的项目设计可行性、就业保障计划的价格稳定机制和经济增长效应、就业保障计划在欠发达国家的适用性。这种检验既需要考察过往与就业保障计划类似的现实案例，也需要对就业保障计划的政策实验。

最后，现代货币理论的政策宣传策略具有温和的改良主义倾向。现代货币理论在对政策主张的舆论宣传中主张通过改良政策修复资本主义经济的内在缺陷。这种改良主义强调争取不同阶层的政治支持，力图寻求利益和谐的解决方案。在美国的政治环境下，现代货币理论以此争取更多政治支持，从而避免被新自由主义意识形态扼杀在摇篮中。但是，温和的改良主义难以触动既得利益集团的利益，难以作用于资本主义的利益敏感问题。总之，现代货币理论不是十全十美的理论体系，在未来仍有待于研究者进一步检验、修正、拓展。对待现代货币理论的正确态度应是立足中国实践，以我为主，为我所用。

在未来，虽然对现代货币理论的关注度可能会下降，但是现代货币理论已经争取并建立了理论阵地和舆论阵地，它的理论影响力将长期持续。在短期内，现代货币理论兴起的社会历史基础不会有大的改变。只要西方国家的经济结构问题没有转变，只要传统的宏观经济理论和政策无法回应人民群众对变革的呼声，那么现代货币理论在西方国家总会有一定的群众基础。在这种情况下，这股思潮将使得更多的西方左翼经济学走进大众视野，它将为西方马克思主义经济学、后凯恩斯主义经济学、演化经济学等非主流经济学提供舆论阵地。随着更多的非主流经济学流派扩张理论阵地和舆论阵地，由此而来的理论冲击可能远远大于我们今天所见的水平。总之，以现代货币理论为代表的非主流经济理论将会是未来西方经济思想界不容忽视的一抹色彩。

参考文献

［德］卡尔·马克思：《资本论》（第1卷），人民出版社2004a年版。

［德］卡尔·马克思：《资本论》（第3卷），人民出版社2004b年版。

［德］卡尔·马克思、［德］弗·恩格斯：《马克思恩格斯全集》（第30卷），人民出版社1997年版。

［德］卡尔·马克思、［德］弗·恩格斯：《马克思恩格斯全集》（第31卷），人民出版社1998年版。

［德］卡尔·马克思、［德］弗·恩格斯：《马克思恩格斯文集》（第1卷），人民出版社2009年版。

［美］阿巴·P. 勒纳：《统制经济学：福利经济学原理》，商务印书馆2016年版。

陈道富、尚昕昕：《对现代货币理论的思考》，《中国金融》2020年第3期。

陈彦斌、郭豫媚、陈伟泽：《2008年金融危机后中国货币数量论失效研究》，《经济研究》2015年第4期。

陈昭：《内生货币供给理论述评》，《上海经济研究》2005年第5期。

董化杰、王毅：《财政收支与货币政策操作》，《中国金融》2011年第12期。

范方志：《西方中央银行独立性理论的发展及其启示》，《金融研究》2005年第11期。

范志勇、杨丹丹：《"新共识"货币政策框架的形成、内涵和实践原则：基于中国视角的批判》，《教学与研究》2016年第4期。

傅勇、李良松:《金融分权的逻辑:地方干预与中央集中的视角》,《上海金融》2015年第10期。

高敏雪、李静萍、许健:《国民经济核算原理与中国实践》(第4版),中国人民大学出版社2018年版。

管涛:《MMT理论的可行性值得商榷,但中国确应加强财政货币政策联动》,2022年,https://mp.weixin.qq.com/s/thZsc0eGePDmXn8EXaNAng,2022年10月31日。

[英]哈里·柯林斯:《改变秩序——科学实践中的复制与归纳》,成素梅、张帆译,上海科技教育出版社2007年版。

何增平、贾根良:《财政赤字货币化:对现代货币理论误读的概念》,《学习与探索》2022年第4期。

胡海鸥:《温特劳布—卡尔多的内生货币理论介评》,《金融研究》1997年第10期。

贾根良:《西方异端经济学主要流派研究》,中国人民大学出版社2010年版。

贾根良:《新李斯特经济学作为一个学派何以成立?》,《教学与研究》2015年第3期。

贾根良:《"一带一路"和"亚投行"的"阿喀琉斯之踵"及其破解——基于新李斯特理论视角》,《当代经济研究》2016年第2期。

贾根良:《国内大循环:经济发展新战略与政策选择》,中国人民大学出版社2020a年版。

贾根良:《对现代货币理论等非主流经济学说需做深入研究——现代货币理论研究专栏导语》,《学术研究》2020b年第2期。

贾根良:《现代货币理论的澄清及其对中国宏观经济政策的重要意义》,《学术研究》2022年第8期。

贾根良:《从现代货币理论看"两缺口模型"的缺陷》,《社会科学研究》2023年第3期。

贾根良、楚珊珊:《现代货币理论学派的就业保障理论及其争论述评》,《教学与研究》2020年第4期。

贾根良、何增平：《货币金融思想史上的两大传统与三次论争》，《学术研究》2018a 年第 11 期。

贾根良、何增平：《为什么中央银行独立是伪命题——基于现代货币理论和经济思想史的反思》，《政治经济学评论》2018b 年第 2 期。

贾根良、何增平：《现代货币理论与通货膨胀》，《学术研究》2020 年第 2 期。

贾根良、兰无双：《现代货币理论的财政赤字观与西方主流经济学的谬误》，《教学与研究》2019 年第 3 期。

贾根良、贾诗玥：《人人都有体面的工作：中国就业保障制度刍议》，《中国劳动》2022 年第 6 期。

贾根良、贾子尧：《经济思想史研究的辉格史方法及其争论》，《学习与探索》2016 年第 1 期。

贾根良、马国旺：《后凯恩斯经济学的新发展》，《教学与研究》2004 年第 9 期。

贾诗玥：《现代货币理论关于当前美欧通货膨胀的探讨》，《学术研究》2022 年第 9 期。

姜超、李金柳、宋潇：《现代货币理论说了啥？》，新浪财经，2019 年，https：//finance.sina.com.cn/money/forex/forexinfo/2019－05－28/doc－ihvhiews5089651.shtml，2023 年 6 月 14 日。

蒋梦莹：《"财政赤字货币化"为何引爆学界？大家到底在争论什么》，澎湃新闻，2020 年，https：//www.thepaper.cn/newsDetail_forward_ 7394086，2023 年 6 月 14 日。

[奥] 卡·波普尔：《历史主义的贫困》，何林、赵平译，社会科学文献出版社 1987 年版。

[美] 兰德·瑞：《解读现代货币：实现充分就业价格稳定》，刘新华译，中央编译出版社 2011 年版。

[美] L.兰德尔·雷：《现代货币理论：主权货币体系的宏观经济学》，张慧玉等译，中信出版社 2011 年版。

[美] L.兰德尔·雷：《下一场全球金融危机的到来：明斯基与金融

不稳定》，杨瑾等译，中信出版社 2016 年版。

［美］L. 兰德尔·雷：《现代货币理论的核心观点及政策启示》，《学术研究》2022 年第 8 期。

兰无双：《功能财政思想：起源、演变与当代发展》，博士学位论文，中国人民大学，2020 年。

兰无双、贾根良：《经济思想史视角下对健全财政的批判性反思》，《经济纵横》2022 年第 10 期。

李翀、冯冠霖：《"现代货币理论"政府发行货币支出思想分析》，《经济思想史学刊》2021 年第 4 期。

李黎力：《政府、银行与现代货币——现代货币理论真的将财政与金融混为一谈了吗》，《学术研究》2020 年第 2 期。

李黎力、贾根良：《货币国定论：后凯恩斯主义货币理论的新发展》，《社会科学战线》2012 年第 8 期。

梁捷、王鹏翀、钟祥财：《现代货币理论（MMT）：内涵、批判和启示》，《上海经济研究》2020 年第 11 期。

梁燕：《现代货币理论对中国的适用性及其经济政策建议》，《学术研究》2022 年第 9 期。

刘明远：《马克思经济学著作"六册计划"的总体结构与内容探索》，《政治经济学评论》2016 年第 4 期。

刘尚希：《新的条件下，财政赤字货币化具有合理性、可行性和有效性》，2022a 年，http://www.cwm50.cn/newsitem/278347667，2022 年 10 月 31 日。

刘尚希：《关于现代货币理论的四个观点》，《学术研究》2022b 年第 8 期。

刘尚希：《解放"财政货币须隔离"思想，结合中国实际推动理论创新》，2022c 年，https://mp.weixin.qq.com/s/xJxt27PQjJS89F56FbvjUg，2022 年 10 月 31 日。

柳欣、吕元祥、赵雷：《宏观经济学的存量流量一致模型研究述评》，《经济学动态》2013 年第 12 期。

刘新华：《欧盟债务危机内在机理及其对中国的启示——基于主权货币理论视角的分析》，《陕西师范大学学报》（哲学社会科学版）2010年第6期。

刘新华：《解读政府财政赤字：一个主权货币理论视角》，《南开学报》（哲学社会科学版）2011年第6期。

刘新华：《欧债问题溯源：偿付危机还是丧失货币主权的危机?》，《南开学报》（哲学社会科学版）2012a年第5期。

刘新华：《中国汇率制度的改革逻辑：强化主权与内生推进》，《经济社会体制比较》2012b年第4期。

刘新华、郝杰：《货币的债务内涵与国家属性——兼论私人数字货币的本质》，《经济社会体制比较》2019年第3期。

刘新华、李妮妮、白玫：《后凯恩斯主义货币理论及其对中国的启示》，《西部金融》2010年第7期。

刘新华、彭文君：《全球疫情下的"功能财政"与"就业保障计划"——基于现代货币理论视角的分析》，《陕西师范大学学报》（哲学社会科学版）2020年第5期。

刘新华、彭文君、贾根良：《从"失业池"到"就业池"：实现充分就业的理论反思及对策》，《福建论坛》2022年第7期。

刘新华、缐文：《货币的本质：主流与非主流之争》，《经济社会体制比较》2010年第6期。

楼继伟：《40年重大财税改革的回顾》，《财政研究》2019年第2期。

芦东、陈学彬：《后凯恩斯主义内生货币供给理论的发展——分析方法与理论模型》，《经济评论》2007年第3期。

陆磊：《发达经济体现代货币理论实践及分配效应》，《中国金融》2022年第1期。

马国旺：《从现代货币理论看美国贸易逆差的本质和成因》，《学术研究》2020年第2期。

马骏、管涛：《利率市场化与货币政策框架转型》，中国金融出版社

2018年版。

[美]马克·布劳格:《经济理论的回顾》(第五版),姚开建译,中国人民大学出版社2008年版。

[加]马克·拉沃:《后凯恩斯主义经济学》,王鹏译,山东大学出版社2009年版。

[美]玛丽安娜·马祖卡托:《创新型政府:构建公共与私人部门共生共赢关系》,李磊、束东新、程单剑译,中信出版社2020年版。

毛振华、闫衍:《中国地方政府与融资平台债务分析报告(2021)》,社会科学文献出版社2022年版。

[英]尼尔·弗格森:《纸与铁》,贾冬妮、张莹译,中信出版社2012年版。

裴宏、游宣浩:《马克思货币银行理论视角下的现代货币理论》,《当代经济研究》2021年第9期。

彭文生:《从"现代货币理论"看逆周期调节》,新浪财经,2019年,http://finance.sina.com.cn/zl/bank/2019-04-24/zl-ihvhiewr7943725.shtml,2023年6月14日。

[美]斯蒂芬妮·凯尔顿:《赤字迷思:现代货币理论与如何更好地发展经济》,朱虹译,中信出版集团2022年版。

孙国峰:《现代货币理论的缺陷——基于财政视角》,《国际经济评论》2020年第5期。

孙国峰:《对"现代货币理论"的批判》,《中国金融》2019a年第15期。

孙国峰:《现代货币理论的逻辑错误》,《比较》2019b年第6期。

孙国峰:《货币创造的逻辑形成和历史演进——对传统货币理论的批判》,《经济研究》2019c年第4期。

孙凯、秦宛顺:《关于我国中央银行独立性问题的探讨》,《金融研究》2005年第1期。

汤在新:《〈资本论〉续篇探索:关于马克思计划写的六册经济学著作》,中国金融出版社1995年版。

［美］托马斯·库恩:《科学革命的结构》(第四版),金吾伦、胡新和译,北京大学出版社 2012 年版。

王璐:《货币理论的争论与解析》,《政治经济学评论》2007 年第 1 期。

王娜:《为什么货币政策经常失灵——基于现代货币理论对主流货币理论的批判》,《学术研究》2020 年第 2 期。

王志刚:《地方政府债务管理》,载刘尚希主编《中国财政政策报告 (2018)》,社会科学文献出版社 2018 年版。

［美］威廉 S. 维克里:《充分就业与价格稳定》,张琦译,机械工业出版社 2015 年版。

缐文:《"功能财政论":从阿巴·勒那到后凯恩斯经济学》,《社会科学战线》2015 年第 12 期。

缐文:《从"常平仓"到"就业缓冲储备"——中国经济传统的现代价值探论》,《南开学报》(哲学社会科学版) 2016 年第 5 期。

缐文、刘新华:《"最后雇主"与"劳动力缓冲储备"——就业理论的拓展与实践》,《经济问题探索》2011 年第 1 期。

许坤、许光建、余欣艺等:《功能财政思想:起源、发展、批判与启示》,《技术经济与管理研究》2021 年第 9 期。

徐奇渊:《MMT 有局限性,但是对中国有启发》,2022 年,https://mp.weixin.qq.com/s/KUzRemW_DLRxF6Ze2zbR0w,2022 年 10 月 31 日。

［英］亚当·斯密:《国民财富的性质和原因的研究:上卷》,郭大力、王亚南译,商务印书馆 2012 年版。

闫坤、孟艳:《现代货币理论与货币政策、财政政策协调配合的 3.0 版》,《学习与探索》2020 年第 2 期。

杨瑞龙:《现代货币理论对我国宏观经济政策制定的适用性考察》,《学术研究》2022 年第 8 期。

［美］耶娃·纳斯岩:《主权货币政府支出的约束:财政还是真实资源》,《学术研究》2022 年第 9 期。

[日] 伊藤诚、[希] 考斯达斯·拉帕维查斯：《货币金融政治经济学》，孙刚、戴淑艳译，经济科学出版社 2001 年版。

于化龙、王培瑛：《内生货币供给理论的回顾与展望》，《南开经济研究》2003 年第 5 期。

余永定：《应从中国发展的实际出发平衡财政与货币政策》，2022 年，https：//mp.weixin.qq.com/s/jWzFrFt-mQXkNow9rCqTfg，2022 年 10 月 31 日。

于泽：《我国 M2 顺周期性的原因分析——货币供给内生性的视角》，《管理世界》2008 年第 12 期。

袁东明：《回滞理论及其在当代西方经济学中的应用》，《经济评论》2003 年第 2 期。

袁辉：《意大利货币循环学派对宏观经济学的贡献》，《经济学动态》2016 年第 5 期。

袁辉：《现代货币理论视域下的政府债务及其影响：争论与启示》，《求是学刊》2020 年第 5 期。

袁辉：《水平主义对凯恩斯货币思想的重构及其政策启示》，《当代经济研究》2021a 年第 1 期。

袁辉：《现代货币理论的马克思主义批判与超越》，《政治经济学研究》2021b 年第 4 期。

袁辉、吴晓雅：《水平主义和结构主义的争论与融合：后凯恩斯货币内生的理论史考察》，《政治经济学报》2020 年第 3 期。

[英] 约翰·梅纳德·凯恩斯：《就业、利息和货币通论（重译本）》，高鸿业译，商务印书馆 2011 年版。

[奥] 约瑟夫·熊彼特：《经济分析史》（第二卷），杨敬年等译，商务印书馆 2010 年版。

张明：《反对财政赤字货币化的 10 条理由》，2022 年，https：//www.thepaper.cn/newsDetail_forward_7383772，2022 年 10 月 31 日。

张明、刘瑶：《现代货币理论：现状、实践、争议与未来》，《学术研究》2020 年第 9 期。

张晓晶、刘磊:《现代货币理论及其批评——兼论主流与非主流经济学的融合与发展》,《经济学动态》2019 年第 7 期。

张晓晶、刘磊:《资产负债表"躺平"与宏观杠杆率攀升的迷思——2022 年度中国杠杆率报告》,2023 年,http://www.nifd.cn/SeriesReport/Details/3700,2023 年 6 月 4 日。

张云、李宝伟、苗春、陈达飞:《后凯恩斯存量流量一致模型:原理与方法——兼与动态随机一般均衡模型的比较研究》,《政治经济学评论》2018 年第 1 期。

赵准:《探究货币:马克思货币理论研究》,京华出版社 2000 年版。

中国人民银行:《中国货币政策执行报告(2013 年第一季度)》,中国人民银行,2013a 年,www.pbc.gov.cn/zhengcehuobisi/125207/125227/125957/125991/2892009/index.html,2023 年 6 月 14 日。

中国人民银行:《中国货币政策执行报告(2013 年第三季度)》,中国人民银行,2013b,http://www.pbc.gov.cn/zhengcehuobisi/125207/125227/125957/125991/2907288/index.html,2023 年 6 月 14 日。

中国人民银行:《中国货币政策执行报告(2017 年第一季度)》,中国人民银行,2017 年,http://www.pbc.gov.cn/zhengcehuobisi/125207/125227/125957/3307990/3307409/2017051310260490469.pdf,2023 年 6 月 14 日。

中国人民银行:《中国货币政策执行报告(2017 年第四季度)》,中国人民银行,2018a 年,http://www.pbc.gov.cn/zhengcehuobisi/125207/125227/125957/3307990/3484662/2018021417311593282.pdf,2023 年 6 月 14 日。

中国人民银行:《中国货币政策执行报告(2018 年第一季度)》,中国人民银行,2018b 年,http://www.pbc.gov.cn/zhengcehuobisi/125207/125227/125957/3537682/3537621/2018051717143540409.pdf,2023 年 6 月 14 日。

中国人民银行:《中国金融稳定报告(2018)》,中国人民银行,

2018c 年，http：//www.pbc.gov.cn/jinrongwendingju/146766/146772/3656006/index.html，2023 年 6 月 14 日。

中国人民银行：《中国货币政策执行报告（2019 年第一季度）》，中国人民银行，2019 年，http：//www.pbc.gov.cn/zhengcehuobisi/125207/125227/125957/3830536/3829980/2019051720074058265.pdf，2023 年 6 月 14 日。

中国人民银行：《中国货币政策执行报告（2020 年第三季度）》，中国人民银行，2020 年，http：//www.pbc.gov.cn/goutongjiaoliu/113456/113469/4133903/2020112615473038246.pdf，2023 年 6 月 14 日。

中华人民共和国财政部：《中央国库现金管理暂行办法》，中华人民共和国财政部，2006 年，http：//gks.mof.gov.cn/guokuxianjinguanli/200807/t20080725_58828.html，2023 年 6 月 14 日。

中华人民共和国国务院：《2018 年国务院政府工作报告》，中国政府网，2018 年，www.pbc.gov.cn/zhengcehuobisi/125207/125227/125957/126003/2843719/index.html，2023 年 6 月 14 日。

中华人民共和国审计署：《全国地方政府性债务审计结果》，中华人民共和国审计署审计结果公告 2011 年第 35 号，2011 年，http：//www.audit.gov.cn/n11/n536/n537/c46046/content.html，2023 年 6 月 14 日。

中华人民共和国审计署：《全国地方政府性债务审计结果》，中华人民共和国审计署审计结果公告 2013 年第 24 号，2013 年，http：//www.audit.gov.cn/n11/n536/n537/c46166/part/8396.pdf，2023 年 6 月 14 日。

钟伟：《国库专题系列上篇：推进国库现金管理、激活财政存量资金》，平安证券公司，2013 年，http：//pg.jrj.com.cn/acc/Res/CN_RES/MAC/2013/8/30/92a2b467 - 642c - 4ba0 - bab8 - bfda1055506e.pdf，2023 年 6 月 14 日。

钟伟、张晓曦：《对"新共识"宏观货币理论的反思》，《金融研究》

2009 年第 5 期。

周黎安：《中国地方官员的晋升锦标赛模式研究》，《经济研究》2007 年第 7 期。

周群峰：《贵州独山：一位引进干部留下的 400 亿债务》，中国新闻周刊，2019 年，http://www.inewsweek.cn/society/2019-11-18/7712.shtml，2023 年 6 月 14 日。

周小川：《当前研究和完善货币政策传导机制需要关注的几个问题》，中国人民银行，2004 年，http://www.pbc.gov.cn/hanglingdao/128697/128719/128766/2835231/index.html，2023 年 6 月 14 日。

Arestis, P. and M. Sawyer, 2008, "A Critical Reconsideration of the Foundations of Monetary Policy in the New Consensus Macroeconomics Framework", *Cambridge Journal of Economics*, 32 (5): 761–779.

Aspromourgos, T., 2000, "Is an Employer-of-Last-Resort Policy Sustainable? A Review Article", *Review of Political Economy*, 12 (2): 141–155.

Battilossi, S., Y. Cassis and K. Yago, 2020, *Handbook of the History of Money and Currency*, Singapore: Springer Nature Singapore Private Limited.

Balderston, T., 2002, *Economics and Politics in the Weimar Republic*, Cambridge: Cambridge University Press.

Bhaskar, R., 2014, *The Possibility of Naturalism: A Philosophical Critique of the Contemporary Human Sciences*, London: Routledge.

Bell, S. A., 2000, "Do Taxes and Bonds Finance Government Spending?", *Journal of Economic Issues*, 34 (3): 603–620.

Bell, S. A., 2003, "Neglected Costs of Monetary Union: The Loss of Sovereignty in the Sphere of Public Policy", In S. A. Bell and E. J. Nell, eds., *The State, the Market and the Euro: Chartalism versus Metallism in the Theory of Money*, Northampton: Edward Elgar.

Bell, S. A. and L. R. Wray, 2002, "Fiscal Effects on Reserves and the

Independence of the Fed", *Journal of Post Keynesian Economics*, 25 (2): 263 – 271.

Bernanke, B. S., 2004, "Remarks by Governor Ben S, Bernanke", Federal Reserve, Accessed May 15, 2020, https://www, federalreserve. gov/BOARDDOCS/SPEECHES/2004/20040220/.

Bezemer, D., 2010, "Understanding Financial Crisis Through Accounting Models", *Accounting, Organizations and Society*, 35 (7): 676 – 688.

Bonizzi, B., A. Kaltenbrunner and J. Michell, 2019, "Monetary Sovereignty is a Spectrum: Modern Monetary Theory and Developing Countries", *Real-World Economics Review*, (89): 46 – 61.

Brunner, K., 1987, "Money Supply", In J. Eatell, M. Milgate and P. Newman, eds., *The New Palgrave: Money*, London: Macmillan.

Cargan, F., 1987, "Monetarism", In J. Eatell, M. Milgate and P. Newman, eds., *The New Palgrave: Money*, London: Macmillan.

Carnevali, E. and M. Deleidi, 2020, "The Trade-off between Inflation and Unemployment in an MMT World: An Open Economy Perspective", Levy Economics Institute Working Paper, No. 973.

Carvalho, F. J. C., 1992, *Mr. Keynes and the Post Keynesians*, Aldershot: Edward Elgar.

Cheung, B., 2019, "Powell doesn't Share AOC's Interest in Modern Monetary Theory", Yahoo Finance, Accessed October 15, 2020, https://finance. yahoo. com/news/fed – powell – modern – monetary – theory – 210129640. html.

Colander, D. C., 1982, "Stagflation and Competition", *Journal of Post Keynesian Economics*, 5 (1): 17 – 33.

Colander, D., 2019, "Are Modern Monetary Theory's Lies 'Plausible Lies'?", *Real-World Economics Review*, (89): 62 – 71.

Collins, P., 2019, "BlackRock CEO Larry Fink Says Modern Monetary

Theory is 'Garbage'", Bloomberg, Accessed October 15, 2020, https://www.bloomberg.com/news/articles/2019 - 03 - 07/blackrock - s - ceo - fink - says - modern - monetary - theory - is - garbage - economics.

Connors, L. and W. Mitchell, 2017, "Framing Modern Monetary Theory", *Journal of Post Keynesian Economics*, 40 (2): 239 –259.

Copeland, M. A., 1947, "Tracing Money Flows Through the United States Economy", *The American Economic Review*, 37 (2): 31 –49.

Copeland, M. A., 1949, "Social Accounting for Money Flows", *The Accounting Review*, 24 (3): 254 –264.

Coutts, K. J. and N. Norman, 2013, "Post-Keynesian Approaches to Industrial Pricing: A Survey and Critique", In G. C. Harcourt and P. Kriesler, eds., *The Oxford Handbook of Post-Keynesian Economics Volume 1: Theory and Origins*, Oxford: Oxford University Press.

Coutts, K. J., W. Godley and G. D. Gudgin, 1985, "Inflation Accounting of Whole Economic Systems", *Studies in Banking and Finance*, 9 (2): 93 –111.

Cripps, F. and M. Lavoie, 1987, "Wynne Godley (1926 –2010)", In R. A. Cord, ed., *The Palgrave Companion to Cambridge Economics*, London: Macmillan.

Curran, E., 2019, "Yellen Says She's 'not a Fan of MMT' as List of Detractors Grows", Bloomberg, Accessed October 15, 2020, https://www.bloomberg.com/news/articles/2019 - 03 - 25/yellen - says - she - s - not - a - fan - of - mmt - as - list - of - detractors - grows.

Cutsail, C. and F. Grubb, 2017, "The Paper Money of Colonial North Carolina, 1712 –1774", Alfred Lerner College of Business and Economics Working Paper, No. 2017 –01,

Dalio, R., 2019, "It's Time to Look More Carefully at 'Monetary Policy

3 (MP3)' and 'Modern Monetary Theory (MMT)'", Linkedin, Accessed May 15, 2020, https://www.linkedin.com/pulse/its-time-look-more-carefully-monetary-policy-3-mp3-modern-ray-dalio/.

Dantas, F. and L. R. Wray, 2017, "Full Employment: Are We There Yet?", *Levy Economics Institute Public Policy Brief*, No. 142.

Davidson, P., 2011, *Post Keynesian Macroeconomic Theory: A Foundation for Successful Economic Policies for the Twenty-first Century*, Aldershot: Edward Elgar.

Davidson, P., 2019, "What is Modern about MMT? A Concise Note", *Real-World Economics Review*, (89): 72–74.

Dow, S. C., 1996, "Horizontalism: A Critique", *Cambridge Journal of Economics*, 20 (4): 497–508.

Dow, S. C., 2006, "Endogenous Money: Structuralist", In P. Arestis and M. Sawyer, eds., *A Handbook of Alternative Monetary Economics*, Cheltenham: Edward Elgar.

Ehnts, D. H., 2017, *Modern Monetary Theory and European Macroeconomics*, Oxon: Routledge.

Ehnts, D. H. and M. Höfgen, 2019, "Modern Monetary Theory: A European Perspective", *Real-World Economics Review*, (89): 75–84.

Epstein, G. A., 2019, *What's Wrong with Modern Money Theory? A Policy Critique*, Basingstoke: Palgrave Macmillan.

Febrero, E., 2009, "Three Difficulties with Neo-Chartalism", *Journal of Post Keynesian Economics*, 31 (3): 523–541.

Freedman, C., G. C. Harcourt and P. Kriesler, 2016, "Has the Long-Run Phillips Curve Turned Horizontal?", In J. Halevi, G. C. Harcourt, P. Kriesler and J. W. Nevile, eds., *Post-Keynesian Essays from Down under Volume IV: Essays on Theory*, London: Palgrave Macmillan.

Fiebiger, B., 2012, "Modern Money Theory and the Real-World Accounting of 1 − 1 < 0: The U. S. Treasury Does not Spend as per a Bank", Political Economy Research Institute Working Paper, No. 279.

Fiebiger, B., 2016, "Fiscal Policy, Monetary Policy and the Mechanics of Modern Clearing and Settlement Systems", *Review of Political Economy*, 28 (4): 590 – 608.

Foley, D., 1987, "Money in Economic Activity," In J. Eatell, M. Milgate and P. Newman, eds., *The New Palgrave: Money*, London: Macmillan.

Fontana, G., and A. Palacio-Vera, 2007, "Are Long-Run Price Stability and Short-Run Output Stabilization All that Monetary Policy can Aim for?", *Metroeconomica*, 58 (2): 269 – 298.

Forstater, M., 1998a, "Flexible Full Employment: Structural Implications of Discretionary Public Sector Employment", *Journal of Economic Issues*, 32 (2): 557 – 563.

Forstater, M., 1998b, "Institutionalist Approaches to Full-Employment Policies", *Journal of Economic Issues*, 32 (4): 1135 – 1139.

Forstater, M., 1999, "Functional Finance and Full Employment: Lessons from Lerner for Today", *Journal of Economic Issues*, 33 (2): 475 – 482.

Forstater, M., 2003, "Toward a New Instrumental Macroeconomics: Abba Lerner and Adolph Lowe on Economic Method, Theory, History and Policy", In E. J. Nell and M. Forstater, eds., *Reinventing Functional Finance: Transformational Growth and Full Employment*, Cheltenham: Edward Elgar.

Forstater, M., 2005, "Taxation and Primitive Accumulation: The Case of Colonial Africa", *Research in Political Economy*, 22: 51 – 65.

Forstater, M., 2006, "Tax-driven Money: Additional Evidence from the History of Economic Thought, Economic History and Economic Policy", In M. Setterfield, ed. , *Complexity, Endogenous Money and Macroeconomic Theory: Essays in Honour of Basil J. Moore*, Cheltenham: Edward Elgar.

Forstater, M. and M. Murray, 2013, *Employment Guarantee Schemes: Job Creation and Policy in Developing Countries and Emerging Markets*, London: Palgrave Macmillan.

Fullwiler, S. T. , 2003, "Timeliness and the Fed's Daily Tactics", *Journal of Economic Issues*, 37 (4): 851-880.

Fullwiler, S. T. , 2005, "Paying Interest on Reserve Balances: It's More Significant than You Think", *Journal of Economic Issues*, 39 (2): 543-550.

Fullwiler, S. T. , 2006, "Setting Interest Rates in the Modern Money Era", *Journal of Post Keynesian Economics*, 28 (3): 495-525.

Fullwiler, S. T. , 2007, "Interest Rates and Fiscal Sustainability", *Journal of Economic Issues*, 41 (4): 1003-1042.

Fullwiler, S. T. , 2013, "The Costs and Benefits of a Job Guarantee: Estimates from a Multicountry Econometric Model", In M. Forstater and M. Murray, eds. , *The Job Guarantee: Toward True Full Employment*, New York: Palgrave Macmillan.

Fullwiler, S. T. , 2017, "Modern Central Bank Operations: The General Principles", In L. P. Rochon and S. Rossi, eds. , *Post-Keynesian Monetary Theory and Policy: Horizontalism and Structuralism Revisited*, Cheltenham: Edward Elgar.

Fullwiler, S. T. , S. A. Kelton, C. Ruetschlin and M. Steinbaum, 2018, "The Macroeconomic Effects of Student Debt Cancellation", Levy Economics Institute Research Project Reports, February.

Fullwiler, S. T. , S. A. Kelton and L. R. Wray, 2012, "Modern Money Theory: A Response to the Critics", Political Economy Research Institute Working Paper, No. 279.

Galbraith, J. K., 2019, "Modern Monetary Realism", Project Syndicate, Accessed October 15, 2020, https://www.project-syndicate.org/commentary/modern-monetary-theory-opponents-misunderstanding-by-james-k--galbraith-2019-03.

Garbade, K., 2004, "The Institutionalization of Treasury Note and Bond Auctions, 1970–75", *Economic Policy Review*, 10 (1): 29–45.

Garbade, K., 2008, "Why the U.S. Treasury Began Auctioning Treasury Bills in 1929", *Economic Policy Review*, 14 (1): 31–47.

Girón, A., 2018, "Is China Living a Minsky Moment? Between the 'Lender of Last Resort' and the Chinese Shadow Financial System", *Journal of Economic Issues*, 52 (2): 445–454.

Graziani, A., 2003, *The Monetary Theory of Production*, Cambridge: Cambridge University Press.

Gnos, C. and L. P. Rochon, 2002, "Money Creation and the State: A Critical Assessment of Hartalism", *International Journal of Political Economy*, 32 (3): 41–57.

Godley, W., 1999, "Seven Unsustainable Processes", Levy Economics Institute Strategic Analysis, January.

Godley, W., 2005, "Some Unpleasant American Arithmetic", Levy Economics Institute Policy Note, June.

Godley, W., A. Izurietaand and G. Zezza, 2004, "Prospects and Policies for the US Economy", Levy Economics Institute Strategic Analysis, August.

Godley, W., D. B. Papadimitriou and G. Zezza, 2007, "The US Economy: What's Next?", Levy Economics Institute Strategic Analysis, April.

Godley, W., D. B. Papadimitriou and G. Zezza, 2008, "Prospects for the United States and the World: A Crisis That Conventional Remedies

Cannot Resolve", Levy Economics Institute Strategic Analysis, December.

Godley, W. and L. R. Wray, 1999, "Can Goldilocks Survive?", Levy Economics Institute Policy Note, April.

Godley, W. and M. Lavoie, 2007a, *Monetary Economics: An Integrated Approach to Credit, Money, Income, Production and Wealth*, New York: Palgrave Macmillan.

Godley, W. and M. Lavoie, 2007b, "Fiscal Policy in a Stock-Flow Consistent (SFC) Model", Levy Economics Institute Working Paper, No. 494.

Goodhart, C. A. E., 1989, "Has Moore Become too Horizontal?", *Journal of Post Keynesian Economics*, 12(1): 29–34.

Goodhart, C. A. E., 1998, "The Two Concepts of Money: Implications for the Analysis of Optimal Currency Areas", *European Journal of Political Economy*, 14(3): 407–432.

Goodhart, C. A. E., 2003, "A Reply to the Contributors", In S. A. Bell and E. J. Nell, eds., *The State, the Market and the Euro: Chartalism versus Metallism in the Theory of Money*, Northampton: Edward Elgar.

Goodhart, C. A. E., and M. Jensen, 2015, "Currency School versus Banking School: An Ongoing Confrontation", *Economic Thought*, 4(2): 20–31.

Gordon, R. J., 2011, "The History of the Phillips Curve: Consensus and Bifurcation", *Economica*, 78(309): 10–50.

Gordon, W., 1997, "Job Assurance: The Job Guarantee Revisited", *Journal of Economic Issues*, 31(3): 826–834.

Grierson, P., 1978, "The Origins of Money", *Research in Economic Anthropology*, 1: 1–35.

Grubb, F., 2019, "Colonial Virginia's Paper Money Regime, 1755–

1774: A Forensic Accounting Reconstruction of the Data", Alfred Lerner College of Business and Economics Working Paper, No. 2015 – 11.

Gurley, J. G. and E. S. Shaw, 1960, *Money in a Theory of Finance*, Washington: The Brookings Institution.

Harvey, J. T., 2019, "MMT: Sense Or Nonsense?", Forbes, Accessed October 15, 2020, https://www.forbes.com/sites/johntharvey/2019/03/05/mmt – sense – or – nonsense/#4a37946f5852.

Hein, E., 2008, *Money, Distribution Conflict and Capital Accumulation: Contributions to "Monetary Analysis"*, New York: Palgrave Macmillan.

Holmes, A., 1969, "Operational Constraints on the Stabilization of Money Supply Growth", Paper Delivered to Controlling Monetary Aggregates: Proceedings of the Monetary Conference, Boston, Mass, June 8 – 10.

Huang, Y., 2020, "Chinese Green Job Guarantee: A Roadmap for Sustainable Prosperity", Global Institute for Sustainable Prosperity Working Paper, No. 515.

Hudson, M., 2004, "The Archaeology of Money: Debt versus Barter Theories of Money's Origins", In L. R. Wray, ed., *Credit and State Theories of Money: The Contributions of A. Mitchell Innes*, Northampton: Edward Elgar.

Ingham, G., 2004, *The Nature of Money*, Cambridge: Polity Press.

Innes, A. M., 2004a, "What is Money?", In L. R. Wray, ed., *Credit and State Theories of Money: The Contributions of A. Mitchell Innes*, Northampton: Edward Elgar.

Innes, A. M., 2004b, "The Credit Theory of Money", In L. R. Wray, ed., *Credit and State Theories of Money: The Contributions of A. Mitchell Innes*, Northampton: Edward Elgar.

James, H., 1986, *The German Slump: Politics and Economics*, 1924 –

1936, Oxford,: Clarendon Press.

Juniper, J., T. P. Sharpe and M. J. Watts, 2014, "Modern Monetary Theory: Contributions and Critics", *Journal of Post Keynesian Economics*, 37 (2): 281 – 307.

Kaboub, F., 2007, "Employment Guarantee Programs: A Survey of Theories and Policy Experiences", Levy Economics Institute Working Paper, No. 124.

Kaboub, F., 2012, "From Neoliberalism to Social Justice: The Feasibility of Full Employment in Tunisia", *Review of Radical Political Economics*, 44 (3): 305 – 12.

Kaboub, F., 2013, "The Low Cost of Full Employment in the United States", In M. Forstater and M. Murray, eds., *The Job Guarantee: Toward True Full Employment*, New York: Palgrave Macmillan.

Kaldor, N., 1985, "How Monetarism Failed", *Challenge*, 28 (2): 4 – 13.

Kelton, S., 2019, "Paul Krugman Asked Me about Modern Monetary Theory, Here Are 4 Answers", Bloomberg, Accessed October 15 2020, https://www.bloomberg.com/opinion/articles/2019 – 03 – 01/paul – krugman – s – four – questions – about – mmt.

Kelton, S. A., 2020, *The Deficit Myth: Modern Monetary Theory and the Birth of the People's Economy*, New York: Public Affairs.

Keynes, J. M., 2013, *The Collected Writings of John Maynard Keynes Volume* 5: *A Treatise on Money: The Pure Theory of Money*, Cambirdge: Cambridge University Press.

Knapp, G. F., 1924, *The State Theory of Money*, London: Macmillan & Company Limited.

Kregel, J. A., 1975, *The Reconstruction of Political Economy: An Introduction to Post-Keynesian Economics*, London: Macmillan.

Kregel, J. A., 1987, "The Effective Demand Approach to Employment and Inflation Analysis", *Journal of Post Keynesian Economics*, 10 (1): 133 – 145.

Kregel, J. A., 2019, "MMT: The Wrong Answer to the Wrong Question", *Real-World Economics Review*, (89): 85 – 96.

Krieger, S. C., 2002, "Recent Trends in Monetary Policy Implementation: A View from the Desk", *Federal Reserve Bank of New York Economic Policy Review*, 8 (1): 73 – 76.

Kriesler, P. and J. Halevi, 2016, "Political Aspects of 'Buffer Stock' Employment", In J. Halevi, G. C. Harcourt, P. Kriesler and J. W. Nevile, eds., *Post-Keynesian Essays from Down under Volume II: Essays on Policy and Applied Economics*, London: Palgrave Macmillan.

Krugman, P., 2019a, "What's Wrong with Functional Finance? (Wonkish)", New York Times, Accessed October 15, 2020, https://www.nytimes.com/2019/02/12/opinion/whats-wrong-with-functional-finance-wonkish.html.

Krugman, P., 2019b, "Running on MMT (Wonkish)", New York Times, Accessed October 15, 2020, https://www.nytimes.com/2019/02/25/opinion/running-on-mmt-wonkish.html.

Lange, J., 2019, "IMF Chief Bashes Economic Theory Embraced by U, S, Leftists", Reuters, Accessed October 15, 2020, https://www.reuters.com/article/us-imf-worldbank-mmt/imf-chief-bashes-economic-theory-embraced-by-u-s-leftists-idUSKCN1RN2WL.

Lavoie, M., 1984, "The Endogenous Flow of Credit and the Post Keynesian Theory of Money", *Journal of Economic Issues*, 18 (3): 771 – 797.

Lavoie, M., 1996, "Horizontalism, Structuralism, Liquidity Preference and the Principle of Increasing Risk", *Scottish Journal of Political*

Economy, 43（3）：275 – 300.

Lavoie, M., 2005, "Monetary Base Endogeneity and the New Procedures of the Asset-based Canadian and American Monetary Systems", *Journal of Post Keynesian Economics*, 27（4）：689 – 709.

Lavoie, M., 2006, "Endogenous Money：Accommodationist", In P. Arestis and M. Sawyer, eds., *A Handbook of Alternative Monetary Economics*, Cheltenham：Edward Elgar.

Lavoie, M., 2013, "The Monetary and Fiscal Nexus of Neo-Chartalism：A Friendly Critique", *Journal of Economic Issues*, 47（1）：1 – 31.

Lavoie, M., 2015, *Post-Keynesian Economics：New Foundations*, Cheltenham：Edward Elgar.

Lavoie, M., 2019a, "A System with Zero Reserves and with Clearing Outside of the Central Bank：The Canadian Case", *Review of Political Economy*, 31（2）：145 – 158.

Lavoie, M., 2019b, "Modern Monetary Theory and Post-Keynesian Economics", *Real-World Economics Review*, (89)：97 – 108.

Lawson, T., 2003, *Reorienting Economics*, London：Routledge.

Lawson, T., 2019, "Money's Relation to Debt：Some Problems with MMT's Conception of Money", *Real-World Economics Review*, (89)：109 – 128.

Lazear, E. P., and S. Rosen, 1981, "Rank-Order Tournaments as Optimum Labor Contracts", *Journal of Political Economy*, 89（5）：841 – 864.

Lee, F., 1999, *Post Keynesian Price Theory*, Cambridge：Cambridge University Press.

Lee, F., 2009, *A History of Heterodox Economics：Challenging the Mainstream in the Twentieth Century*, Oxon：Routledge.

Lee, F., 2013, "Post-Keynesian Price Theory：From Pricing to Market Governance to the Economy as a Whole", In G. C. Harcourt and

P. Kriesler, eds., *The Oxford Handbook of Post-Keynesian Economics Volume 1: Theory and Origins*, Oxford: Oxford University Press.

Lerner, A. P., 1941, "The Economic Steering Wheel", *University Review (Missouri)*, 7 (4): 257 – 265.

Lerner, A. P., 1943, "Functional Finance and the Federal Debt", *Social Research*, 10 (1): 38 – 51.

Lerner, A. P., 1944, *The Economics of Control: Principles of Welfare Economics*, New York: Macmillan.

Lerner, A. P., 1947, "Money as a Creature of the State", *The American Economic Review*, 37 (2): 312 – 317.

Lerner, A. P., 1951, *The Economics of Employment*, New York: McGraw Hill.

Lerner, A. P., 1977a, "Stagflation—Its Cause and Cure", *Challenge*, 20 (4): 14 – 19.

Lerner, A. P., 1977b, "From Pre-Keynes to Post-Keynes", *Social Research*, 44 (3): 387 – 415.

Leung, M. and Q. Lu, 2011, "Changing Money Market and Monetary Policy Operations in China: An Institutional Perspective", *Journal of Contemporary China*, 20 (69): 287 – 305.

Li, S., and Y. Liang, 2016, "Competition Model and the Change of Local Governments' Behavior—and Governance of China's Local Government Debt", *The Chinese Economy*, 49 (3): 199 – 212.

Liang, Y., 2020, "RMB Internationalization and Financing Belt-Road Initiative: An MMT Perspective", *The Chinese Economy*, 53 (4): 199 – 212.

Lopez-Gallardo, J., 2000, "Budget Deficits and Full Employment", *Journal of Post Keynesian Economics*, 22 (4): 549 – 564.

Mankiw, N. G., 2019, "A Skeptic's Guide to Modern Monetary Theory", Accessed October 15, 2020, https://scholar.harvard.edu/

files/mankiw/files/skeptics_ guide_ to_ modern_ monetary_ theory. pdf.

Mayhew, A. , 2019, "The Sleights of Hand of MMT", *Real-World Economics Review*, (89): 129 – 137.

Maloney, J. , 2012, "The Treasury and the New Cambridge School in the 1970s", *Cambridge Journal of Economics*, 36 (4): 995 – 1017.

Mehrling, P. , 2000, "Modern Money: Fiat or Credit?", *Journal of Post Keynesian Economics*, 22 (3): 397 – 406.

Menger, K. , 1892, "On the Origin of Money", *The Economic Journal*, 2 (6): 239 – 255.

Meulendyke, A. M. , 1988, "Can the Federal Reserve Influence Whether the Money Supply is Endogenous? A Comment on Moore", *Journal of Post Keynesian Economics*, 10 (3): 390 – 397.

Minsky, H. P. , 2008, *Stabilizing an Unstable Economy*, New York: McGraw-Hill.

Minsky, H. P. , 2013, *Ending Poverty: Jobs, Not Welfare*, Annandale-on-Hudson: Levy Economics Institute of Bard College.

Mitchell, W. , 1998, "The Buffer Stock Employment Model and the NAIRU: The Path to Full Employment", *Journal of Economic Issues*, 32 (2): 547 – 555.

Mitchell, W. , 2019, "The Historical Beginning of the MMT Team-from the Archives", Bill Mitchell's Blog, Accessed Otober 9, 2020, http: //bilbo. economicoutlook. net/blog/? p = 43747.

Mitchell, W. and T. Fazi, 2017, *Reclaiming the State: A Progressive Vision of Sovereignty for a Post-Neoliberal World*, London: Pluto Press.

Mitchell, W. and J. Muysken, 2008, *Full Employment Abandoned: Shifting Sands and Policy Failures*, Northampton: Edward Elgar.

Mitchell, W. and L. R. Wray, 2005, "In Defence of the Employer of Last Resort", *Journal of Economic Issues*, 39 (1): 235 – 245.

Mitchell, W., L. R. Wray and M. Watts, 2019, *Macroeconomics*, London: Red Globe Press.

Moody, 2018, "Regional & Local Governments—China 2019 Outlook", Moody's Investors Service, Accessed April 26, 2019, https://www.moodys.com/research/Regional-Local-Governments-China-2019-outlook-negative-on-high-leverage--PBC_115206.

Moore, B. J., 1988, *Horizontalists and Verticalists: The Macroeconomics of Credit Money*, Cambridge: Cambridge University Press.

Moore, B. J., 1991a, "Money Supply Endogeneity: 'Reserve Price Setting' or 'Reserve Quantity Setting'?", *Journal of Post Keynesian Economics*, 13 (3): 404–413.

Moore, B. J., 1991b, "Has the Demand for Money Been Mislaid? A Reply to 'Has Moore Become too Horizontal?'", *Journal of Post Keynesian Economics*, 14 (1): 125–133.

Mosler, W., 1996, *Soft Currency Economics*, Florida: III Finance.

Mundell, R. A., 1961, "A Theory of Optimum Currency Areas", *American Economic Review*, 51 (4): 657–665.

Murphy, R., 2019, "Tax and Modern Monetary Theory", *Real-World Economics Review*, (89): 138–147.

Nersisyan, Y. and L. R. Wray, 2010, "Does Excessive Sovereign Debt Really Hurt Growth? A Critique of 'This Time is Different', by Reinhart and Rogoff", Levy Economics Institute Working Paper, No. 603.

Nersisyan, Y. and L. R. Wray, 2020a, "Can We Afford the Green New Deal?", Levy Economics Institute Public Policy Brief, No. 148.

Nersisyan, Y. and L. R. Wray, 2020b, "Are We All MMTers Now? Not so Fast", Levy Economics Institute One-Pager, No. 63.

Nikiforos, M. and G. Zezza, 2017, "Stock-Flow Consistent Macroeconomic Models: A Survey", *Journal of Economic Surveys*, 31 (5): 1204–1239.

O'Hara, P. A. and G. A. Kadmos, 2001, "A Reply to King: Employer of Last Resort and Taxes-Drive-Money Revisited", *Journal of Economic and Social Policy*, 5 (2): 1–4.

Ong, L., 2006, "The Political Economy of Township Government Debt, Township Enterprises and Rural Financial Institutions in China", *The China Quarterly*, (186): 377–400.

Opdycke, S., 2016, *WPA: Creating Jobs and Hope in the Great Depression*, New York: Routledge.

Özgöde, O., 2020, "Institutionalism in Action: Balancing the Substantive Imbalances of 'the Economy' through the Veil of Money", *History of Political Economy*, 52 (2): 307–339.

Palley, T. I., 1991, "The Endogenous Money Supply: Consensus and Disagreement", *Journal of Post Keynesian Economics*, 13 (3): 397–403.

Palley, T. I., 2015a, "Money, Fiscal Policy, and Interest Rates: A Critique of Modern Monetary Theory", *Review of Political Economy*, 27 (1): 1–23.

Palley, T. I., 2015b, "The Critics of Modern Money Theory (MMT) Are Right", *Review of Political Economy*, 27 (1): 45–61.

Palley, T. I., 2019, "Macroeconomics vs, Modern Money Theory: Some Unpleasant Keynesian Arithmetic and Monetary Dynamics", *Real-World Economics Review*, (89): 148–155.

Papadimitriou, D. B., M. Nikiforos and G. Zezza, 2019, "Can Redistribution Help Build a More Stable Economy?", Levy Economics Institute Strategic Analysis, April.

Parguez, A. and M. Seccareccia, 2000, "The Credit Theory of Money: The Monetary Circuit Approach", In J. Smithin, ed., *What is Money?*, London: Routledge.

Pierson, J. H. G., 1964, *Insuring Full Employment*, New York: Viking Press.

Pollin, R., 1991, "Two Theories of Money Supply Endogeneity: Some Empirical Evidence", *Journal of Post Keynesian Economics*, 13 (3): 366–396.

Pribram, K., 1983, *A History of Economic Reasoning*, Baltimore: Johns Hopkins University Press.

Radcliffe Committee, 1959, *Committee on the Working of the Monetary System*, London: Her Majesty's Stationery Office.

Reinhart, C. M. and K. S. Rogoff, 2010, "Growth in a Time of Debt", *American Economic Review*, 100 (2): 573–578.

Rezende, F., 2009, "The Nature of Government Finance in Brazil", *International Journal of Political Economy*, 38 (1): 81–104.

Ritter, L. S., 1963, "An Exposition of the Structure of the Flow-of-Funds Accounts", *The Journal of Finance*, 18 (2): 219–230.

Rochon, L. P., 2019, "MMT and TINA", *Real-World Economics Review*, (89): 156–166.

Rochon, L. P. and M. Vernengo, 2003, "State Money and the Real World: Or Chartalism and Its Discontents", *Journal of Post Keynesian Economics*, 26 (1): 57–68.

Rogoff, K., 2019, "Modern Monetary Nonsense", New Times, Accessed October 15, 2020, https://www.newtimes.co.rw/opinions/modern-monetary-nonsense.

Rousseas, S., 1989, "On the Endogeneity of Money Once More", *Journal of Post Keynesian Economics*, 11 (3): 474–478.

Rousseas, S., 1998, *Post Keynesian Monetary Economics*, London: Macmillan.

Sardoni, C. and L. R. Wray, 2007, "Fixed and Flexible Exchange Rates and Currency Sovereignty", Levy Economics Institute Working Paper, No. 489.

Sawyer, M., 2003, "Employer of Last Resort: Could it Deliver Full Employment and Price Stability?", *Journal of Economic Issues*, 37 (4): 881-909.

Sawyer, M., 2005, "Employer of Last Resort: A Response to My Critics", *Journal of Economic Issues*, 39 (1): 256-264.

Sawyer, M., 2006, "Inflation Targeting and Central Bank Independence: We are All Keynesians Now! or Are We?", *Journal of Post Keynesian Economics*, 28 (4): 639-652.

Sawyer, M., 2019, "Modern Monetary Theory: Is There any Added Value?", *Real-World Economics Review*, (89): 167-179.

Sayer, A., 1997, "Essentialism, Social Constructionism, and Beyond", *The Sociological Review*, 45 (3): 453-487.

Seccareccia, M., 2004, "What Type of Full Employment? A Critical Evaluation of 'Government as the Employer of Last Resort' Policy Proposal", *Investigación Económica*, 63 (247): 15-43.

Shiller, R. J., 2019, "Modern Monetary Theory Makes Sense, Up to a Point", *New York Times*, Accessed October 15, 2020, https://www.nytimes.com/2019/03/29/business/modern-monetary-theory-shiller.html.

Smith, A., 1977, *An Inquiry into the Nature and Causes of the Wealth of Nations*, Chicago: University of Chicago Press.

Summers, H. S., 2019, "The Left's Embrace of Modern Monetary Theory is a Recipe for Disaster", *Washington Post*, Accessed October 15, 2020, https://www.washingtonpost.com/opinions/the-lefts-embrace-of-modern-monetary-theory-is-a-recipe-for-disaster.

Tcherneva, P. R., 2016, "Money, Power, and Monetary Regimes", *Levy Economics Institute Working Paper*, No. 861.

Tcherneva, P. R., 2017, "Unemployment: The Silent Epidemic",

Levy Economics Institute Working Paper, No. 895.

Tcherneva, P. R., 2018, "The Job Guarantee: Design, Jobs, and Implementation", Levy Economics Institute Working Paper, No. 902.

Tcherneva, P. R., 2020, *The Case for a Job Guarantee*, Cambridge: Polity Press.

Tcherneva, P. R. and L. R. Wray, 2005, "Is Argentina's Jefes de Hogar an Employer of Last Resort Program?", Center for Full Employment and Price Stability Working Paper, No. 43.

Toporowski, J., 2019, "The Political Economy of Modern Money Theory, from Brecht to Gaitskell", *Real-World Economics Review*, (89): 194−202.

Tymoigne, E., 2014, "Modern Money Theory, and Interrelations Between the Treasury and Central Bank: The Case of the United States", *Journal of Economic Issues*, 48 (3): 641−662.

Tymoigne, E., 2016, "Government Monetary and Fiscal Operations: Generalizing the Endogenous Money Approach", *Cambridge Journal of Economics*, 40 (5): 1317−1332.

Tymoigne, E., 2021, "Seven Replies to the Critiques of Modern Money Theory", Levy Economics Institute Working Paper, No. 996.

Tymoigne, E. and L. R. Wray, 2013, "Modern Money Theory 101: A Reply to critics", Levy Economics Institute Working Paper, No. 778.

Van Lear, W., 2002, "Implications Arising from the Theory on the Treasury's Bank Reserves Effects", *Journal of Post Keynesian Economics*, 25 (2): 251−262.

Vernengo, M. and E. P. Caldentey, 2019, "Modern Money Theory (MMT) in the Tropics: Functional Finance in Developing Countries", Political Economy Research Center Working Paper, No. 495.

Wernette, J. P., 1961, *Growth and Prosperity without Inflation*, New York: Ronald Press Company.

Wilkinson, F., 2007, "Neo-liberalism and New Labour Policy: Economic Performance, Historical Comparisons and Future Prospects", *Cambridge Journal of Economics*, 31 (6): 817 – 843.

Wray, L. R., 1990, *Money and Credit in Capitalist Economies: The Endogenous Money Approach*, Aldershot: Edward Elgar.

Wray, L. R., 1992, "An Alternative Theory of the Rate of Interest", *Cambridge Journal of Economics*, 16 (1): 69 – 89.

Wray, L. R., 1998, *Understanding Modern Money: The Key to Full Employment and Price Stability*, Northampton: Edward Elgar.

Wray, L. R., 2000, "The Neo-Chartalist Approach to Money", Center for Full Employment and Price Stability Working Paper, No. 10.

Wray, L. R., 2003, "Functional Finance and US Government Budget Surpluses in the New Millennium", In E. J. Nell and M. Forstater, eds. *Reinventing Functional Finance: Transformational Growth and Full Employment*, Cheltenham: Edward Elgar.

Wray, L. R., ed., 2004, *Credit and State Theories of Money: The Contributions of A. Mitchell Innes*, Northampton: Edward Elgar.

Wray, L. R., 2007a, "A Post Keynesian View of Central Bank Independence, Policy Targets, and the Rules versus Discretion Debate", *Journal of Post Keynesian Economics*, 30 (1): 119 – 141.

Wray, L. R., 2007b, "Minsky's Approach to Employment Policy and Poverty: Employer of Last Resort and the War on Poverty", Levy Economics Institute Working Paper, No. 515.

Wray, L. R., 2007c, "Endogenous Money: Structuralist and Horizontalist", Levy Economics Institute Working Paper, No. 512.

Wray, L. R., 2014a, "From the State Theory of Money to Modern Money Theory: An Alternative to Economic Orthodoxy", Levy Economics Institute Working Paper, No. 792.

Wray, L. R., 2014b, "Central Bank Independence: Myth and Misunderstanding", Levy Economics Institute Working Paper, No. 791.

Wray, L. R, 2015, *Modern Money Theory: A Primer on Macroeconomics for Sovereign Monetary Systems*, Basingstoke: Palgrave.

Wray, L. R, 2016, *Why Minsky Matters: An Introduction to the Work of a Maverick Economist*, Princeton: Princeton University Press.

Wray, L. R., 2018a, "Functional Finance: A Comparison of the Evolution of the Positions of Hyman Minsky and Abba Lerner", Levy Economics Institute Working Paper, No. 900.

Wray, L. R., 2018b, "Why the United States Will Beat China to the Next Minsky Moment", Levy Economics Institute One-Pager, No. 54.

Wray, L. R., 2019a, "MMT Report from the Front", New Economic Perspectives, Accessed October 15, 2020, http://neweconomicperspectives.org/2019/10/mmt-report-from-the-front.html.

Wray, L. R., 2019b, "MMT Report from the Front: part 2", New Economic Perspectives, Accessed October 15, 2020, http://neweconomicperspectives.org/2019/10/mmt-report-from-the-front-part2.html.

Wray, L. R., 2019c, "MMT Report from the Front: part 3", New Economic Perspectives, Accessed October 15, 2020, http://neweconomicperspectives.org/2019/10/mmt-report-from-the-front-part3.html.

Wray, L. R., 2020a, "The 'Kansas City' Approach to Modern Money Theory", Levy Economics Institute Working Paper, No. 961.

Wray, L. R., 2020b, *A Great Leap Forward: Heterodox Economic Policy for the 21st Century*, London: Academic Press.

Wray, L. R., and X. Liu, 2014, "Options for China in a Dollar Standard World: A Sovereign Currency Approach", Levy Economics Institute Working Paper, No. 783.

Wray, L. R., F. Dantas, S. Fullwiler, P. R. Tcherneva and S. A.

Kelton, 2018, "Public Service Employment: A Path to Full Employment", Levy Economics Institute Research Project Reports, April.

Wray, L. R., 2021, "What is MMT's State of Play in Washington?", Accessed June 13, 2023, https://www.levyinstitute.org/files/download.php?file=e_pamphlet_2.pdf&pubid=2735.

Wray, L. R., 2022, *Making Money Work for Us: How MMT Can Save America*, Cambridge: Polity Press.

Zimmerman, J. F. 1991, "Federal Preemption under Reagan's New Federalism", *Publius*, 21 (1): 7–28.

索　引

部门收支分析方法　2,3,17,50,51,
　111,116,118,119,121,122,125,
　126,137,146,228
财政赤字货币化　129,131,132,136,
　143—145,149,158,159,173,178,
　236—238,242
财政的货币理论　2,36,125,126,137
财政活动的准备金效应　17,43—46,
　158,162—165,194,203,204,206,
　207,209,223
财政政策空间　16,25,36,40—43,
　53,55,76,123,126,212,224
成本加成定价　118,182—184
地方政府债务　193,210—215,217,
　218,221—227,241
法定存款准备金制度　160,162,202
戈德利　17,111,116—122,125,135,
　144,228
公开市场操作　46,48,161,162,164,
　199—202,205—207
功能财政　2—4,17,21,23,52,53,
　55,72,73,97—103,109,110,122—
126,130,132,135,137,139,140,
225,226,228,238,239,241
古德哈特　4,16,62,70,74—76,91,
　92,123
国家货币理论　2—4,12,14,16,27,
　31—33,36,59—62,65—67,70—
74,76—78,96,98,101,109,122—
126,129,137,150—152,228,229
国库单一账户体系　203,204,
　206,209
国库现金管理　7,160,163—165,
　172,206—208,244
后凯恩斯主义经济学　1,4—6,9,14,
　19,45,54,58,72,73,79—81,83,
　84,91,95,117,118,122—124,
　133—135,139,143,144,147,174,
　175,178,181—184,186,187,191,
　192,228,229,234,240
货币的等级结构　16,33,35,36,73,
　74,78
货币名目论　61,62,66,70,71,73,
　77,78,122,123

货币权力 152—156

货币数量论 6,82,178—180,192,235

货币主权 5,7,8,14,16,21,24,25,38,40—43,49,53,55,57,76,101,123,126,137—139,167,170,224,225,227,239

经济思想史 2,4,9—12,15,16,23,59—62,66,76,79,81,93,109,116,121—126,179,228—230,237,238

就业保障计划 2—6,9,15,17,18,21,52,54—57,97,98,104,105,107—110,122,124—126,132,134,137,141,178,186—192,228,233,239

凯恩斯 2,3,5,6,13—15,57,62,70—72,81,83,91,92,102,123,135,142—144,150,184,237—239,241—243

科学社会学 146,148—150,231,232

克纳普 3,14,15,30,62—67,70,71,122,123,228

勒纳 3,4,17,62,70,72,73,76,97—104,107,109,122—125,137,228,235

理性再现和历史再现 11

利率走廊 160,161,171,198—200,205,206

绿色新政 18,22,25,129,134,136,137,149,177

马克思 129,150—156,229,234,235,238,240,242,243

明斯基 3—5,14,15,17,18,62,70,73,74,83,97,98,104—109,122—124,146,210,224,228,237

摩尔 14,80,81,83,87—94,123,124

内生货币理论 2—4,14—16,45,77,79—81,83—89,94—96,114,122—126,134,142—144,147,158,159,175,179,194—196,209,228,236

批评实在论 11

三部门恒等式 51,52,111,121,125,145,146

商品货币论和信用货币论 229

水平主义与结构主义 4,87

通货膨胀 5,6,9,12,23,53,56,82,101—104,106,107,117,128,130,131,135,138—140,145,177—181,184—192,226,231,237

外生货币理论 79—81,83—86,88,135,179,194

稳定低利率政策 2,57,125

现代货币理论 1—27,39,40,42—44,51—54,56—62,72—74,76,78,79,90,95—98,101,105,109—111,113,117,120—151,157—159,165,169,172,174—178,186—188,191—194,208—210,212,222,223,227,228,230—243

隐性债务 209—213,215,217,221,222

英尼斯 4,16,30,62,67—70,122,

123,228

债务货币理论　16,27,31—33,61,62,70,73,74,77,83,96,124,126

中央银行　2,5,6,16,17,21,32,35,37,40,43—50,58,74,76,80—96,124,125,129,130,134—137,141—144,147,152,155,157—176,183,193—196,198—200,203—209,223,237

中央银行独立性　9,12,17,128,132,157,158,170,174,209,231,235,240

中央银行和财政部的协同机制　46,49,142,159,193

资金流量核算　111—113,115—118,121,125,126,145

总需求调控政策　124—126,178,189—192

最优货币区　4,16,74,76,123